日本近代
普及义务教育研究

◎ 刘山 著

RIBEN JINDAI

PUJI YIWU JIAOYU YANJIU

人民出版社

责任编辑:孙兴民 冯 瑶
装帧设计:徐 晖
责任校对:张 彦

图书在版编目(CIP)数据

日本近代普及义务教育研究/刘 山 著.
 -北京:人民出版社,2016.3
ISBN 978－7－01－015608－8

Ⅰ.①日… Ⅱ.①刘… Ⅲ.①义务教育-研究-日本-近代
 Ⅳ.①G531.39

中国版本图书馆 CIP 数据核字(2015)第 302079 号

日本近代普及义务教育研究
RIBEN JINDAI PUJI YIWU JIAOYU YANJIU

刘 山 著

人 民 出 版 社 出版发行
(100706 北京市东城区隆福寺街 99 号)

保定市北方胶印有限公司印刷 新华书店经销

2016 年 3 月第 1 版 2016 年 3 月北京第 1 次印刷
开本:787 毫米×1092 毫米 1/16 印张:19.75
字数:272 千字

ISBN 978－7－01－015608－8 定价:42.00 元

邮购地址 100706 北京市东城区隆福寺街 99 号
人民东方图书销售中心 电话 (010)65250042 65289539

序

　　这部专著是刘山在其博士论文基础上修改扩充而成的，对日本近代普及义务教育的历史进行了翔实的研究。

　　刘山是我的博士生中比较勤奋好学的。2006 年入学后，他十分珍惜在学校的读书时光，细心聆听导师们上课，经常提出一些观点和导师们讨论。课余时间总能在图书馆看到他的身影，他把大量的精力用在孜孜不倦地读书学习上。确定好博士论文题目后，我将在日本访学时带回的大量珍贵史料送给了他。刘山如饥似渴地研读这些史料，进行整理分析，做了大量的笔记。他那种埋头苦读、精益求精的钻研精神，使博士论文得以顺利完成，并获得了河北省优秀博士论文。

　　义务教育的普及程度代表着一个国家的现代化水平。日本素有重视教育的传统。1868 年明治维新变革后，明治政府提出"富国强兵"、"殖产兴业"、"文明开化"的治国方略，把发展教育作为发展经济的助推器，通过普及初等教育，提高国民素质，培养经济发展适用人才。从 1872 年颁布《学制》提出普及初等教育，到 1910 年实现普及 6 年义务教育，仅用了 38 年时间，在世界义务教育发展史上创造了奇迹。作者用历史研究方法，以时间为序，从日本明治维新到第二次世界大战结束，将日本近代普及义务教育分成确立普及初等教育制度、普及 4 年制义务教育、普及 6 年制义务教育和为普及 8 年制义务教育做准备等四个阶段，脉络清晰，层次鲜明，为人们了解日本近代普及义务教育提供了明晰的线索和依据。研究日本近代普及义务教育，具有重要的价值。刘山进行了有益的探索。

任何事物的发展都不是一蹴而就的，都要受其时代的影响。教育作为一项基础性事业，影响其发展的因素较多。对日本近代普及义务教育的研究，作者没有局限于对义务教育普及过程的论述，而是以宽阔的视野，从日本政治、经济、文化等社会发展大背景下，对普及义务教育情况进行了研究。作者通过对大量史料的分析鉴别，对日本近代普及义务教育历程中各种政策制定的背景、政策的执行、政策的修订以及政策的影响等进行分析研究，较为准确地把握住了日本近代普及义务教育的发展脉络和基本特征。

在研究日本近代普及义务教育的同时，作者还对同一时期英、美、德、法等国普及义务教育情况进行了比较。通过比较研究，更加清晰地展现和把握日本近代普及义务教育的特征。特别是作者在论述日本近代普及义务教育的经验方面，总结出的勇于和善于学习别国的经验、运用法律手段推进普及义务教育实施、引导民众支持普及义务教育、建立合理的教育经费分配方案等几个方面的特征，具有一定的创新性，充分体现了近代普及义务教育的鲜明特点。

日本正是在较短的时间实现了普及义务教育，从而迅速提高了全体国民素质，培养了大批建设人才和劳动后备力量，为近代资本主义迅速崛起提供了强有力的智力支撑和人力资源保障。研究历史重要的是做到"古为今用"、"洋为中用"。日本近代普及义务教育的发展历程及经验教训，对于推进我国义务教育发展，建设人力资源强国，具有重要的借鉴意义。因此这本专著具有重要的学术价值和现实意义。

"潮平两岸阔，风正一帆悬"。教育史学科是一个无穷的领域。希望刘山能够在今后人生道路上，更加勤奋地学习和探索，期待在教育史领域研究出更多丰硕成果。

朱文富

2015 年 10 月于保定

目 录
CONTENTS

导论 / 1

    一、研究日本近代普及义务教育的意义 / 1

    二、对我国义务教育发展具有重要的借鉴意义 / 3

    三、研究思路 / 6

第一章　日本近代初等教育发展的基础和背景 / 8

第一节　幕府末期幕政改革与教育的发展 / 9

    一、幕府末期的幕政改革 / 9

    二、寺子屋和乡校的发展 / 15

    三、幕府末期日本初等教育的特点 / 22

第二节　近代欧美资本主义经济社会发展与义务教育的普及 / 24

    一、欧美产业革命与义务教育的发展 / 24

    二、近代欧美普及义务教育的特点 / 33

第三节　明治维新与明治政府的普及教育方针 / 35

    一、明治维新及其治国方略 / 35

    二、明治政府的普及教育方针 / 37

    三、福泽谕吉的普及教育思想 / 40

第二章　普及初等教育制度的确立和调整（1872—1886 年）/ 48

第一节　普及初等教育制度的确立 / 49

一、颁布《学制》，确立普及初等教育制度 / 49

二、《学制》中关于初等教育的主要内容 / 53

三、《学制》颁布后初等教育的发展 / 55

第二节　普及初等教育政策的调整与初等教育的发展 / 84

一、《教育令》的颁布 / 84

二、《教育令》中关于初等教育的主要内容 / 87

三、《教育令》颁布后初等教育的发展 / 88

第三节　普及初等教育政策的再调整与初等教育的发展 / 97

一、《改正教育令》的颁布 / 97

二、《改正教育令》中关于初等教育的主要内容 / 99

三、《改正教育令》颁布后初等教育的发展 / 101

第四节　普及初等教育政策的第三次调整与初等教育的发展 / 122

一、《再次改正教育令》的颁布 / 122

二、《再次改正教育令》中关于初等教育的主要内容 / 123

三、《再次改正教育令》颁布后初等教育的发展 / 125

第三章　普及 4 年制义务教育的提出和实施（1886—1907 年）/ 130

第一节　普及 4 年义务教育制度的确立 / 131

一、森有礼国家主义教育思想和普及初等教育的主张 / 131

二、颁布《小学校令》，确立普及义务教育制度 / 135

三、《小学校令》颁布后义务教育的发展 / 137

第二节　对《小学校令》的修改及义务教育政策的调整 / 154

一、《小学校令》的修改 / 154

二、修改后《小学校令》的主要内容 / 156

三、修改《小学校令》颁布后义务教育的发展 / 158

第三节　实施4年制免费义务教育 / 188

一、4年免费义务教育制度的确立 / 188

二、实施免费后义务教育的快速发展 / 196

第四章　普及6年制义务教育的实现与巩固（1907—1917年）/ 206

第一节　普及6年义务教育制度的确立 / 207

一、普及6年制义务教育提出的背景 / 207

二、修订《小学校令》，确立普及6年义务教育制度 / 209

第二节　普及6年制义务教育的实施 / 210

一、小学校的快速发展与办学规模的扩大 / 210

二、儿童就学人数的迅速增加 / 217

三、改革课程和教学方法，加强修身和训育教育 / 219

四、制定《师范学校规程》，加强对小学教员的培养 / 229

五、学校管理的规范化和制度化 / 232

第五章　普及8年制义务教育的构想与落空（1917—1945年）/ 237

第一节　普及8年制义务教育构想的提出与策略 / 238

一、临时教育会议提出普及8年制义务教育的构想 / 238

二、文政审议会对普及8年制义务教育的讨论 / 240

三、积极为实施8年制义务教育做准备 / 241

第二节　普及8年制义务教育方针的确定与落空 / 259

一、教育审议会提出普及8年制义务教育的设想 / 259

二、颁布《国民学校令》，确定实施8年制义务教育 / 261

三、战时体制下义务教育的军国主义色彩 / 263

第六章　日本近代普及义务教育的经验和教训／278

　　第一节　日本近代快速普及义务教育的成因／279

　　　　一、以教育为立国之本，从教育兴国的战略高度实施普及
　　　　　　义务教育／280

　　　　二、重视教育立法，运用法律法规的强制力保证义务教育
　　　　　　的普及／282

　　　　三、增加义务教育投入，为普及义务教育夯实经济基础／284

　　　　四、推进均衡发展，保证城乡义务教育的全面普及／285

　　　　五、坚持因地制宜，勇于和善于学习别国的经验，使普及
　　　　　　义务教育更加切合经济社会发展实际／287

　　　　六、举办师范学校，为普及义务教育提供极为重要的师资
　　　　　　保障／289

　　第二节　日本近代普及义务教育中的问题／291

　　　　一、高度集权的教育管理体制／291

　　　　二、严重的应试教育倾向／292

　　　　三、道德教育的畸变／293

　　　　四、浓重的军国主义教育色彩／293

主要参考文献／295

后　记／299

导　　论

一、研究日本近代普及义务教育的意义

教育，与人类的发展息息相关。教育是伴随人类文明的产生而产生、伴随人类文明的发展而发展的，一个社会的文明史在某种意义上也是它的教育史。人类社会历史发展表明，国家的强弱、国运的兴衰，最根本取决于国民素质的高低。国民素质的高低，关键在于教育的普及程度。义务教育是整个国民教育体系的基础，实现普及义务教育，有利于提高国民素质、培养各类人才、加快推进经济发展和社会全面进步。只有义务教育的强大，才能实现国家的真正强大。

实施义务教育是一个国家走向现代文明的重要标志，也是现代教育发展的基础。纵观日本发展的历史，明治维新变革在日本历史上具有划时代的意义。明治维新，使日本迅速从封建社会崛起为近代资本主义世界强国。1868 年，日本进行明治维新变革，使其成为近代东方第一个资本主义国家。明治政府提出"富国强兵"、"殖产兴业"、"文明开化"的治国方略，积极推进资本主义经济发展和各项革新。改革之初，百废待举，明治政府迫切需要各种各样的建设人才和劳动后备力量。明治政府在积极选派人员到欧美国家留学，以培养高级科技、管理等方面人才的同时，把重点放在发展本国教育事业上，把普及国民教育、提高国民素质作为实现富国强兵的重要基础和手段。

1872 年，日本颁布《学制》，开始普及初等教育。在颁布《学制》时公布的《太政官被仰出书》中提出："自今以后，以期一般人民、华族、士族、农、工、商及妇女、儿童都能学习，达到邑无不学之户，家

无不学之人。"① 要求小学作为初等教育，一般民众均须接受，儿童 6 岁入学，强迫儿童必须在小学读书 8 年，以达到"国民皆学"的目的。

1879 年，日本颁布《教育令》，把普及初等教育年限由 8 年缩短为 4 年，并提出每年只要入学 4 个月，4 年内接受满 16 个月的普通教育，就达到了初等教育的最低标准。规定各地可根据当地经济发展水平、群众需要和原有的教育基础，自行安排学生就学时间的长短和学校发展的速度。

1886 年，日本颁布《小学校令》，正式提出普及 4 年制义务教育。1900 年，实施 4 年制免费义务教育。1907 年，提出实施 6 年制免费义务教育。1910 年，学龄儿童就学率达到 98.14%。日本从 1872 年提出普及初等教育到 1910 年基本实现普及 6 年制义务教育，经历了普及——义务——免费三个阶段。② 1917 年临时教育会议提出普及 8 年制义务教育的构想，但由于时机不成熟特别是需要政府投入太多的财力，没能付诸实施。此后多次提出普及 8 年制义务教育，并积极为实施 8 年制义务教育做准备。由于第二次世界大战爆发，日本全面进入战争状态，到第二次世界大战结束，普及 8 年制义务教育落空。

研究教育历史，不仅是为了发现历史事件，更重要的是了解事件发生的原因，透过现象探寻本质和规律，从中汲取经验教训，以更好地把握现在，科学地预测未来。日本利用短短 38 年时间，实现了普及 6 年制义务教育，成为亚洲最早推行 6 年制义务教育的国家，创造了近代以来资本主义国家迅速普及义务教育的奇迹。自明治维新以来，日本政府从教育兴国的战略高度重视普及义务教育，运用法律手段推进普及义务教育的实施；勇于和善于学习别国的经验，根据国家经济社会发展实际适时调整义务教育政策和普及年限；通过发展师范教育为义务教育提供师资保障；逐步增加教育投入，建立合理的教育经费分配方案；引导民众

---

① 滕大春：《外国教育通史》第 4 卷，山东教育出版社 1989 年版，第 393 页。
② 成有信：《九国普及义务教育》，人民教育出版社 1985 年版，第 79 页。

支持义务教育的普及等。在世界义务教育发展的历史进程中，日本具有鲜明的特征。

日本正是在较短的时间实现了普及义务教育，从而迅速提高了全体国民素质，培养大批建设人才和劳动后备力量，为近代资本主义迅速崛起提供了强有力的智力支撑和人力资源保障，使得日本经济得到快速发展，到第二次世界大战前，实现了日本经济的第一次飞跃，并在第二次世界大战后的半个世纪内实现现代化，完成了欧美发达国家二百多年的社会发展。日本被视为世界上最成功的"追赶"国家，从1820年到1992年，人均GDP提高了28倍。日本近代义务教育的快速普及，为其实现成功"追赶"奠定了坚实的基础。日本前首相吉田茂在《激荡的百年史》一书中总结日本明治维新后百年来的发展历程时说："教育在日本现代化进程中发挥了主要作用，这大概可以说是日本现代化的最大特点。"

二、对我国义务教育发展具有重要的借鉴意义

义务教育是整个教育发展的基石，又是一个国家和全民必须完成的义务，它反映了一个国家对教育的态度、治国理念和民众价值取向。20世纪初，我国开始提到"义务教育"问题。学术界大多认为，1903年（清光绪二十九年）清政府颁布《奏定初等小学堂章程》为我国近代义务教育的肇始。1903年，时任湖广总督的张之洞奉命入京主持制订新学制，清政府批准了其制订的《奏定学堂章程》。在《奏定学堂章程》中的《奏定初等小学堂章程》曾写明："外国通例，初等小学堂，全国人民均应入学，名为强迫教育；除废疾、有事故外，不入学者罪其家长。"[1] 正式提出试办义务教育是在1911年（清宣统三年），清政府制定《试办义务教育章程案》，明确规定以4年为义务教育期，并提出了试办义务教育的办法。[2] 然而未及实行，辛亥革命爆发，清代历史便结束了。1912年，

---

① 吴文侃、杨汉清：《比较教育学》，人民教育出版社1999年版，第390页。
② 熊贤君：《中国近代义务教育研究》，华中师范大学出版社2006年版，第119页。

南京临时政府教育部在《壬子癸丑学制》中规定："小学校四年毕业，为义务教育。"从清末至 1949 年前，时值中国人民含垢忍辱、面临重重压迫的多事之秋，国难当头，民不聊生，在风雨飘摇的动摇时局，人民群众生活在水深火热之中，普及义务教育既不现实，也不可能。

1949 年新中国成立后，我国教育事业发生了翻天覆地的变化。1951 年，国家提出要用 10 年时间实现普及小学教育，到 1965 年，学龄儿童入学率达到 84.2%。1966 年掀起的"文化大革命"，又使中国普及义务教育遇到了难以抗拒的摧折。1978 年党的十一届三中全会为我国教育发展带来了新的春天，开启了中国教育事业发展的新航程。1986 年 4 月 12 日全国人民代表大会第四次会议通过的《中华人民共和国义务教育法》，标志着我国开始全面推进普及义务教育工作，并走上了法治化的轨道。经过 15 年的努力，到 2000 年，我国基本完成了普及九年义务教育的历史任务，实现了数代中国人民的梦想，占全国人口 85% 左右的地区普及了 9 年义务教育，小学适龄儿童入学率达到 99.1%，初中阶段入学率达到 85%。

进入 21 世纪以来，我国继续坚持把义务教育作为教育工作的"重中之重"，狠抓"普九"的巩固提高，进一步巩固"普九"成果，提高"普九"质量。2005 年，国家教育部提出推进义务教育的均衡发展。2006 年 9 月 1 日新修订的《义务教育法》，确定了义务教育实行均衡发展的基本方向，将义务教育均衡发展纳入了法治化轨道。我国《义务教育法》第六条规定："国务院和县级以上地方人民政府应当合理配置教育资源，促进义务教育均衡发展，改善薄弱学校的办学条件，并采取措施保障农村地区、民族地区实施义务教育，保障家庭经济困难的和残疾的适龄儿童入学接受教育。"2006 年，国务院实行农村义务教育经费保障机制改革，将农村义务教育全面纳入各级政府的财政保障范围，建立和完善"政府投入办学、各级职责明确、财政分级负担、经费稳定增长"的保障机制。2007 年，免除了农村义务教育阶段学生学杂费；2008 年，免除了城市义务教育阶段学生学杂费，实现了真正意义上的免费义务教育。

2010 年，《国家中长期教育改革和发展规划纲要（2010—2020 年）》提出，巩固义务教育普及成果，提高义务教育质量，推进义务教育均衡发展。到 2014 年，我国小学学龄儿童净入学率达到 99.81%，初中阶段毛入学率达到 103.5%。

国民教育的普及程度是一个国家现代化水平的重要标志。我国虽然基本实现了普及九年义务教育的历史任务，但是义务教育发展总体水平还不高，基础还很薄弱，城乡之间、区域之间教育发展不协调，义务教育发展不均衡问题还很突出。农村义务教育仍然是整个教育的薄弱环节，学校基础条件差，教师数量不足且素质不高。人民群众对教育的重要性认识还不够，新的"读书无用论"在广大农村地区蔓延。我国虽然制定了《义务教育法》，但是一些地方政府和学校法制观念淡薄，没有真正实现依法治教、依法治校。中小学生课业负担过重，片面追求升学率现象严重，造成学生恐学、厌学，不能获得人格健全的发展，素质教育的推进仍然面临很大困难和阻力。因此，巩固"普九"成果、提高"普九"质量、推进义务教育均衡发展，成为摆在我们面前一项重要而又紧迫的任务。

教育是民族兴旺和国家发展的基石。当前，我国正处于由农业大国向工业化国家迈进的关键时期，迫切需要大批高素质的劳动者和创新人才。只有一流的教育，才能培养一流的人才，建设一流的国家。义务教育是人才培养的基础，全面普及义务教育是实现中华民族伟大复兴的千秋基业。如何更加深入全面高质量地普及九年义务教育，把人口大国变成人力资源强国；如何进一步提高各级政府对义务教育重要性的认识，进一步增加对义务教育的投入，强化依法治教行为；如何进一步改善义务教育的办学条件，推进义务教育均衡发展；如何进一步提高义务教育质量，切实减轻中小学生过重的课业负担，更加深入扎实推进素质教育的实施；如何进一步加强对教师的培养和培训，提高教师队伍整体素质等。这些都是在新的历史条件下摆在我们面前的课题，需要我们进行深入研究和思考。

研究历史不仅在于描述和再现其历史过程及发展状况，更重要的是做到"古为今用"、"洋为中用"。日本作为现代发达资本主义国家，与我国相邻，在其漫长的历史发展过程中，受我国古代灿烂文明的影响很大，其发展背景、文化传统、生活习俗等都与我国有很多的联系和相似。可以说，19世纪中叶，西方列强侵扰我国和日本，两国在政治、经济方面相差无几。但是，日本通过明治维新变革，快速普及义务教育，为其实现资本主义现代化提供了大量人力资源，使其在短短半个世纪内发展成为资本主义强国。研究日本近代普及义务教育的发展历程及经验教训，吸取先进经验，摒弃错误教训，对于我国更高质量地实施普及义务教育、建设人力资源强国、推进社会主义现代化建设、实现中华民族的伟大复兴，具有重要的借鉴意义。

三、研究思路

本书以马克思主义理论为指导，运用辩证唯物主义和历史唯物主义的观点与方法，采用教育史学科的历史研究法，通过对大量史料的搜集整理、分析鉴别，将定性分析与定量分析相结合，从日本政治、经济、文化、社会发展大背景下研究普及义务教育情况。对日本近代普及义务教育历程中各种政策制定的背景、政策的执行、政策的修订以及政策的影响等进行研究，把握日本近代普及义务教育的基本特征和发展脉络。同时，对同一时期英、美、德、法等国普及义务教育情况进行比较，通过比较，更加清晰地展现和把握日本近代普及义务教育的特征。

史学家们对日本历史阶段的划分，大都将1868年以前称为古代，1868年明治维新至1945年第二次世界大战结束称为近代，1945年后称为战后。所以，本书研究的时段，主要是从1868年日本明治维新开始，到1945年第二次世界大战结束为止，同时介绍了幕府末期日本教育发展情况以及同一时期欧美国家普及义务教育情况。本书共分六章。导论。介绍研究日本近代普及义务教育的重要意义。第一章，日本近代初等教育发展的基础和背景。介绍幕府末期日本幕政改革与教育的发展、近代欧美资本主义国家普及义务教育情况以及明治政府的普及教育方针。第二章，普及初等教育制度的确立和调整（1872—1886 年）。介绍《学制》、《教育令》、《改正教育令》、《再次改正教育令》的制定及颁布后初等教育的发展。第三章，普及 4 年制义务教育的提出和实施（1886—1907 年）。介绍《小学校令》的制定及颁布后 4 年制义务教育的发展，4 年制免费义务教育的实施。第四章，普及 6 年制义务教育的实现与巩固（1907—1917 年）。介绍普及 6 年义务教育制度的确立和 6 年制义务教育的实现及巩固。第五章，普及 8 年制义务教育的构想和落空（1917—1945 年）。介绍日本多次提出普及 8 年制义务教育的构想并积极为实施 8 年制义务教育所做的准备。第六章，日本近代普及义务教育的经验和教训。介绍日本近代快速普及义务教育的成因及存在的问题。

第一章

日本近代初等教育发展的基础和背景

马克思指出，历史的每一阶段都遇到有一定的物质结果、一定数量的生产力总和，人和自然以及人与人之间在历史上形成的关系，都遇到有前一代传给后一代的大量生产力、资金和环境。历史的长河川流不息，纵观人类社会发展，每一个时代的发展都离不开前代奠定的基础。自明治维新以来，日本加快推进教育普及，迅速提高全体国民素质，培养了大批建设人才和劳动后备力量，为近代资本主义迅速发展做出了巨大的贡献。这一成就的取得，固然有其重要的政治、经济、文化等因素，然而正是由于幕末日本教育的快速发展，为明治维新后义务教育的迅速普及打下了坚实的基础。日本近代义务教育的迅速普及正是在幕末教育发展的基础上向前推进的。"我们如果把注意力仅仅局限于明治时期，那就不可能理解明治时代日本近代化的秘密。"① 因此，研究日本近代义务教育的发展，必须首先研究它的发展基础和背景。

1603 年至 1868 年，260 多年的德川幕府时代，是日本历史上最后一个幕府时代，也是一个给予日本近代历史以重要影响的时代。德川幕府后期，正值欧美资本主义国家产业革命迅猛发展、经济实力快速增长时期，欧美资本主义国家依靠自己的经济实力和军事装备，开始向亚洲各国扩张势力。幕末政府在内忧外患之中，积极推行各项改革，希望以此改变经济状况，维护其封建统治。此时，幕末政府开始摄取西方教育思

---

① 杨孔炽：《日本教育现代化的历史基础》，福建教育出版社 1998 年版，第 5 页。

想，儒学、国学、洋学相互竞争，各类教育机构逐渐增多。这一时期，最突出的是寺子屋、乡校等不仅在数量上有了一定的发展，而且在学校教育的普及性和教学内容等方面都有了新的提高，为明治维新后日本近代义务教育的普及和近代教育制度的建立奠定了坚实的基础。

第一节　幕府末期幕政改革与教育的发展

一、幕府末期的幕政改革

德川幕府时代是日本历史上最后一个幕府时代，同时也是日本封建制度解体和资本主义萌芽的历史时期。期间，经历了锁国禁教以维护封建秩序、被迫打开国门以及进行改革自救自强等几个阶段。1603 年，德川家康被天皇封为"征夷大将军"，在江户建立幕府，开启了德川时代（江户时代）。德川家康为加强对幕府集团的统治，把全国四分之一的土地作为幕府直辖领地，把其他的土地分封给各地的藩主。为加强对幕藩体制的维护，开始实行兵农分离的政策。"兵"，即处于统治地位并脱离生产劳动的武士阶级。作为世袭的职业军队，垄断军事、警察部门，拥有佩刀、称姓，凌驾于其他阶级之上。"农"，即以自耕农为主体的生产者阶级，他们一心务农，"朝起薅草，白昼在田地耕作，夜晚搓绳编织草鞋。"只管"专心耕作，关注庄稼的长势。"[1] 德川时代推行重农抑商政策，农民社会地位仅次于武士，居工匠、商人之上。到了幕末时期，农民约占日本总人口的 80% 至 85%，武士占 6% 至 7%，其余为手工业者和商人，形成了排列顺序分明的士、农、工、商的身份等级制。[2]

德川时代为加强思想统治，维护封建秩序，把朱子学定为正宗的官学，强调个人修养、安分守己、报效君父等主张。幕府采取禁止私自对

---

① ［日］林屋辰三郎：《日本历史资料大系》第 4 卷，大阪书籍股份公司 1979 年版，第 181 页。

② 宋成有：《新编日本近代史》，北京大学出版社 2006 年版，第 2 页。

職 人　　　　　　百 姓　　　　　　商 人

外贸易往来的闭关锁国政策，颁布禁令，禁止欧洲天主教传教士在日本开展传教活动。1633 年至 1639 年，幕府第三代将军德川家光连续五次发布锁国令，禁止日本船只出海，严禁旅居外国的日本人回国，进入长崎的外国商船所进行的贸易须经申报和批准，停止平户贸易，只有中国和荷兰为德川时代的"通商国"。锁国体制下的日本，闭关自守，不与外界通商，严重阻碍了工商业的发展，堵塞了西方科学技术和进步思想的输入。

从 18 世纪中叶起，欧美资本主义国家开始把目光投向日本，并伺机入侵。仅自 1764 年至 1850 年，西方国家即数十次叩击日本门户，其中英国 19 次，俄国 17 次，但均未奏效。最终迫使日本改变锁国体制的，是美国军舰的叩击。1853 年 6 月，美国东印度舰队司令培里（M. C. Perry）率领四艘黑色的舰队从美国东部海岸威风凛凛地闯入江户湾的浦贺港，迫使幕府接受了美国总统要求日本开港通商的亲笔信，培里声称如果日本不接受总统的亲笔信将进军江户，先谈判，谈判不成以武力解决。在培里舰队的威胁下，1854 年 3 月和 5 月，幕府被迫先后与培里订立了《日美亲善条约》和《下田条约》，规定日本开放伊豆半岛的下田和北海道的箱馆（今函馆）两个港口，美国可以在两个港口设立领事馆，给予美国最惠国待遇。英、俄、荷等国也先后同日本签订了类似的条约。日本从此结束了闭关自守的局面，被迫打开国门，从而加速了日本封建经济的解体。

幕府为了应付外国侵略，自救自强，开始进行一系列改革。

安政改革。1854 年进行的安政改革主要是消减冗费，充实武备，开办海军传习所，聘请荷兰士官传授航海、造船和造舰使用技术，注重对洋式枪炮的演练和使用。创办洋学所，翻译欧美国家的图书资料，了解欧美各国情况，培养翻译人才。1856 年，洋学所改名为蕃书调所。1857 年，蕃书调所正式开学，入所学生 191 人。蕃书调所不仅收集翻译西洋书报文献，收集研究海外情报，为幕府施政作参考，而且一项重要任务是培养通晓西方科技和外语的洋学家，可以说是日本最早的一所洋学堂。

文久改革。1861 年进行的文久改革重新定位幕府将军与天皇朝廷的君臣关系，推行公武合体路线，强化幕府权威，设置"军制挂"，负责制定和落实军制改革，继续组建新式陆海军。这一时期，派遣以竹内保德为首的遣欧使节团，访问英国、法国、荷兰、俄国等国调查外国的情况。在政治上与雄藩大名分权，缓和与雄藩大名的关系，取消参觐交代制度。调整洋学机构，1861 年 8 月在长崎设立西式医院"养生所"，在横滨创办英学所和汉学所修文馆。洋学机构的办学宗旨是研究为"海内万民有益之技艺"。1862 年 9 月幕府开始向荷兰派出第一批海外留学生，打开了培养人才的新通道。

庆应改革。1865 年进行的庆应改革对幕府官制实行了重大调整，以总裁制代替老中制。积极推行殖产兴业的方针，振兴对外贸易；推行强兵方针，加紧近代化军队的训练。幕府出于自存自强的需要，继续推行开放政策，积极发展洋学，在扩大洋学研究领域、派遣留学生和引进包括汉译西洋图书方面，幕府采取更加灵活开明的政策。1865 年开成所训点翻刻了旅华传教士丁韪良汉译的《万国公法》，到处流传。同年，向俄国派遣留学生。1866 年向英国派遣留学生。1867 年 1 月，幕府在横滨开办语学所，讲授英国、法国语言文学。①

幕府时期推行的三次改革，虽然以失败告终并最终导致幕府灭亡，但是影响广泛，为明治维新改革奠定了基础。

幕末进行的改革，均把发展教育、培养人才作为重要内容，使其在

---

① 宋成有：《新编日本近代史》，北京大学出版社 2006 年版，第 54 - 60 页。

充实武器装备、发展经济的同时，教育得到了快速发展，幕府直辖学校、藩校、私塾等学校和各类教育机构明显增多。

（一）幕府直辖学校

幕府直辖学校是由幕府设置的培养辅佐幕政官吏和实务人才的教育机构。在德川幕府统治时期，幕府加强对教育的控制，设置的幕府直辖学校有 20 多所，每所学校教育职能和教育内容各不相同。最著名的是最早成立的昌平黉。昌平黉也称昌平坂学问所，是德川时代儒学教育的最高学府，其前身是 1630 年由林罗山创办的林家私塾。1691 年林家私塾搬至昌平坂，将其建成"圣堂学问所"。1797 年，德川幕府将"圣堂学问所"改为"昌平坂学问所"，变成由幕府直接管辖的官办学校，利用学问所向幕臣灌输朱子学。幕府除在江户设立昌平坂学问所外，还在幕府直辖地建立昌平坂学问所分校，有长崎的明伦堂、甲府的徽典馆、骏府的明新馆等，以加强对幕臣子弟的教育。这些分校都以儒学教育为主，由昌平坂学问所派儒学教官授课，教学方式主要有素读、讲释、会读、轮讲等，主要学习四书、五经、国语、史记、汉书等。到幕末开国后，幕府受到国内国际形势的冲击，不得不相继设立儒学以外的洋学校，主要是语言、海军、医学等方面的学校。幕府开设洋学校，其目的主要是向西方学习先进技术，培养应用人才，所以这些学校带有一定的军事倾向性。幕府开设的洋学校，不仅选用西方的书籍，还聘请外国人为教师开展教学活动。在教学上不仅关注基础知识的学习，而且注重实习，重视对学生实际能力的培养。① 这些洋学校的诞生，成为明治时代引进和模仿西方近代学校模式的样板，为近代按西方模式管理学校和引进聘用西方专家人才提供了经验。

（二）藩校

藩校是以昌平坂学问所为样板，由各藩设立和管理的学校。藩校大

---

① 王桂：《日本教育史》，吉林教育出版社 1987 年版，第 85 – 86 页。

量设置之前，各藩的武士子弟主要是通过家庭、寺子屋或私塾来获取知识、培养能力。进入 18 世纪后，随着产业的兴起和商品经济的发展，特别是各藩纷纷采取了殖产兴业的政策，迫切需要大批具备一定规格的专业人才，由此，各藩纷纷以昌平坂学问所为样板，开始兴办学校。1669 年，岗山藩将 1641 年建立的花畠教场改为学校，成为日本的第一所藩校。

藩校的兴办主要有三种途径：一是将藩内原有的文化建筑改为藩校，如新发田藩的藩校"道学堂"是由讲堂改建的；佐贺藩的藩校"弘道馆"是由孔庙改建的。二是将儒官的家塾提升为藩校，如松江藩的"文明馆"就是由家塾改建的。三是专门设立的藩校，如熊本藩的"时习馆"就是 1755 年新建的规模较大的藩校。据统计，1710 年以前的 87 年间，幕府各藩创办的藩校有 23 所；1711 年至 1803 年的 93 年间，设立藩校 102 所；1804 至 1867 年的 64 年间，设立藩校 100 所。[①]

日本藩校设置情况

年份	年数	关东	东北	中部	近畿	中国	四国	九州	合计
1661—1687	27		1			1		2	4
1688—1715	28			2	3		1		6
1716—1750	35	3	2	2	3	4	2	2	18
1751—1788	38	2	7	10	5	9	2	15	50
1789—1828	41	15	12	15	20	7	7	11	87
1830—1867	38	14	5	16	13			2	50
1868—1871	4	11	3	7	13	1		1	36
年代不详		4							4
合计	211	49	30	52	57	22	13	32	255

---

① 杨孔炽：《日本教育现代化的历史基础》，福建教育出版社 1998 年版，第 154 页。

总之，明治维新前绝大多数藩都建立了藩校。藩校招收的子弟大多在 8 至 15 岁之间。到了 18 世纪，随着民众的需求增加，藩校招收的学生放宽到 4 至 18 岁之间。藩校招收的主要是武士子弟，到 18 世纪前半期，逐渐扩大到社会其他阶层，开始吸收平民子弟到藩校学习。特别是到了 19 世纪 60 年代，因招募兵员的需要，开始允许平民子弟入学的藩校大量增加。还有的藩校不仅对 7、8 岁的儿童进行教育，甚至还吸收成年人到藩校来学习。

藩校以汉学为主，后来增加了和学、中医学、算术、习字等学科。藩校同昌平坂学问所一样，也采用素读、讲释、会读、轮讲等方式教学。到了幕府末期，随着藩校数量的增多，各藩对所辖的藩校普遍加强了管理。有的藩统一规划全藩的教育，增加官立学校；有的藩加强对官立学校的思想控制，以达到教化人民的目的。① 如优贺藩公办的"弘道馆"，称为幕府末期"尊王论"的大本营。由此可以看出，到了幕府末期，官方已经开始加强对所辖区域内教育机构的全盘控制，加强了对教育的统一规划和管理。②

（三）私塾

私塾是德川幕府时期一些学者在私宅建立的高等专门教育机构。私塾的设置者多半是没有其他专门职业的民间学者，也有一部分是在幕府直辖学校或藩校从事教育工作的学者利用业余时间开设的。私塾的规模有大有小，教学组织形式多种多样，学风自由，不受限制。私塾有汉学塾、国学塾、洋学塾等几种形式。汉学塾主要讲授四书、五经、十八史略、国史略、论语等，以汉学为主；国学塾主要讲授日本书记、古事记、国文学、神道、历史、法制等，以日本国学为主；洋学塾讲授医学、兰学等。私塾大部分学生的年龄都比较大，凡是愿意学习的不问出身和年

---

① 杨孔炽：《日本教育现代化的历史基础》，福建教育出版社 1998 年版，第 154 – 157 页。

② 王桂：《日本教育史》，吉林教育出版社 1987 年版，第 88 页。

龄都可入学。

1805 年，广濑淡窗创办的"咸宜园"就是著名的私塾。咸宜园的办学方针是"三夺"，即"年龄之夺"、"学历之夺"、"地位之夺"，不管学生年龄和家庭社会地位等方面差别如何，一律平等对待，教授经学、史学、诗学、汉学、兰学等内容，实行由塾主广濑淡窗指导高级塾生、高级塾生指导下级塾生讲读学习的层层助教的方式。[①] 还有大盐平八郎的"洗心洞"、大槻玄泽的"芝兰堂"、绪方洪庵的"适适斋"以及吉田松荫的松下村塾等，江户时期，日本私塾约有 1500 所。私塾对发展日本近代高等专门教育做出了一定的贡献，明治维新后成立的专门学校很多是在私塾的基础上发展起来的。

二、寺子屋和乡校的发展

寺子屋和乡校是日本最早的初等教育机构。寺子屋是在民间发展起来的初等教育机构，虽然寺子屋还不是近代意义上的学校，但它以平民生活为背景，成为日本近代学校的前身，明治维新后，逐渐改为近代的小学校。乡校是在乡村设立的初等教育机构，招收的主要是平民子弟，在教育行政管理、教育宗旨和教学内容上，比较接近近代学校的发展方向。[②]

（一）寺子屋的创办及发展

寺子屋是江户时代专门为平民子弟开设的教育机构。因其在寺院开办，由僧侣、神官或流浪武士担任教师，招收平民子弟，教授读、写、算、礼仪等初步知识，故名寺子屋。据《日本教育史料集》记载，早在文明年间（1469—1486 年），已出现了最初的寺子屋，当时被称为"手习所"或"训蒙屋"。从文明年间到元和年间（1615—1623 年），

---

① 杨孔炽：《日本教育现代化的历史基础》，福建教育出版社 1998 年版，第 193 页。

② 王桂：《日本教育史》，吉林教育出版社 1987 年版，第 91 页。

日本仅有寺子屋 17 所，大约平均每 10 年开办 1 所。随着经济交往与城市文化的发展，人们对读书、识字等基本能力的要求逐步提高，寺子屋逐渐发展起来。元禄八年（1695 年），世川梅庵将入寺庙所办私塾就学的儿童称为"寺子"，将学习场所称为"寺子屋"，这一称呼逐渐流行开来。

18 世纪，日本的寺子屋得到了一定的发展。享保元年（1716 年），改革派官僚新井白石在追述庶民教育时说："习字的转义为寺居，系指在寺庙中学习书写。古昔儿童入佛寺就学，故学者称寺居也。至今世，入教授书写之师家曰入寺，系指寺庙为师家；师家曰寺子屋，学习者曰寺子。"① 从寺子屋创办的 1469 年到 1715 年的 247 年间，日本有寺子屋 94 所；1716 至 1800 年的 85 年间，共设寺子屋 406 所，在数量上有明显增加。这一时期，不仅寺子屋数量上有所增加，在性质上也发生了一定转变。寺子屋的设置者虽然有不少是僧人，但这些僧人多数是以个人名义开办，与所属的寺院并没有直接联系。

进入 19 世纪，由于平民阶层的兴起和经济活动的增加，特别是幕府统治者对兴办寺子屋的支持，寺子屋得到了快速发展。到明治维新前，日本大约有 15000 所寺子屋，其中大部分是在 1830 年以后兴办起来的。② 1830 至 1843 年，日本共创办寺子屋 1984 所；1844 至 1853 年，创办 2398 所；1854 至 1867 年，创办 4293 所；明治维新改革后的 1868 至 1875 年，创办了 1035 所。1764 至 1771 年，日本平均每年开设寺子屋 3.8 所，1854 至 1867 年，平均每年开设 306.8 所。寺子屋实际开业情况详见下图：③

---

① 宋成有：《新编日本近代史》，北京大学出版社 2006 年版，第48 - 49 页。

② 杨孔炽：《日本教育现代化的历史基础》，福建教育出版社 1998 年版，第162 页。

③ ［日］国立教育研究所：《日本近代教育百年史》第 3 卷，文唱堂 1974 年版，第 140 页。

寺子屋开业情况

年代	开业数	年代	开业数	年代	开业数
1469—1623	17	1751—1763	34	1804—1817	387
1624—1680	38	1764—1771	30	1818—1829	676
1681—1715	39	1772—1780	29	1830—1843	1984
1716—1735	17	1781—1788	101	1844—1853	2398
1736—1743	16	1789—1800	165	1854—1867	4293
1744—1750	14	1801—1803	58	1868—1875	1035

寺子屋的师匠最初由僧侣、神官等充任，一般是一所寺子屋一个师匠，很多师匠既是教师，同时也是设立者或经营者。随着日本经济社会的发展，由武士、平民、医生等开办的寺子屋所占的比例逐步增加。据记载，18 世纪，寺子屋的各种经营者中，僧人占 25.13%、武士占 22.11%、平民占 36.18%、医生占 16.58%。[1]

寺子屋的寺子即学生，一般 7 至 9 岁入学，学习 3 至 5 年毕业。寺子屋学生一般从几十人到上百人不等。有的寺子屋男女同校，有的寺子屋只招男生。各地儿童到寺子屋就学率不等，京都府有的地方男童 56%、女童 15% 到寺子屋就学，爱知县有的村子男女儿童 60% 左右到寺子屋就学。据统计，明治维新前，日本 13816 所寺子屋，男女同校的 8636 所，男校 5180 所。寺子屋上课时间为上午 8 时左右至下午 4 时左右。[2] 18 世纪以前，绝大多数寺子屋的教学是以习字为主、读书为辅，多用《千字文》、《实语教》、《童子教》、《尘劫记》以及《新十二往来》等作为教科书，教学内容以儒学为主。如《实语教》中有下面的内容：

———————

① ［日］内山克己：《近世日本教育文化史》，学艺图书株式会社 1961 年版，第 76 页。

② ［日］木下法也、池田稔、酒井丰：《教育的历史》，学文社刊 1987 年版，第 85 页。

"山高故不贵，以有树为贵；人肥故不贵，以有智为贵。"

"玉不磨无光，无光为石瓦；人不学无智，无智为愚人。"

"口是祸之门，舌是祸之根；使口如鼻者，终身敢无事；过言一出者，骂追不返舌。"①

18世纪以后，除习字、读书以外，还增加了算术、汉学等科目。进入19世纪，寺子屋开设的科目逐渐增多，有的寺子屋在读书、识字、算术科以外，还增加了习礼、图画、裁缝、茶道、花道等课程，反映了幕府后期武士文化开始向平民下移；有的寺子屋以汉学、和学课程为主，反映了平民教育水平的逐步提升；有的寺子屋在读书、习字课程外，增加了作文、裁缝等实用课程，反映了平民注重实用教育的要求。

日本藩校设置情况

幕府时期，寺子屋得到了快速发展。究其原因，主要有以下四个方面：其一，城镇经济发展推动了寺子屋的发展。德川幕府时代，经过长期的发展，到了元禄时代（17世纪末），日本已经形成了全国统一的商品市场。町人阶级中的特权豪商，逐渐把持了流通领域，通过向领主阶级发放高利贷而增强了操作大名经济的能力。此时，在严格的封建等级身份制度下，处于四民之末的町人对其经济实力与社会地位的反差感到了强烈不满，町人急于改变社会形象，开始关注子女的教育问题，欲以通过对子女接受教育逐渐改变其身份地位。所以，在町人集中居住的地方，出现了大量以町人子女为招生对象的寺子屋。其二，广大农村对教育的需求。随着农村经济的发展，分散在农村

---

① ［日］仲新：《近代教科书的成立》，日本图书株式会社1949年版，第65页。

的豪农豪商对掌握文化和子女教育有了强烈的需求。他们在经商过程中，迫切需要掌握经商必备的书写、记账、计算等能力，农商们纷纷开始把子女送到寺子屋学习实用知识。其三，社会各阶层地位变化的结果。幕府时期，随着自然经济向商品经济的转型，士农工商的等级身份制开始由有序逐渐转变为无序、由固化转变为分散。随着身份等级的日益紊乱，农工商阶级要求打破武士阶级对文化教育的垄断。武士垄断文化教育的局面被打破后，一些武士不得不走上并非以武为业的岗位，到寺子屋充当"师匠"以补充家计。而且，随着寺子屋的发展，庶民出身者充当的书匠开始占绝大多数，使得寺子屋教育的普及程度日益广泛。① 其四，幕府和各藩对寺子屋实施社会教化与保护政策，也促进了寺子屋在各地的普及。

　　江户时代寺子屋的发展具有深远的社会影响。首先，为明治时期近代初等教育的迅速发展奠定了坚实基础。明治维新伊始，百业待兴，国库拮据，日本政府不可能在较短的时间创办数万所小学、培养出数十万小学教员。对江户时代寺子屋的改造，成为明治初期发展初等教育的唯一现实办法。1872年颁布《学制》，提出普及初等教育，设置小学校。小学校大部分是利用寺子屋或民宅及其他场所来办学，其中占用寺院或由寺子屋改办的所占比例最大。② 明治初期的小学教员大部分是由寺子屋的师匠来担任。正是江户时代寺子屋的发展，才使得明治时期普及初等教育成为可能。其次，为日本近代经济发展培养了一批有文化的劳动后备力量。寺子屋教育发轫于城市，随后向农村扩展。在寺子屋教育中，学生不仅学会了汉字和简单计算，还学习与经商有关的多种"往来物"，学到商卖知识以及记账、计算等能力。如《庭训往来》为学习书信"往来物"的范本，内容涉及日常生活的各个方面。虽然寺子屋总体教育程度不高，但是培养了一大批具有读、写和计算能力的实用人才，提高了民

---

① 宋成有：《新编日本近代史》，北京大学出版社2006年版，第50页。
② ［日］海后宗臣：《明治初年的教育》，评论社1973年版，第170—171页。

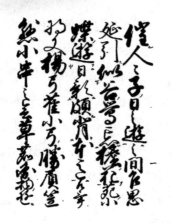

庭训往来

众的文化水平。"江户时代实施寺子屋教育的结果，使日本约半数以上的人口具备了识字能力。"正是这些有读、写能力的劳动大军，成为"传播近代企业管理规则和工业技术知识的前提条件，也是推行近代工业、农业建设的基础准备"。[①] 第三，推动了教育资源向全民性发展和普及。德川幕府时期，武士阶级占统治地位，武士阶级的子弟独占教育资源，可以到藩校、乡校等就学。随着寺子屋教育的发展，农工商阶级的子女也能够到寺子屋接受初级教育，打破了只有武家子弟享有教育特权的局面；处于困境中的中下级武士为了生存，开始到寺子屋充当师匠。寺子屋教育的发展，使教育资源配置趋于合理，推进了教育向全民性发展和普及。所以，尽管寺子屋不是日本近代的学校，但实际是日本近代学校的前身，在日本教育史上发挥了至关重要的作用。

（二）乡校的创办及发展

乡校是在乡村设立的初等教育机构。乡校的历史最早可以追溯到宽文年间（1661—1668 年）在冈山藩建立的手习所。乡校主要有两种形式：一种是由幕府、藩或它们的支族设立的，对辖地内的武士子弟和平民子弟施以初等教育，使用的是幕府和藩的公共经费。如闲谷乡校，就是由

---

① 宋成有：《新编日本近代史》，北京大学出版社 2006 年版，第53页。

冈山藩出资建设的。另一种是由地方上的有识之士设立的，靠乡邻集资来维持，大多也都得到藩的资助。如朝阳馆，是由越后藩的有志于教育事业的人士创办的。[①] 乡校受到幕府或藩的监督和保护，有的乡校本身就是藩的分校。

　　19 世纪之前，日本的乡校数量很少，大约只有 40 所。19 世纪后，乡校逐渐发展起来。1804 至 1829 年，创办乡校 16 所；1830 至 1853 年，创办 48 所；1854 至 1867 年，创办 31 所；1868 至 1872 年，创办 176 所。乡校的发展情况详见下图：[②]

乡校的发展情况（1804—1872）

年代	数量（所）
1804—1829	16
1830—1853	48
1854—1867	31
1868—1872	176

　　乡校招收的主要是平民子弟，学生多在 7、8 岁左右，武士子弟不到乡校就学。在教学内容上，乡校与寺子屋不同，相比之下，乡校更加注重道德教育。乡校除教授读、写、算知识外，还注重教授道德知识，传授儒学和和学理念，教科书有四书、五经、孝经等，各藩的办学者企图通过乡校来"淳化社会风尚"、"革除平民中间的恶习弊风"。[③] 如美作的典学馆教授早川代官《久世调教》，伊势崎藩的乡校主要教授汉学。1824

---

　　① 杨孔炽：《日本教育现代化的历史基础》，福建教育出版社 1998 年版，第165 页。

　　② ［日］国立教育研究所：《日本近代教育百年史》第 3 卷，文唱堂 1974 年版，第 140 页。

　　③ 李文英：《模仿、自立与创新—近代日本学习欧美教育研究》，河北教育出版社 2001 年版，第 12 页。

年在甲斐创办的石和教谕所，每天进行素读、习字、轮讲、会读，每月 1 日和 15 日讲授石和教谕所自己编著的《教谕三章》和《小学讲义录》，把每月 3 日和 8 日定为讲释日，讲释论语、孟子、五经、历史、六谕衍义、教谕三章等。

乡校是一种公共教育机构。乡校的教师由公共经营者聘任，这既不同于藩校教师的近似"任命制"，也不同于私塾"师匠"的世袭制，乡校教师的任职方式是近代学校教师聘任制的萌芽。由于乡校注重教化，在行政管理、教育宗旨和教学内容上比较接近近代学校的发展方向，符合明治政府的意图，因此，在明治初年仍然得到了政府的关注，得以快速发展。幕府末期到明治初年乡校的发展，成为日本公共教育机构由近代之前向近代逐渐过渡的例证，也是 1872 年建立统一的全国公立学校体系的重要基础之一。①

作为最早的初等教育机构，幕府时期寺子屋和乡校的发展，为日本明治维新后迅速普及初等教育奠定了基础。正如我国学者熊庆年通过对 17 世纪至 19 世纪中日两国的教育比较研究之后，得出了这样发人深省的结论：日本向来以教育立国为本，日本教育发展的飞跃时期在明治时代，而其飞跃的基础在德川时代已经奠定。没有德川时代教育的普及，没有全社会教育意识的提高，没有对西方科学知识的初步了解，就不会有明治时代教育的腾飞。②

三、幕府末期日本初等教育的特点

幕府末期正处于日本封建制度解体、资本主义制度萌芽时期，受其政治、经济、文化等方面的影响，日本初等教育具有以下几个特点：

其一，初等教育以民办为主，还没有成为国家行为。幕末日本初等教育主要体现在寺子屋和乡校的发展上，特别是大量的寺子屋出现，成

---

① 杨孔炽：《日本教育现代化的历史基础》，福建教育出版社 1998 年版，第 167 页。

② 于洪波：《日本教育的文化透视》，河北大学出版社 2003 年版，第 134 页。

为幕末日本初等教育主要办学力量。寺子屋的经营管理者和师匠以及开设者的身份，绝大多数是僧人、武士、平民和医生，是一种民间性质的办学。乡校的开办者，一部分是由幕府、藩或他们的支族开设，一部分是由地方上的有识之士开办的，但是乡校的数量很少；由幕府或藩设立的乡校，其目的在于对百姓实施道德伦理教育，以加强其封建统治。尽管幕府和藩设立的官立学校对藩士子弟实施义务教育，但武士阶级占日本总人口的比例不足 14%—15%，绝大多数平民子弟只能到寺子屋和乡校学习，不能进幕府和藩设立的学校。因此，幕府末期日本初等教育办学力量在民间而不在国家，幕府尚未意识到普及国民教育的重要性，对国民教育关心程度不够。

其二，教师从教多为自愿，还没有建立教师培养制度。幕府末期，日本还没有专门的教师培养机构，不能对教师进行专门培养。寺子屋的师匠既是教师，也是经营者，有僧人、武士、平民、医生等。最初以僧人为中心，随着寺子屋的发展，武士、平民、医生所占比例越来越多。乡校的教师多数是由藩校教师来兼任，由学校开办者聘任。寺子屋和乡校教师都没有经过专门培养和训练，如一些武士是由于生活所迫而充当师匠的，所以教师水素质低下，教学水平不高。

其三，注重生活实用教育，教学方法简单落后。由于寺子屋和乡校都是面向平民的教育，所以，绝大多数寺子屋的教育内容从实用观点出发，开设读、写、算课程，注重实用教育。乡校的教学内容也主要是日常生活所必需的读、写、算知识，同时，注重道德教育。寺子屋和乡校的教学方法都很落后，主要采用以读书为主的讲释、素读、轮读、轮讲等，不注重对书本知识的理解，只强调死记硬背；不重视培养学生的创造性，教学形式松散，教学效率低下。①

---

① 李文英：《模仿、自立与创新—近代日本学习欧美教育研究》，河北教育出版社 2001 年版，第 16 页。

第二节　近代欧美资本主义经济社会发展与义务教育的普及

一、欧美产业革命与义务教育的发展

从 17 世纪中叶开始在欧洲主要国家爆发的资产阶级革命，摧毁了封建专制王权和封建制度，确立了资本主义制度的统治地位。1640 至 1688 年进行的英国资产阶级革命，标志着英国资本主义制度取代封建专制的开始，同时也标志着资本主义时代的到来，成为世界近代史的开端。法国从 16 世纪开始，资本主义因素得到较大发展，1879 年取得资产阶级革命的胜利。19 世纪上半期，德国进行了资产阶级革命。1775 年，英属美洲殖民地人民进行抗英独立战争，取得了独立战争的胜利。欧美资本主义制度的建立，极大地解放和促进了生产力的发展，引发了一场轰轰烈烈的产业革命。产业革命是以机器为主体的工厂制度代替以手工技术为基础的手工工场的革命，产业革命的产生与发展，极大地促进了社会生产力的发达。[①] 18 世纪下半期以蒸汽机的广泛使用为标志的第一次科学技术革命，推动了生产发展，引起了社会经济和政治生活的巨大变革。19 世纪末期以电气在生产上的广泛应用为标志的第二次科学技术革命，又引起了生产、科学和社会生活的革命性变化。

欧美的产业革命对初等教育的发展产生了深刻的影响。恩格斯曾指出："新的生产力要求生产工作者比闭塞无知的农民更有文化、更加伶俐，能够懂得机器和正确地使用机器。"产业革命带来的社会生产、经济生活和政治生活的变化，不仅要求占人口大多数的生产工作者，还要求参与社会生活的所有全体成员都具有初等教育的水平。而社会生产力发展所创造的物质财富，又为近代普及初等教育提供了充足的物质条件。于是，欧美各资本主义国家纷纷开始普及初等义务教育。

---

① 朱文富：《日本近代职业教育发展研究》，河北大学出版社 1999 年版，第 12 页。

（一）英国的义务教育

英国是素重传统而趋于保守的国家，同时也是资本主义工业化开始最早的国家。1640 年，英国发生早期资产阶级革命，随后确立君主立宪制的资本主义制度。英国早期的初等教育，几乎都被教会垄断。1662 年，英国国会颁布了一项教育法案，规定初等学校的开办权一律属于国教会，任何教师都要宣誓效忠于国教。产业革命后，英国城市人口集中，大批童工、女工被雇佣，一些资产阶级实业家开办了星期日学校和贫儿学校。星期日学校由贫民教育慈善家雷克斯首创，专门招收贫民儿童和童工，星期日上课。贫儿学校由补鞋匠彭慈利用补鞋所得创办的，在教授儿童宗教条文教义的同时，还教授一些简单的读、写、算等基础知识。到 18 世纪末，英国资产阶级思想家根据他们对资本主义社会的研究，从不同角度提出了普及义务教育的思想。如亚当·斯密、马尔萨斯、裴因托玛斯等都反对把教育作为私人或私人团体的事业，主张由国家来实施普及义务教育，认为普通人民接受教育，能掌握知识和技能，有利于提高生产率，促进国民财务的增长。英国空想社会主义实践家罗伯特·欧文提出普及义务教育的思想，提出"人人从出生到成年，都应当用目前所知的最好的方式进行教育和培养。"① 他在纽兰纳克创办"新和谐"公社进行教育实践，开设小学，规定 6 至 10 岁的儿童必须入小学接受初等教育。这是普及义务教育在英国最初的尝试。

19 世纪 60 年代，是英国初等教育转型的关键时期。这一时期，英国工业进一步发展，在世界工业生产和贸易中一直占据优势。生产的发展和科学技术在生活中的广泛应用，要求广大劳动者具有起码的读、写、算能力和掌握一定的文化技术知识。1870 年，英国颁布《初等教育法》。该法案规定：国家继续拨款补助教育，在缺少学校的地区设立公立学校，全国划分学区，各学区由纳税人选出学校委员会成员进行管理，任期 3 年，其职能是利用政府补助金、学费和地方税开办和维持公立小学；各

---

① 《欧文选集》第 2 卷，商务印书馆 1981 年版，第 26 页。

学区学校委员会有权制定对该区 5 至 12 岁全体儿童实行强迫入学章程；学校里普通教学与宗教分离，凡接受公款补助的学校一律不得强迫学生上特定的宗教教义课程。[①]《初等教育法》的颁布，在英国教育史上具有划时代的意义，使英国初等教育由民间"自愿捐款办学"到真正的公立学校，教会失去了对初等教育的垄断权，标志着英国国民教育制度正式形成，使英国公立、私立小学并存并得到迅速发展。

1876 年，英国颁布了新的《初等教育法》。法案规定：家长有送子女入学的义务，未满 10 岁的儿童，如未修完第四年级或每年就学不到 254 日，不得受雇做童工。1880 年又颁布新的《初等教育法》。法案规定：对 5 至 10 岁的儿童实行强迫义务教育；10 至 13 岁儿童被雇佣时，必须持有受过一定教育的证明书。1891 年，英国国会又通过了受国库补助的初等教育免费的法案，初等教育国库补助金不断增加，政府对学生每人每年补助 10 先令作为学费，大部分初等学校实现了免费教育。[②] 至此，实施初等教育，对初等教育实行强迫和免费，已成为国家的责任。到 19 世纪末，英国有 97% 的人口接受了初等教育，基本实现了普及初等义务教育。

英国在推进普及义务教育过程中，颁布了一系列教育法案，国家逐渐控制初等教育。1880 年，英国规定普及 5 年制初等教育，1893 年延长到 6 年，1899 年又延长到 7 年。初等教育机构是公立学校和私立学校并存的双重制度。公立学校普及义务教育的费用来自国库补助金、地方税和学费。1891 年，英国颁布受国库补助的初等教育免费的法案后，大部分学校实行免费教育。

（二）法国的义务教育

1789 年，法国爆发的资产阶级革命，摧毁了统治法国一千多年的封建制度，为资本主义发展扫清了障碍，从而确立了资本主义制度。在资产阶级民主思想的影响下，法国国民公会对政治进行了改革，政府对社

---

① 成有信：《九国普及义务教育》，人民教育出版社 1985 年版，第 157 页。
② 成有信：《九国普及义务教育》，人民教育出版社 1985 年版，第 158 页。

会经济实行改革，并草创了新的教育制度。

1791 年 9 月 11 日，法国公共教育委员会向国民公会提交的《塔列朗教育提案》，在法国第一次承认教育是国家的事情，而不是教会的事情，虽然允许私立学校存在，但必须接受政府的管理和监督。提案提出要把儿童从文盲的危险中解救出来，把教育分成讲授国民必需科目的免费教育和讲授专门科目付学费的教育。法国是当时最先提出初等教育免费的国家。[①] 1792 年 4 月 20 日，法国公共教育委员会向立法会议再次提出《孔多塞教育计划》。孔多塞建议建立国家的学校教育制度，提出教育应该普及，一切公民都能享受到教育，各级学校都实行免费的教育，实现教育机会均等。在孔多塞教育计划中规定，凡是有 400 以上人口居住的地方都应设立小学。但在村庄分散、人口稀少的行政区内，在所有距离 400 人口居民点 1000 都阿司（都阿司为旧时法国长度量名，合 1.919 米，1000 都阿司约合 2 公里）以上的村庄，即使居民不足 400 人，也应设立一所初级学校。小学修业年限为 4 年，教授读写算知识与技能、文法初步知识、算术四则、精确测量土地与建筑物的简单方法等。高等小学设在各区或县有 4000 人以上的城市，修业年限 3 年。小学教师在每个星期天还应组织群众座谈会，向青年人讲解不能纳入初级学校教学大纲的道德与法律知识。[②]《塔列朗教育提案》和《孔多塞教育计划》虽然没有成为有效的法律依据，但在当时都充分体现了民主教育的原则。

拿破仑统治时期，法国加强了国家对教育的控制。1806 年 5 月，拿破仑颁布法令，设立帝国大学，明确"帝国大学全面负责整个美国的公共教育"。帝国大学是包括全国教育行政管理机构、学校设施、全体教师和各级各类教育在内的法国国家教育体制的总称，中小学教育均被列入帝国大学的管理之下。法令规定：未经大学首脑的允许，不得在帝国大学之外成立任何教育机构或学校；不是帝国大学的成员，或非由其下属

---

① 成有信：《九国普及义务教育》，人民教育出版社 1985 年版，第 170 – 171 页。

② 滕大春、吴式颖：《外国近代教育史》，人民教育出版社 1889 年版，第 108 – 109 页。

学院毕业，任何人都不得开办学校或执教。从此，法国教育中央集权制得到了进一步加强，近代比较完整的学校教育体系建立起来。波旁复辟王朝时期，社会的发展和科学技术进步，对初等教育的发展提供了可能和要求。1816 年，波旁王朝政府颁布法令，要求在每一个市镇设立一个委员会，负责支持和指导本地初等教育的发展；各县、市的行政长官对本地的初等教育负责监督；要求每一个市镇必须使居住其间的儿童都接受初等教育，并向贫困儿童提供免费教育。

1830 年 7 月以后的七月王朝时期，法国产业革命加速发展，国家财富增加，对小学经费开支有了显著增长。1831 年，法国教育家、索邦大学教授库赞受命赴德国考察教育，在向教育部提交的《关于普鲁士教育的考察报告》中指出：在当时情况下，一个关于初等教育的法律在法国是必不可少的，这个法律应规定在每个区建立一所初等学校，在每个县建立一所高等师范学校。1833 年，法国教育部长基佐根据库赞提交的报告，对全法国初等教育进行调查，制定了《初等教育法》（又名《基佐法案》），于同年 6 月 28 日颁布。这一法案要求：在法国每一个区必须设立一所初级小学，在每个 6000 人以上的城市设立一所高级小学；初级小学的教学目的是通过读、写、算的教学，给学生提供生活上所必需的最基本的知识;[①] 高级小学则在初级小学基础上向学生提供职业类教育。规定公共教育经费由地方、省和国家三方负担，地方有权征收特别税款作为教育经费，地方每法郎税款抽三生丁（即3%）作为教育经费，如不足由省每法郎税款抽两生丁（2%）来补助，如地方与省的教育经费合起来仍不够，缺额部分由国家负担。要求由各省设立师范学校，规定教师工资最低限额。《初等教育法》颁布后，由于国家对初等教育经费的大幅度增加，法国各地小学校如雨后春笋般发展起来。

1848 年法国革命后，资本主义工业迅速发展，法国在资本主义世界中迅速跃居为第二大国。经济社会的快速发展，对教育的发展提出了新

---

① 滕大春、吴式颖：《外国近代教育史》，人民教育出版社 1889 年版，第 171 页。

的要求。1850 年，法国教育部长法鲁制定《法鲁法案》，法案规定：初等学校可以公开传授宗教知识，加强了教会在教育管理和学校的势力；制定国家统一的教育制度，从行政上加强国家对教育的控制权。第二帝国初期，教会控制了初等学校。1871 年 3 月 28 日，法国成立巴黎公社，虽然巴黎公社只存在了 72 天，但巴黎公社成立了教育委员会，规定实施普及性、世俗性的初等教育，儿童免费入学，取消学校里的神学课程，实施科学的全面的教育。1881 年 6 月，法国教育部长费里制定了《费里法案》，规定了国民教育的义务、免费和世俗化原则，免除公立小学的一切费用，师范学校学生的膳宿费用由国家负担。规定 6 至 13 岁为儿童义务教育年限，对不送儿童入学的父母实行惩罚，甚至受监禁的处罚；宗教教育不再属于初等义务教育，学校教授道德与公民教育课；国家负责小学教师及行政人员的薪俸。《费里法案》的颁布与实施对法国近代普及义务教育具有重大意义，标志着法国近代初等公立教育体系的建立，确立国民教育的义务、免费和世俗性三条原则。1879 至 1889 年的 10 年间，法国农村初等教育普及率上升到 92%。从 19 世纪末开始，法国初等教育普及率达到 100%。[①]

（三）德国的义务教育

德国普及义务教育有着悠久的历史传统。中世纪时期，德国就有了初等教育。16 世纪，马丁·路德率起的宗教改革，对德国普及教育起到了积极的推动作用。德国早期普及教育的学校主要是教会举办的"拉丁语学校"和"德语学校"，由牧师、传教士任教，初等学校作为教会的附属机构，儿童入学被看做是对教会尽义务。17 世纪以后，随着生产的发展，世俗教育开始进入学校。1754 年，普鲁士颁布义务教育令，把初等教育定为义务教育，规定儿童入校学习同服兵役一样是国民的义务，对儿童实行强迫入学。1786 年，腓特烈·威廉二世继位，第二年颁布法令，规定中央设置教育局，负责办理公办教育事宜，把学校从教会手中收回。

---

① 成有信：《九国普及义务教育》，人民教育出版社 1985 年版，第 178 – 179 页。

1794 年颁布法令，宣布整个普鲁士大、中、小学校均由国家举办，公立学校必须接受政府的监督，学生入公立学校不受宗派的限制，实行强迫就学。德国是世界上最早实行世俗性的义务教育和最早从教会手中收回教育权的国家。

19 世纪初，德国在欧洲革命的影响下，资产阶级思想不断高涨，开始进行工业革命，迫切需要大批具有一定生产知识和劳动技能的生产者。普鲁士国王看到了发展教育的必要性，积极提倡发展国民学校。1850 年，普鲁士颁布《学校法草案》，规定国民学校是实施义务教育的公立学校，教师享受公职人员的一切权利和义务；学校经费由地方分担，国家给予必要的补贴；教师工资由国家开支，学生免缴学费。1872 年，普鲁士对国民学校的形式、内容和课程作出规定：国民学校分成单级、半日制、双级和三级以及多级，国民学校的形式依据学生和教师的数量而定。[1] 规定儿童 6 岁入学，14 岁毕业。初等教育是强迫实施的义务教育。1816 至 1846 年，普鲁士国民学校从 20345 所发展到 24044 所，学龄儿童入学率从 60% 提高到 82%。到 19 世纪 60 年代，德国适龄儿童入学率达到 95% 以上。

19 世纪以来，德国着重进行初等教育质量的提高和教育方法的改进，把发展初等教育与发展师范教育紧密联系起来。因公立小学的增加，迫切需要培养大批教师，师范学校得到快速发展。早在 1697 年，佛兰克就在哈列设立了师资养成所。1747 年，赫克又在柏林设立师范学校，国家对师范学校给予经费补助。[2] 1831 年，普鲁士每个州都建立了师范学校。到 1840 年，德国已有师范学校 40 所。师范学校经费由省和州分担，学生也缴纳一部分学费。[3] 师范学校把裴斯塔洛齐的教学方法列入教学课程中。第斯多惠长期主持两所师范学校，笃信裴斯塔洛齐的教育学说，主

① 成有信：《九国普及义务教育》，人民教育出版社 1985 年版，第 203 页。
② 滕大春、吴式颖：《外国近代教育史》，人民教育出版社 1889 年版，第 185 页。
③ 成有信：《九国普及义务教育》，人民教育出版社 1985 年版，第 204 页。

张教育必须遵循儿童本性，发展儿童的主动性，主张教师要进行自我教育，要以自己的人格教育学生，激发学生的求知欲和学习兴趣。在师范学校接受 2 至 3 年专门教育的教师进入到国民学校，这些接受过专门训练的教师为国民学校带来了新气息。

（四）美国的义务教育

美国是北美洲的主要资本主义国家。自殖民时代以来，美国一直沿袭英国办教育的传统，把教育看成是教会或私人的事业，国家不加过问，初等学校主要有主妇学校、市镇学校、宗派学校、老田学校和慈善学校。1776 年，美国建国后，成为世界上唯一资产阶级民主共和国，自此，美国教育开始了独立自主的发展。1812 年后，美国经济社会发生了很大变化，工业革命对教育提出了新的要求，旧的传统观念受到批评，提出取消贫民学校，设立由税款和基金维持的人人能进的公立学校。1834 年，宾夕法尼亚州议会通过了一项非强迫的免费学校法，规定州对公立学校的补助费、监督权以及地方的教育税，要求每个市、县成立一个学区，把全州分为 987 个学区。从 1802 年俄亥俄州作为第一个新州加入合众国开始，联邦政府就实行赠予公地作为学校经费的办法，合众国内原有的各州，各自建立永久的教育基金，以基金的进款补助教育经费。联邦政府实行学校与教会分离的原则，公立学校不能由各宗派控制，在学校内禁止宗教教育和形式，税收不能用来资助教会学校。①

从 19 世纪 30 至 60 年代，美国经历了公共教育运动等一系列的斗争，最终确立了公立的、普及的、免费的、非教派的教育原则。1832 年，纽约市最早实行免费义务教育制度，此后各州陆续制定并实施学校法。到 1850 年，马萨诸塞、特拉华、宾夕法尼亚州等实行免费教育。② 1850 年后，美国各州相继实行免费义务教育制度。1852 年，马萨诸塞州颁布美

---

① 成有信：《九国普及义务教育》，人民教育出版社 1985 年版，第 231 - 232 页。
② 李文英：《模仿、自立与创新—近代日本学习欧美教育研究》，河北教育出版社 2001 年版，第 25 页。

国进入工业社会以来的第一个强迫义务教育法令，规定该州 8 至 14 岁儿童每年上课 12 周，违者罚款。此后各州纷纷效法，1898 年，全国 45 个州中已有 32 个实施了强迫义务教育，其中规定实施 9 年强迫义务教育的州 17 个、8 年的 7 个、7 年的 6 个、6 年和 5 年的各有一个州。规定了义务教育年限中每年就学的周数，并规定对违法者，处以 1 元至 200 元的罚金，或 2 日至 90 日的拘役。为防止城市学龄儿童的父母追求增加收入而使儿童辍学就业，各州、市还制定了儿童劳动法，规定 12 岁以下儿童不得做童工；12 岁以上儿童，无就学证者，或其每年就学周数不及法定周数者，不准进工厂做工，违者要对其雇主处以罚金。①

美国公立学校运动促进了初等教育的普及，并使初等教育制度趋于完备。小学分为私立和公立两种，公立小学分担普及初等教育的任务。美国小学实行分年级制，并逐步形成了 8 年制小学。在教学内容上，由于工商业的发展，学校教育不仅仅局限在读、写、算方面，小学课程增加了地理、历史、文法、法制、道德、自然知识与初等理科、音乐、体育、图画、手工、家政等涉及公民训练和具有实用价值的科目。在教学方法上，由于受到赫尔巴特和裴斯塔洛齐的影响，开始注重实物教学、分科教学，注重心理学教育。

美国注重教师的培养，通过考察法国、德国师范教育发展的经验，学习借鉴德国和法国师范学校发展模式，19 世纪 30 年代开始兴办公立师范学校。1838 年，马萨诸塞州议会通过法令，决定建立 3 所师范学校。②1839 年，在马萨诸塞州列克敦星市建起了第一所公立师范学校，随后各州相继设立师范学校。1897 年，密西根大学带头在大学内设立教育系。1898 年，美国师范学校和设立教育系的大学有 555 所。师范学校培养小学教师的普通两年制课程中，包括教育学、心理学、教学方法等课程，福禄倍尔的教育著作此时成为美国师范学校的主要教育内容。1849 年成

---

① 成有信：《九国普及义务教育》，人民教育出版社 1985 年版，第 233 页。
② 吴文侃、杨汉清：《比较教育学》，人民教育出版社 1999 年版，第 512 页。

立美国教育协进会，加强对教师的专业培训。到 19 世纪末 20 世纪初，美国 7 至 15 岁儿童入学人数超过 75%。[①]

二、近代欧美普及义务教育的特点

近代欧美资产阶级革命爆发和产业革命的发展，极大地促进了资产阶级经济实力的增长，促使欧美各国教育发生了革命性的变化，纷纷确立资本主义教育制度，开始实施普及义务教育。与日本幕府末期同时代的欧美国家，在普及义务教育方面有以下几个特点：

其一，普及初等义务教育已成为国家行为。近代以来，欧美各国普遍重视普及初等义务教育，纷纷采取措施，把初等学校从教会手中夺回来，实行学校与教会分离。欧美各国把发展教育作为培养资产阶级民族意识和国家意识以及培养有文化劳动者的重要手段，运用国家的权利和立法手段，确立普及教育的公共教育原则，普遍运用法律手段，强制推行义务教育。如法国在 1833 年颁布《基佐法案》，美国马萨诸塞州在 1852 年颁布强迫义务教育的法令，英国在 1870 年颁布《初等教育法》，德国在 1872 年颁布《普通教育法》等，这些法令大都具有强制性，体现了国家的意志，为普及初等义务教育提供了法律保障。随着欧美各国经济的发展，在初等教育领域逐步建立免费制度，为普及义务教育提供了经费保障。1795 年，法国规定在初等教育阶段，可以有四分之一的免费生，开始了免费的义务教育；1834 年，美国宾夕法尼亚州通过了废除公立学校的收费制度，开始实行免费义务教育；1881 年，法国颁布《费里法案》，宣布实行免费义务教育。这些都充分体现了欧美国家对普及初等义务教育的重视。

其二，教学内容以近代科学技术知识为主。随着产业革命的发展和科学技术的推广，近代欧美初等教育一改过去重古典、重宗教的倾向，

---

① 滕大春、吴式颖：《外国近代教育史》，人民教育出版社 1889 年版，第 500 页。

而是以数学、物理、化学、天文、地理、历史等新兴自然科学和社会科学占据学校的主导地位。19世纪，欧美国家学校中的宗教课程逐渐被公民课和世俗教育内容所取代，学校更加注重对学生进行实用知识和技能的培养，这也是现代化大生产和现代社会生活的必然要求。

其三，建立教师培养和培训制度。教师是普及教育的承担者和执行人，是实现普及义务教育的关键。欧美各国普遍意识到教师培养的重要性，积极建立师范学校。普鲁士于1694年开办师范学校，从1831年开始每个州都设立了师范学校，经费由地方当局负责，为国民学校培养师资。法国于1794年建立了世界上第一所高等师范学校，1833年颁布的《基佐法案》要求每个省都要开办一所师范学校。① 美国在19世纪30年代开始兴办师范学校，加强对小学教师的培养。欧美国家在加强对教师培养的同时，还注重对教师的培训，建立教师培训机构或专业组织培训教师；欧美国家积极增加教育经费，提高教师地位和经济待遇。1850年，普鲁士《学校法草案》规定，国民学校是实施义务教育的公立学校，教师工资由国家开支，教师享受公职人员的一切权利。1830年法国颁布的《基佐法案》，规定实行教师初级证书和高级证书制度，随后大量增加教育经费，提高教师工资，并规定教师可以免服兵役。欧美各国师范学校的发展对实现普及义务教育起到了重要的推动作用。

其四，教育实践有了较为系统的教育理论指导。在教学方法上，受裴斯塔洛齐、赫尔巴特、第斯多惠等教育家的影响，开始研究和探索教育教学规律，改变机械的教学方式，更加注重学生身心特点，出现了班级授课制、选修制、导生制等近代教育教学方法，极大地提高了教育教学质量和水平。②

---

① 吴文侃、杨汉清：《比较教育学》，人民教育出版社1999年版，第512页。
② 李文英：《模仿、自立与创新—近代日本学习欧美教育研究》，河北教育出版社2001年版，第31－32页。

第三节 明治维新与明治政府的普及教育方针

一、明治维新及其治国方略

19 世纪中叶，德川幕府的统治危机重重。伴随着世界工业革命的开展，打开东北亚中、日、韩三国的门户以完成资本主义市场的组建，成为欧美国家"西力东渐"的根本动因。日本被迫开港后，在日本民族与欧美列强矛盾存在的大背景下，国内矛盾迅速激化，幕府、雄藩、朝廷、中下级武士、下层民众等多种势力竞相登台。这一时期，日本民族经济遭到摧残，国家濒于沦为殖民地的危险境地，引起了社会各阶层的不满，各地爆发的农民反对封建统治的斗争日益激烈，大阪、兵库、池田等地相继发生了农民捣毁米店的斗争，江户爆发了市民捣毁当铺、洋货店等暴动，幕府的统治走上了崩溃的边缘。[①] 各地农民起义和市民暴动，不仅震慑到了幕府的封建统治，而且还指向西洋人，绝大多数市民认为物价上涨的原因主要是西洋人来到日本造成的。1867 年，从长州及萨摩藩开始，日本爆发了"武力倒幕"运动，木户孝允、大久保利通、西乡隆盛等积极进行倒幕运动，并称为"维新三杰"。1868 年 1 月，日本天皇宣布德川庆喜为大逆不道的贼臣，发令讨伐。4 月，占领江户，德川庆喜被送去水户"谨慎"（幽禁），自此推翻德川幕府的统治，成立了由大地主大资产阶级联合执政的天皇制政府。1868 年 9 月，改年号为"明治"，取自中国古代《易经》中的"圣人南面而听天下，向明而治"之意，史称"明治维新"。

明治维新是一场具有资产阶级革命性质并具有民族主义运动特点的自上而下的资产阶级改革运动。1868 年 4 月，明治天皇率领公卿、诸侯

---

① 朱文富：《日本近代职业教育发展研究》，河北大学出版社 1999 年版，第 22 页。

在紫宸殿举行祭典，以誓言形式向"天神地祇"发布《五条誓文》：（1）"广兴会议，万机决于公论"；（2）"上下一心，盛行经纶"；（3）"官武一途以致庶民，各遂其志，务使人心不倦"；（4）"破历来之陋习，基于天地之公道"；（5）"求知识于世界，大振皇基"。誓文前三条，以建立议会体制、君臣一体并讲究治国安邦之道、形成官武民共同拥戴天皇的"一君万民"体制为内政建设的大政方针；后两条，以遵循国际法"天地之公道"、加入国际社会、学习欧美先进文化为对外开放的基本方向。《五条誓文》是明治政府实行改革的基本纲领，开启了资本主义道路的行程。

明治政府为建立中央集权的政治体制，首先确立中央集权制度。1868 年 4 月，明治政府发布《政体书》，规定"天下权利皆归太政官，使政令无出二途之患。"太政官分为议政官、行政官、神祇官、会计官、军务官、外国官、刑法官等七官，地方分府、藩、县三级制。《政体书》体现了由君主和官僚构成的中央集权的国家制度。第二，实行版籍奉还。明治政府颁布《版籍奉还令》，在占领地区设置了府、县等新的地方行政机构，派遣官吏加以管理，逐步将全国的版图、户籍悉归明治政府管理。版籍奉还是以和平的方式对领主制的全面废除，让诸侯交出对土地和人民的封建领有权，结束了数百年封建割据的局面，为建立资产阶级中央集权国家创造了先决条件。第三，废藩置县，建立中央集权体制。废除府藩县三治制，废除 260 多个藩，在全国设东京、大阪、京都 3 府和 302个县（后合并为 3 府 72 县；1888 年合并为 3 府 42 县），所有府知事和县令均由中央政府派遣，形成了政令归一的中央集权制。废藩置县的成功，标志着推翻封建制度的资产阶级革命基本完成，为建立一个中央集权国家和发展资本主义经济奠定了基础。①

明治维新是日本近代史上具有划时代意义的历史转折点，日本从此阔步迈上了资本主义近代化的道路。明治政府在进行一系列资产阶级改

---

① 吴廷璆：《日本史》，南开大学出版社 1994 年版，第 371 - 374 页。

革过程中，提出了"富国强兵"、"殖产兴业"、"文明开化"的基本国策。"富国强兵"是明治政府的主体国策。富国是要破坏旧的封建经济体制，导入资本主义的生产方式和管理制度；强兵是要解散旧有的武士团，组建近代化的军队，建立一个经济发达富足、军事实力强大的资本主义国家。"殖产兴业"是政府主导下的资本主义产业开发政策，通过大力发展资本主义经济，以实现"扩充财用，巩固国家之根柢"的目的，是实现富国强兵的重要手段。"文明开化"是明治政府破除陈规陋习，全面移植欧美精神文明的指导方针。通过吸收西方文明，发展近代科学技术和教育，改变传统的思想风尚和生活方式，如剪去武士发结、解除佩刀等，为实现富国强兵和殖产兴业服务。① 明治政府制定的"富国强兵"、"殖产兴业"、"文明开化"的基本国策，迅速开启了日本近代化的进程。所有这些，都为日本近代初等教育的发展提供了良好的外部环境和条件。

二、明治政府的普及教育方针

在"文明开化"思想的引导下，明治政府高度重视教育的作用，把教育作为文明开化的重要组成部分，作为实现殖产兴业和富国强兵的重要手段。维新伊始，明治政府面临的主要任务是如何培养作为国家统一思想基础的国民意识，以及为建设富国强兵的资本主义国家而造就一批管理人才和科技人才。

明治初期，日本把教育改革的重点放在国民教育方面，通过改革发展国民教育，以提高国民的知识和技能水平。明治维新的主要领导人木户孝允在 1868 年 12 月提出《振兴普通教育实乃当务之急》的建议书。木户孝允（1833—1877 年）出身长州藩士，曾与高杉晋作等一起主持长洲的藩政，推行富国强兵的政策，在尊王攘夷和倒幕运动中起了重要的作用。② 木户孝允在《振兴普通教育实乃当务之急》中强调，"国家富强

---

① 朱文富：《日本近代职业教育发展研究》，河北大学出版社 1999 年版，第 23 页。

② 吴廷璆：《日本史》，南开大学出版社 1994 年版，第 359 页。

的基础在于人民的富强，当平民百姓尚未脱离无知贫弱之境地时，王政维新的美名终究也只能是徒有其名而已，对抗世界富强各国之目的也必然难以到达。因此，使平民百姓的知识进步，吸取文明各国之规则，逐步振兴全国学校，广泛普及教育，则是今日的一大紧急任务。"① 明治维新的另一位主要领导人岩仓具视也提倡要对国民施以"教化"，提出要在全国设立小学校，以此培养选拔人才。1870 年，岩仓具视提出《建国策》，强调"毫无疑问，国家文明富强之根本在于人民智慧的开发与进步，因此宜在全国设置中、小学校，并置大学的监督之下。"伊藤博文在 1869 年提出要在东京设立大学，在府县和郡村设立小学校，通过学校教育，使人人都受到知识光芒的照耀。1870 年 2 月，洋学派仿照欧洲学制，制定了《大学规则》和《中小学规则》，提出京城之下设大学 1 所，要求府藩县设置中小学，试图建立小学、中学、大学相互衔接的教育制度。

1871 年 7 月，废藩置县刚刚结束，明治政府立即设立文部省，负责统辖管理学校和一切教育事业。文部大辅江藤新平着手在全国设立学校。至此，明治政府逐渐确定了推行教育改革的三点方针：其一，为提高国民知识水平和技能，普及初等教育；其二，为培养科技人才，创办科技教育机构；其三，通过教育迅速掌握源自欧美的先进科学技术。在这一方针指导下，明治政府积极采取措施，大力发展国民教育，开始迅速普及初等教育。②

明治维新伊始，明治政府曾设想在全国建立统一的学校教育制度，但由于缺乏经验，国家又没有统一的教育管理机构，这种打算未能实现。③ 1869 年 3 月，明治政府制定《府县施政顺序》，规定地方要设立一般国民小学，儿童 8 岁进入小学学习，15 岁学完小学内容后升入中学，

---

① 李文英：《模仿、自立与创新—近代日本学习欧美教育研究》，河北教育出版社 2001 年版，第 35－41 页。

② 吴式颖、任中印：《外国教育思想通史》第 8 卷，湖南教育出版社 2002 年版，第 262 页。

③ 滕大春：《外国教育通史》第 4 卷，山东教育出版社 1992 年版，第 391 页。

小学开设读、写、算等民众生活常用的课程。同时通过其他方式，对国民进行公民教育和道德教育。规定小学不仅要作为中学、大学预备教育的学校，还要作为普及全体国民教育的场所，以适应社会发展的需要。明治政府制定了在府县设立小学的计划，当时的小学校主要有两种类型：一种是作为中学、大学预备教育的学校，这些小学校招收的多是士族子弟；一种是对一般民众开办的小学。

1869 年 4 月，明治政府在昌平学校内设"府县学校取调局"，并对东北各府县发布了必须建立小学的布告：

> 庠序不备则政教难行。现应在各道府县设小学校，以开民众教育之道。当前东北各府县宜速设小学，以尽力贯彻此趣旨。特此布告。
>
> 另从东京学校选派学校调查员，至各地商议办学事宜。①

明治维新初期，最早开设小学的是东京府和京都府。1870 年 6 月 12 日，东京府在源流院开办了第一所小学，6 月 13 日又在洞云寺开办了第二所小学，随后在万昌院、本妙寺、西福等相继共开办了 6 所小学，规定学生入学年龄为 8 至 15 岁。京都府于 1868 年 7 月制定了建设小学的计划，把小学建设计划发至各町藩组，并与町藩组签署建设协议。1868 年 10 月，下达设立小学通知书，规定小学建设所需经费，根据学校建设规模，由京都府负担一半，另一半以 10 年分期付款方式贷款，小学校维持费以每户支付的费用和有识之士捐款为主。1869 年 5 月至 12 月，京都府共创办了 64 所小学。1870 年 11 月，京都府制定《小学规则》，规定小学年限为 8 至 15 岁，规定了每日上学时间、休息及放假日，将教授的算术、书法、读物等科目分为初等、中等和高等三类，规定了教员的选拔任用

---

① 杨孔炽：《日本教育现代化的历史基础》，福建教育出版社 1998 年版，第232 页。

及学生考试办法，明确学生所学科目主要是背诵、句读、习字、算术 4 科。品川县开始设立乡学所，有太子堂乡学所、布田乡学所。神奈川县设立小野路村乡学校等。

1871 年废藩置县后，明治政府加强了对全国教育机构和学校的统辖和管理，各藩纷纷改革藩校，设立小学。金沢藩改革藩校明伦堂，设立卯辰山小学、梅本町小学、高冈町小学、和原町小学、小立野小学 5 所学校；岩国藩改革藩校养老馆，设立小学；名古屋藩改革藩校明伦堂，在西光寺等 7 个寺内设立 7 所小学。各地还创办了一些乡校。1871 年 12 月，明治政府在东京开办了 6 所小学，作为示范校向全国推广。

1868 年明治维新至 1872 年颁布《学制》前，明治政府采取措施，发展初等教育，小学校数量有了一定的增加。在这一时期，寺子屋和乡校也有了一定的发展，数量明显增多。①

虽然明治维新为近代普及教育带来了新的气息，但由于这一时期明治政府还没有明确的发展初等教育的思路和政策，在摸索中前进的初等教育仍然保持了江户末年教育的特点，在教育内容上，既重视人才培养、又注重思想教化，教学内容以实用为主，教师主要是寺子屋的师匠。真正提出并实施普及初等教育，是在 1872 年《学制》颁布后开始的。

三、福泽谕吉的普及教育思想

明治维新时期，一些启蒙思想家西周、津田真道、福泽谕吉、中村正直、森有礼等纷纷著书立说，到处演讲，使普及教育的思想如涌动的春潮，迅速波及日本社会的各个方面，日渐得到全社会的广泛认同。其中，最具代表性的人物是被称为明治维新时期启蒙思想领袖的福泽谕吉。

福泽谕吉（1835—1901 年）是日本明治维新时期著名的启蒙思想家、教育家。1835 年 1 月 10 日，福泽谕吉生于大阪一个下级武士家庭。父亲福泽百助是中津藩士，因受藩主之命到大阪货栈长期值勤而率全家迁居

---

① 吴廷璆：《日本史》，南开大学出版社 1994 年版，第 400 页。

大阪。福泽百助酷爱汉学，擅长经学诗文，很有才学，但由于受封建社会等级身份制度的限制，终生不得志，在福泽谕吉出生第二年便抑郁而死。母亲阿顺是出身于本藩一个士族家庭有教养的妇女。父亲去世后，福泽谕吉跟随母亲回到故乡中津。因家境贫寒，福泽谕吉 13 岁才进入村塾，一边学习汉文书籍，一边做一些手工杂活帮助母亲生活，饱尝了下级武士家庭生活的艰辛。福泽谕吉在 19 岁以前学习汉学，通读四书、五经，成了远近闻名的小汉学家。1854 年 2 月，福泽谕吉到

福泽谕吉

长崎学习兰学和西洋炮术，后又转入大阪。1855 年，到绪方洪庵的适塾学习兰学。在大阪学习兰学期间，福泽谕吉遇到了良师和勤奋好学的好友，使其学业突飞猛进，并培植了无神论思想和憎恶儒学的情感。

1858 年，福泽谕吉到江户，在筑地铁炮洲开设私塾，讲授兰学（即"庆应义塾"的前身）。1860 年 1 月，德川幕府决定派遣一个全权使节团赴美国，交换《日美修好通商条约》批准书。经过多方求告和努力，福泽谕吉终于作为随员登上"咸临号"赴美。他把当时的心境比做新娘，觉得自己刚刚到美国时变得像新娘子一样渺小了，连自己都觉得可笑。[1]在美国期间，他亲身接触到美国资本主义社会的近代文明，深刻感受到日本的封建落后，从而坚定了向西方学习、输入西方文明的立场。1861年 12 月，福泽谕吉又以翻译的身份随幕府使节团到欧洲访问。他先后到过法国、英国、俄国、荷兰和葡萄牙等地，切实感受了欧美各国的文明

---

[1]　郑彭年：《日本西方文化摄取史》，杭州大学出版社 1996 年版，第 239 页。

制度和先进思想。在访问过程中，福泽谕吉得出"落后的日本欲学习西方文明必须首先从精神文明入手"的结论。他说："要谋求东洋革新，必须首先输入西洋文化教育。"① 这种"教育救国"的思想成为他后来致力于著述和教育事业、宣传"文明开化"思想、培养人才的指导思想。

1868 年，福泽谕吉把学塾由铁炮洲搬到新钱座，将学塾命名为"庆应义塾"，亲身开展教育实践。随着庆应义塾的发展壮大，福泽谕吉出版了大批旨在介绍西方文明的启蒙著作，包括《西洋事情》、《西洋导游》等。1868 年明治维新爆发后，福泽谕吉高呼此乃"古今之一大盛举"，认为"目睹此盛举，虽死亦无憾矣。"并开始积极进行启蒙教育宣传活动。在福泽谕吉倡导下，成立"明六社"，创办《明六杂志》，连续出版了《劝学篇》和《文明论概略》，由单纯介绍西方文明转为发表自己的观点，阐述对"文明开化"的见解，著作充满了启蒙精神，对"文明开化"起到了重要的推动作用。19 世纪 80 年代以后，福泽谕吉的活动目的开始由提倡"文明开化"转向追求"富国强兵"，思想日趋保守，并带有民族扩张主义色彩。

（一）提倡"文明开化"

福泽谕吉有两大誓愿：一是个人从封建束缚中解放出来；二是日本国民从西方列强的压迫下解放出来，即实现个人独立和国家独立，在这二者之中，他首先强调个人独立。② 他认为，要实现国家独立和个人独立，必须以争取文明为基础。在《文明论概略》中，他阐述了文明的基本思想。即文明就是国家的文明、民族的文明，文明与国家的独立富强、民族的振兴是联系在一起的。文明与独立相比，独立是第一位的，文明是第二位的。福泽谕吉认为，国与国是平等的，但国人没有独立的精神，国家独立的权利还是不能伸张，在国内得不到独立地位的人，也不能在

---

① ［日］《福泽谕吉全集》第 16 卷，岩波书店 1961 年版，第209 页。

② 吴式颖、任中印：《外国教育思想通史》第 8 卷，湖南教育出版社 2002 年版，第 279 页。

接触外人的时候保持独立的权利；没有独立精神的人会仗势作恶。就日本民族而言，首先应该确保日本的独立和人民的生存，然后才能谈文明，无论官民都应该首先谋求自身的独立，行有余力，再帮助他人独立，父兄教导子弟独立，老师勉励学生独立，士农工商都应该独立起来，进而国家才能够独立起来。

福泽谕吉认为，文明包括人类一切物质和精神的财富，也就是"外在的事物和内在的精神"。文明是发展的，文明并不是死的东西，而是不断变化发展着的。他认为一国文明程度的高低，可以用人民的德智水准来衡量，人民德智的提高没有限度，因而文明的进步也没有止境。① 他提倡要树立文明的精神，所谓文明的精神，是指人民的智慧，这是衡量一个社会文明开化的尺度，"文明可以说是人类智德的进步"。人民文明的精神有了改变，文明的基础才能建立起来，政令和法律的改革才能实现。他认为实现国家独立和民族振兴是目的，文明开化是达到这个目的的手段。福泽谕吉把世界各国分为文明、半文明和野蛮三类，认为日本属于半文明国家，要使日本尽快成为文明开化的国家，必须以西方为榜样，学习西方文明。要先学习西方的"内在文明"，即思想、文化等无形的"文明精神"，然后再学习衣、食、住、行、法律等"外在文明"。② 学习西方文明要择其善而从之，弃其坏者，绝不能盲目从事，要做到取彼之长、补己之短。福泽谕吉认为，人类社会是由野蛮、半文明、到文明，这样从低级到高级，向前发展的。福泽谕吉特别指出，实现文明必须先难后易，"文明外形易得，而文明精神难求"，实现文明必须首先变革人心，然后变革政令，"最后达到有形的物质"。

（二）鼓励人人向学

福泽谕吉把掌握知识作为实现个人独立和国家独立的重要手段。在

---

① 贺国庆、于洪波、朱文富：《外国教育史》，高等教育出版社 2009 年版，第270 页。

② 王智新、潘立《日本基础教育》，广东教育出版社 2004 年版，第 6 页。

《劝学篇》一书中提出：

> "天不生人上之人，也不生人下之人，即天生的人一律平
> 等，不是生下来就有贵贱上下之别的。人类作为万物之灵，本
> 应依凭体力和脑力劳动，取得天地间一切物资，以满足衣食住
> 的需要，大家自由自在、互不妨碍地安乐度日。但如环顾今日
> 的人间世界，就会看到有贤人又有愚人，有穷人又有富人，有
> 贵人又有贱人，他们之间似乎有天壤之别。这究竟是怎么一回
> 事呢？理由很明显。事实告诉我们：人要是不学习就没有知识，
> 没有知识就会成为愚人，所以贤与愚之别是由于学与不学造
> 成的。"①

福泽谕吉崇尚"实学"，认为"学问"并不是能识字、能读难懂的古
文、能咏和歌、能作诗等不切实际的学问，而是有助于人们立身出世的
学问，这样的学问就是实际有用的"实学"。这种"实学"，实际上是指
西方先进的科学技术，即数理化等自然科学知识。福泽谕吉劝导人人都
要学习这种"实学"，"如果大家不分贵贱上下，都爱好这些学问，并有
所体会，而后士农工商各尽其分，各自经营家业，则个人可以独立，一
家可以独立，国家也就可以独立了。"②

（三）倡导普及教育

福泽谕吉提倡"文明开化"，认为实现文明开化，必须依靠人的智
慧。为此，要积极开展普及教育。他认为，"今日的文明是智慧的文明，
没有智慧则一事无成，有智慧则万事可成。教育的重要性即在于此。因
为人不学则无智，所以建立学校，传授知识、培育智慧是学校的宗旨。"

---

① ［日］福泽谕吉：《福泽谕吉教育论著选》，王桂主译、陈榴校，人民教育出
版社 1991 年版，第 5 页。
② ［日］福泽谕吉：《劝学篇》，商务印书馆 1984 年版，第 1 页。

他提出，应"不分贫富、不论贵贱，只要是青年就教给他知识学问，通过普及教育，希望更多的人逐渐高尚起来。"① 他站在"人民平等"的立场上，积极主张教育机会均等。他认为凡是日本国内的学生，无士农工商之差别，均应入学校学习，认为无论是发展人的天赋能力，还是使日本达到文明开化，普及学校教育都是必不可少的前提。福泽谕吉在明治初期积极提倡强迫义务教育，赞成日本政府利用政府的权威推行"强迫教育"。但是，由于经济落后，财政困难，在明治初期日本尚不具备实行强迫义务教育的条件。在明治中期，他又主张儿童可以根据家庭条件来决定是否入学。之后，随着日本产业革命蓬勃发展，经济实力不断增强，福泽谕吉又积极主张普及教育，号召国家和个人不惜金钱来增加教育投资，"在教育上绝不可吝惜投资，在国家经济较富裕时，应尽可能地为教育事业而大量投资，以谋求普及教育，发展学术。"② 福泽谕吉不仅重视学校教育，还重视社会教育和家庭教育，鼓励学生接受社会教育，主张家庭要为儿童成长培养良好的行为习惯。

福泽谕吉作为日本明治维新时期最著名的启蒙思想家和教育家，一生著述 60 余种，他的教育思想对日本社会各阶级、各阶层有着广泛而深刻的影响。在日本近代史上，他扮演了文明开化巨匠和启蒙运动旗手的角色。他提出的"天不生人上之人，也不生人下之人，即天生的人一律平等，不是生下来就有贵贱上下之别的。""人不学则无智"等普及教育思想，具有时代的进步性。他提出的人人在平等的基础上接受教育，国家要大力增加教育投资，实行强迫的普及教育思想，不仅对日本执政者具有重要的影响，更唤醒了广大民众的普及教育意识。作为日本新兴资产阶级代言人，他的教育思想和教育主张，对日本近代义务教育的普及起到了积极的推动作用。由于福泽谕吉的突出贡献，他被日本人尊为

---

① ［日］福泽谕吉：《福泽谕吉教育论著选》，王桂主译、陈榴校，人民教育出版社 1991 年版，第 71－72 页。

② ［日］福泽谕吉：《福泽谕吉教育论著选》，王桂主译、陈榴校，人民教育出版社 1991 年版，第 139 页。

"近代教育之父"。① 但是，晚年时期，福泽谕吉的思想开始由激进转向保守甚至反动，他提倡的官民调和、支持向外侵略扩张、鼓吹国家主义等等，在日本近现代史上产生了极其消极的影响。②

　　日本近代普及义务教育有着坚实的历史基础和广阔的时代背景。首先，德川幕府时代的教育改革，为日本近代普及义务教育奠定了深厚的基础。德川幕府时代正值欧美资本主义国家迅速崛起时期，随着产业革命的发展和经济实力的增强，欧美国家开始向亚洲扩张势力，日本被迫打开门户。德川幕府在抵御外来侵扰的同时，积极推行教育改革，以维护其封建统治。德川幕府时期创办了大量的寺子屋以及乡校，主要招收平民子弟，向他们教授读、写、算知识，使他们掌握一定的知识和技能。寺子屋的快速发展，为明治维新后迅速普及初等教育奠定了基础；通过发展寺子屋、乡校等，民众半数以上具备了识字能力，也为明治时期宣传普及教育打下了良好的基础。其次，欧美国家快速普及义务教育的经验，为日本教育改革树立了榜样。德川幕府后期，正值欧美产业革命迅猛发展时期。伴随着产业革命的发展，欧美国家积极推进教育改革，颁布教育法令，兴办义务教育学校，建立教师培养制度，改革教育内容和教学方法，传授近代科学知识，推进义务教育的普及。欧美国家普及义务教育的经验，对当时处于竞争弱势下的日本产生了巨大的影响，以致明治维新初期日本教育改革做法大都是照搬欧美的教育制度。第三，明治维新变革，为日本近代普及义务教育提供了历史发展机遇。1868 年的明治维新变革，代表大地主和

---

① 吴式颖、任中印：《外国教育思想通史》第 8 卷，湖南教育出版社 2002 年版，第 288 页。

② 贺国庆、于洪波、朱文富：《外国教育史》，高等教育出版社 2009 年版，第 272 页。

大资产阶级利益的资产阶级推翻了封建落后的幕府统治，建立了资产阶级新政权。明治政府实行"富国强兵"、"殖产兴业"、"文明开化"的基本国策，开启了日本资本主义飞速发展的闸门，迅速普及初等教育则成为培养有文化劳动后备力量的当务之急。明治政府的治国方略，为普及初等教育插上了腾飞的翅膀，从而走上了快速发展的道路。第四，福泽谕吉的普及教育思想，掀起了全社会普及教育的热潮。福泽谕吉等启蒙思想家、教育家到处宣传普及教育思想，唤醒了民众的普及教育意识，得到了社会的广泛认同，为日本近代普及义务教育打下了一定的思想基础。正是在幕府末期教育坚实发展的基础上，在欧美各国纷纷普及义务教育的广阔时代背景下，通过明治维新，日本近代迅速普及义务教育才成为可能和现实。

第二章

普及初等教育制度的确立和调整（1872—1886 年）

制度是一个社会共同遵守的规定和准则，是一个国家创造的一系列政治、经济规则及法律法规。从义务教育的发展历史看，19 世纪后半期，世界资本主义国家的统治者真正认识到教育在国家和现代化中的重要作用，并采取立法手段时，义务教育才得以推行。[1] 用法律手段推行义务教育是现代教育制度的重要标志之一。日本是一个重视立法的国家。1872年，日本通过学习模仿欧美教育制度，颁布《学制》，提出普及 8 年制初等教育，把发展初等教育作为振兴日本经济、发展教育事业的重点，要求每个儿童必须入学读书，做到"邑无不学之户，家无不学之人"。《学制》是明治政府成立后颁布的第一个教育法令，标志着日本近代普及初等教育制度的正式确立。

普及初等教育是一项综合的系统工程，涉及社会各个方面，受到生产力发展水平、政治经济、人口增长、文化习俗等多方面因素的制约。因此，日本普及初等教育政策在推行过程中，也在不断进行调整和改进。《学制》颁布后，由于生产力水平低下，日本中央和地方财政困难，民众生活贫苦，普及初等教育面临诸多困难。《学制》所制定的教育计划过于"西洋化"和理想化，脱离当时社会实际，在推行中受到很多阻力，明治政府开始对普及初等教育政策进行改革调整。1879 年颁布《教育令》，废除学区制，以町村为单位办学，把普及初等教育年限缩短为 4 年。1880

---

① 吴文侃、杨汉清：《比较教育学》，人民教育出版社 1999 年版，第 396 页。

年颁布《改正教育令》，纠正《教育令》过于自由化的缺点，将普及初等教育的最低年限缩短为 3 年。1885 年颁布《再次改正教育令》，再次调整普及初等教育政策。1872 年至 1886 年，是日本近代普及初等教育制度的确立和调整时期，明治政府根据国家财力状况和民众生活实际，不断改革调整普及初等教育政策措施，推动初等教育的发展。

第一节 普及初等教育制度的确立

一、颁布《学制》，确立普及初等教育制度

明治维新是日本近代的开端，在日本历史发展上具有里程碑的意义。伴随政治、经济、军事、文化领域的改革，明治政府积极推进教育改革。明治政府成立初期，曾试图在全国实行统一的学校制度，任命国学者们研究制订改革方案。但是，这些国学者受传统思想影响较重，草拟的学校教育制度方案非常保守，具有浓厚的复古气息。在"文明开化"思想的引导下，明治政府深刻认识到，要改革教育制度，必须"求知识于世界"，认真研究欧美的教育制度。[1] 因此，明治政府在积极发展资本主义经济的同时，大量吸收西方资产阶级的文明。

1871 年 7 月 18 日成立的文部省，负责统辖全国各府县的学校和一切教育事业。刚刚成立的文部省面临的最大课题，就是如何建立近代教育制度，特别是建立面向全体国民的初等教育制度，以推动初等教育的普及。1871 年 12 月，文部省组建了一个由箕作麟祥、岩佐纯、瓜生寅、木村正辞、辻新次、长谷川泰、织田尚种、河津祐之等 12 人组成的学制调查委员会，负责学制的调研起草工作。这 12 人中，大部分是留学归国的洋学者。如箕作麟祥、河津祐之、辻新次是研究法国学的学者，内田正雄是研究荷兰学的学者，瓜生寅是研究英国学的学者，长谷川泰是研究

---

① 王桂：《日本教育史》，吉林教育出版社 1987 年版，第 115 页。

西医的学者。这些西学者们制定的学制主要是以法国教育制度为蓝本，兼收德、荷、英、美等国的教育制度。学制调查委员会在制定学制过程中，最重要的参考书是旧福山藩的藩士左译太郎翻译的《法国学制》一书。旧福山藩在 1868 年和 1870 年两次进行过藩内学校教育制度改革实验，其中 1870 年进行的学校教育改革就是模仿法国教育制度进行的。

为学习借鉴欧美诸国的先进经验，1871 年 10 月 8 日，明治政府派出了以大纳言（日本的旧官名，仅次于右大臣，参与大政，掌管上奏和传达圣旨的职责）岩仓具视为全权大使的由 48 人组成的使节团赴欧美考察。考察的目的：一是向缔约国致"聘问之礼"，并交涉修改不平等条约；二是考察学习欧美各国先进的资本主义制度和文化。[①] 随团考察的有田中不二麻吕、森有礼和新岛襄等，他们负责考察欧美的教育制度。使节团历时一年零八个月，先后考察了美、英、法、比、荷、德、俄、丹、瑞、意、奥、瑞士等 12 个国家。使节团不仅考察了各国的政府机构、工厂、兵营等，还全面考察了各国的教育政策、教育制度、教育教学内容等各个方面，深入了解各国在普及教育、培养人才方面的做法，对欧美各国普及教育、培养人才有深刻的印象。使节团把英国作为"富国"的榜样，把德国作为"强兵"的楷模，开始转变保守的思想意识，学习西方的先进经验。考察团对欧美各国教育的考察，对起草学制起到了重要的作用。

学制在起草过程中遇到了很大的阻力。文部省对学制草案进行反复讨论修改后，于 1872 年 6 月将学制草案提交太政官会议进行审议。由于学制草案提出停办以前的寺子屋，全国一律设置 8 年制小学，日本各省（部）对学制草案均持否定或怀疑态度，尤其是大藏大辅井上馨等以财政困难为由坚决反对。文部卿大木乔任力排众议，在太政官会议上强烈要求通过《学制》草案。最后，在江藤新平、大隈重信等人的支持下，《学制》于 1872 年 8 月正式颁布。《学制》参考法国教育制度 64 条，占

---

① 吴廷璆：《日本史》，南开大学出版社 1994 年版，第 405 页。

43.5%；参考德国教育制度 39 条，占 26.5%；参考荷兰教育制度 17 条，占 11.6%；参考英、美、俄等其他国家教育制度 27 条，占 18.4%。学制参考外国教育制度情况详见下图表：①

学制参考外国教育制度情况

国名	明治学制的条目	比率（%）
法国	64	43.5
德国	39	26.5
荷兰	17	11.6
英国	11	7.5
美国	9	6.1
俄国	1	0.7
西洋各国	6	4.1
合计	147	100.0

（根据《文部省年报》整理）

　　《学制》主要以法国教育制度为蓝本，参考最多的是法国的教育制度，其次是德国和荷兰的教育制度。明治维新变革后，明治政府深刻认识到英、法、德、荷兰等国都是国土相对狭小、资源相对匮乏的国家，但它们经济发达，拥有世界上最发达的生产力，其原因在于拥有先进的教育制度，培养了大批建设人才。英国是资本主义发展最早的国家，资产阶级革命最先取得成功，英国依靠殖民掠夺增强国力，其高等教育发达，义务教育发展缓慢，分化比较明显；德国是普及义务教育最早的国家，国力发展后来居上，主要源于洪堡的教育改革；法国学习德国教育制度，推进普及教育，大力发展资本主义，一度超越德国成为西欧第二大工业国；荷兰作为岛国，与日本有着地域发展的相似性，兰学一直为

---

　　① ［日］永井道雄：《近代化与教育》，王振宇、张葆春译，吉林人民出版社 1984 年版，第 55 页。

日本所接受。日本积极学习模仿欧美发达国家的教育经验，谋求建立符合日本国情的普及初等教育制度。

为唤起民众对《学制》的理解和支持，明治政府在颁布《学制》的同时，还颁布了太政官布告《关于奖励学事的被仰出书》（一般称为《学制序文》），对《学制》的颁布进行说明，阐释了《学制》的指导思想：一是立身出世主义的教育观。强调"人人要立其身、治其产、兴其业"，兴办学校的目的就是要教给他们立身出世的学问，"应把学问作为立身之本，不论任何人都不能不学习"，"否则就要迷失道路，陷入饥饿，家破人亡，此乃不学之过"；二是教育的四民平等精神。"自今以后，以期一般人民、华族、士族、农、工、商及妇女、儿童都能学习"。"期望所有父兄体谅此意，予以厚爱，务使子弟从事学习"。对士农工商，不分性别、出身和阶级，人人都有平等接受教育的机会；三是实利主义的学问观。强调首先要传授"日用常行的言语书算"知识，再传授士农工商及其他职业所需要的技能以及法律、天文、医学等知识，强调要把这些近代科学知识作为殖产兴业的基础。① 《学制》把设置小学校作为当务之急的第一重要任务，同时强调要抓紧设立师范学校以培养小学教员。提出教育平等，人人都要学习，以达到"邑无不学之户，家无不学之人"的普及教育要求。《学制》及《关于奖励学事的被仰出书》的颁布，开启了日本教育的新纪元。②

《学制》的颁布，体现了日本教育思想由"和魂汉才"向"和魂洋才"的转变。明治维新前，日本的教育主要受中国教育的影响，将中国的儒学理论作为统治人民的基本教育理论和教育内容。在其发展过程中，将儒教加以修改、转释，增加了日本固有的宗教传统内容和日本式的理解，从而使儒教更加适合日本的国情。明治维新前日本教育的总体特征

---

① 王桂：《日本教育史》，吉林教育出版社1987年版，第116－117页。
② 滕大春：《外国教育通史》第4卷，山东教育出版社1992年版，第393页。

是"和魂汉才"。① 明治维新后，明治政府全面向欧美资本主义国家学习，积极吸收西方的各种制度，"汉才"开始退场，"洋才"逐步凸显。在教育制度上，通过学习借鉴欧美教育制度，制定《学制》；在教学内容上，引进欧美国家的教育内容，开设现代科学技术应用方面的课程，强调实用主义；在教育理念上，福泽谕吉的普及教育思想和"脱亚"论为培养"洋才"做了思想准备。"和魂洋才"的教育思想也为日本实施"脱亚入欧"战略扩张埋下了伏笔。

二、《学制》中关于初等教育的主要内容

1872 年 8 月颁布的《学制》，包括学区、学校、教员、学生和考试、海外留学生规则和学费等，共分为 5 篇、109 章。1873 年又增加一些内容，共 213 章，是一个庞大而全面的国民教育计划。其关于初等教育的内容主要有以下几个方面：

（1）小学校设置：全国分成 8 个大学区，每个大学区设 1 所大学；每个大学区下设 32 个中学区，每个中学区设 1 所中学，全国设 256 所中学；每个中学区下设 210 个小学区，每个小学区设 1 所小学，全国共设 53760 所小学。

（2）督学：每个中学区设督学 10 至 13 人，每个督学负责分管 20 至 30 个小学区。督学的任务是劝导区内民众就学和设立学校、保护学校、计算费用等，负责该小学区内的事务工作。督学由地方官挑选在当地有名望的人士担任，工资与地方官相比较低，月工资大约在 5 日元至 10 日元。

（3）小学校的种类：小学主要有寻常小学、女儿小学、村落小学、贫民小学、私塾小学、幼稚小学六种。寻常小学学生 6 岁入学，分为上、下两等，各为 4 年，共 8 年，允许男女同校。

---

① 张立文：《和魂新思—日本哲学与 21 世纪》，华东师范大学出版社 2001 年版，第 190 页。

（4）课程：寻常下等小学课程有缀字、习字、单词、会话、朗读、修身、书牍、文法、算术、保健法、地理、物理、体育、唱歌 14 门课程；上等小学的课程除下等小学的 14 门课程外，还增加历史、几何学、博物学、化学、生物 5 科。另外，可根据实际情况，增设外语、簿记法、化学、天体学 4 科。

（5）教员：小学教员无论男女，年龄须在 20 岁以上，必须具有师范学校毕业证书或中学毕业证书。小学教员无男女差别，量才录用。私立学校、私塾的教员如果不符合规定的条件，或有不轨行为的，应予以谴责或解雇。

（6）考试：为使学生掌握所学的课程，每年必须进行考试，考试合格者发给证书，学生没有合格证书不能升级。学生在小学毕业升入中学时，必须进行一次大规模考试，要求有关人员和其他官员亲临考场督考。

（7）经费：学校经费分三部分：学生缴纳的学费、设置者负担的捐赠款、学区内筹集款和诸项存款利息及国库补助的委托款。学校的经费以学生缴纳的学费为主、政府支持为辅。小学生的学费每月 0.5 日元，还有的 0.25 日元。无力付学费者，应由町村出具证明，通过学区督学交校方认可，可以免费。①

《学制》是明治政府在"文明开化"教育思想指导下，参照欧美国家教育制度制定出来的。《学制》对小学校的设置和教育行政管理采用学区制，将全国分成若干学区，每个大学区下设置中学区，中学区下设置小学区，每个小学区设置 1 所小学，按每 600 人设置 1 所小学；各地设置督学，负责劝导民众送子女就学及设置学校；将小学分成寻常小学、女儿小学、村落小学、贫民小学、私塾小学、幼稚小学 6 种，规定了学生入学年龄，提出普及 8 年初等教育；规定了小学开设的课程、考试以及教员的任用；规定学校的经费以学生缴纳学费为主、政府支持为辅，实行

---

① 瞿葆奎、钟启泉：《教育学文集—日本教育改革》，人民教育出版社 1991 年版，第 3-12 页。

"受益者"负担的原则。这种通过学区制普及学校教育的办法，加强了教育的中央集权统治，将中央政府的教育政策直接渗透到地方所有村落。①《学制》确立的普及初等教育制度，开启了日本近代普及初等教育的先河。

三、《学制》颁布后初等教育的发展

（一）小学校的设置

欲先攻其事，必先利其器。实施普及初等教育，首先必须设置数量足够的小学校满足学生的就学。《学制》颁布后，明治政府把设置小学校放在普及初等教育的首位。文部省在向府县下达实施《学制》的"着手顺序"中，把"大力发展小学校"放在第一位。文部省强调："自皇邦以来，平民从 8、9 岁成长到 12、13 岁后对学问是何物还不知道的人数逐渐增多。……这些人由于在上学时没有打下良好基础，导致在日后生活中意志不坚强、没有上进心。因此，要实现社会文明、人有才艺的目标，必须求助于小学教育的广泛普及。故今着手的第一项任务就是把力量投放在发展小学上。"各府县遵照文部省的指示，纷纷发出布告或告示，鼓励各地设置小学校，小学校开始逐步发展起来。

1. 对寺子屋的改造

幕府末期寺子屋的快速发展，为明治初期小学校的设置打下了坚实的基础。《学制》规定，取消寺子屋，将寺子屋改编成小学。为此，各府县主要采取了三种办法：第一种，完全废弃寺子屋和私塾，新设小学校；第二种，与寺子屋和私塾并行，新设小学校，然后逐步把寺子屋和私塾并入到小学校中；第三种，根据分区制，直接把寺子屋和私塾改编为小学校。这一时期，大多数府县都采取了第三种方式，直接把寺子屋和私

---

① 王桂：《日本教育史》，吉林教育出版社 1987 年版，第 120 页。

塾改编成小学校，新建的小学校只是少数①。

　　据文部省 1875 年统计，从 1872 年至 1875 年的 3 年间，日本共设置小学校 20692 所，其中，占用寺院的 8257 所，占 39.90%；借用民宅的 6794 所，占 32.83%；新建的小学校只有 3699 所，占 17.88%；其他还有借用神社、仓库、演习场等。由此可见，新建小学校所占数量较少，大部分小学校都是由寺子屋和私塾改建而成的。小学校舍类别情况详见下表:②

小学校的校舍种别数（1875 年）

校舍种别	学校数（所）	所占比率（%）
寺院	8257	39.90
民宅	6794	32.83
新建	3699	17.88
官厅会社	192	0.93
神社	176	0.85
仓库	196	0.82
官舍藩邸	161	0.78
学舍校	116	0.56
演戏场	30	0.14
武技场	13	0.06
其他	10	0.05
不清楚的	1075	5.20
合计	20692	100.0

---

　　① ［日］小林哲也:《日本的教育》，徐锡龄、黄明皖译，人民教育出版社 1981 年版，第 26 页。

　　② ［日］国立教育研究所:《日本近代教育百年史》第 3 卷，文唱堂 1974 年版，第 1088 页。

2. 小学校的种类

《学制》颁布后，日本各地设置的小学校主要有寻常小学、女儿小学、村落小学、贫民小学、私塾小学、幼稚小学六种。

（1）寻常小学。《学制》颁布后，各地通常将标准的小学校都称为寻常小学，寻常小学是小学校的主体。寻常小学分为上、下两等，男女同校，下等小学学生 6 至 9 岁，上等小学学生 10 至 13 岁。

（2）女子小学。文部省在向府县下达实施《学制》的"着手顺序"中指出，女子和男子同样都要接受教育，男女一律平等，要求改变过去只有男子到学校接受教育而女子不到学校接受教育的状况。为此，一些府县开始设置女子小学。女子小学一般在教授小学普通课程的同时，还要教授学生裁缝、家务等所需的技能。1874 年，冈山市设立的 10 所小学中，男子小学 5 所、女子小学 5 所，各占一半。1872 年，文部省在东京设立的东京女子学校，除教授学生普通课程外，还教授一般才艺及持家、幼儿保育方面的本领。1877 年，高知县规定女子学校必须开设裁缝和机织课程。

（3）村落小学。村落小学是专门为偏僻农村的农民子女开设的学校，所教授的科目可以精简，年龄大的学生可以利用生产之余的时间就学，有许多村落小学是夜校。长野县制定的《小学条例》规定，采用联区制的办法，把相邻的村落联合起来举办正规的小学；对偏远村落无法设立正规小学的设立村落小学。和歌县把寻常小学的设置限定在人口多而且富裕的地方，其他地方只设村落小学。1875 年，和歌县 80% 以上的小学都是村落小学。村落小学作为《学制》实施初期的学校，具有过渡的性质，随着寻常小学的发展，逐步消失了。

（4）贫民小学。贫民小学是专门为生活贫困家庭子女开设的学校，其费用主要靠富人捐助，有的地方也被称为慈善学校。1873 年，石川县制定《仁惠小学设立大意》，提出有志于扶助贫民儿童就学的，可以在贫民居住区设立"仁惠小学"，对贫民子女进行简单的教育；同年，在金泽町设立 8 所仁惠小学，能登国三阶村设立 1 所仁惠小学。另外，还有一种是作为贫民学校的"子守小学"（保姆学校），专门为那些被雇佣做保姆的女童提供受教育机会。子守小学最早在长野、爱知、大阪等地，由一些有志之士提议设立的，教授学生简单的读写和幼儿保育方面的知识。

除以上四种小学外，还有幼稚小学和私塾小学。幼稚小学是对 6 岁以下儿童进行的教育，相当于学校里的幼儿园或保育所。私塾小学是在获得小学教学许可证的私宅开设的小学。

《学制》颁布初期，为推进初等教育的普及，除了标准的寻常小学外，各地根据地域、阶层、经济状况等实际，设置了多种多样的小学，使小学校得到了快速发展。1873 年，日本设置的小学校 12558 所，在校生 114.58 万人。到 1879 年，小学校达到 28025 所，增长了 1.2 倍；在校生达到 231.51 万人，增长了 1 倍多。

3. 小学校的设施

《学制》颁布初期，文部省对小学校的建设标准及学校设施没有统一的规定和要求，各大学区及各府县根据实际，自行确定学校建设标准和学校设施，各地小学校舍建筑多种多样，设施也不尽相同。因为大部分小学校是由寺子屋、私塾、神社、仓库、演戏场等改建的，只能因陋就简，维持办学。

1876 年，日本第一大学区召开教育会议，对小学校的建设标准进行研究讨论。决定在学校选址时，要把学校建在交通便利、清洁干净、有利于学生健康的地方，建筑以平房为主；除学生的教室外，还要建设教员休息室、学生宿舍、接待室、冲水厕所；教室以容纳 30 名学生为标准，长约 4 张榻榻米、宽约 3 张半榻榻米，教室之间用墙隔开；在教室的左侧或右侧设置走廊，在教室的一侧或两侧安上窗户；地板高 2 至 3 尺（1 日尺 = 10 日寸 = 0.303 公尺），屋顶高约 2 张或 1 张半榻榻米；厕所设在远离教室北面的地方；操场要平坦，放置木马、跷跷板等运动器械。

1877 至 1878 年，山梨、兵库县和京都府等都相继制定了学校建设方面的标准，对校舍选址、校舍建设、教育设施等进行了详细的规定。日本各地开始重视小学校址、教室、宿舍、操场、厕所等设施建设，关注学生教育环境，为实现初等教育设施均等打下了基础。

《学制》实施期间，虽然小学校的数量有了一定的发展，但总体看，学校的规模较小，教室数量少。据统计，1877年，日本共有小学25459所，拥有教室的小学校23987所。1所学校只有1个教室的最多，有6170所，占小学校总数的25.72%；有2个教室的4364所，占18.19%；有3个教室的3972所，占16.56%；有4个教室的3008所，占12.54%；有5个教室的2162所，占9.01%。有5个以下教室的小学校占学校总数的82%以上。当时，日本拥有小学教室最多的是穗高学校，有54个教室；其次是开智学校，有47个教室。从以上情况可以看出，1877年日本的25459所小学校中，只有23987所小学拥有教室，有1472所小学校没有教室，学生在租住的民房或教师家中上课。小学校拥有教室情况详见下表：①

小学校拥有的教室数（1877年）

教室数（个）	校数（所）	教室数（个）	校数（所）	教室数（个）	校数（所）
1	6170	13	48	25	3
2	4364	14	48	26	3
3	3972	15	43	27	3
4	3008	16	25	28	1
5	2162	17	25	29	3
6	1502	18	14	30	1
7	977	19	11	31	2
8	748	20	12	32	1
9	364	21	3	36	1
10	221	22	4	45	1
11	129	23	6	47	1
12	106	24	4	54	1
合计教室数23987					

（根据《文部省年报》整理）

---

① ［日］国立教育研究所：《日本近代教育百年史》第3卷，文唱堂1974年版，第1089页。

4. 府县自行设立学校管理人员

《学制》实施初期，日本小学校管理松散，学生全年可以自由入学和退学。据文部省统计，1873 年，日本有小学校 12558 所，教员 25531 人，学生 1145802 人，小学校均教员 2.03 人，校均学生 91.24 人，日均到校的学生 59.12 人。1878 年，小学校均教员 2.46 人，校均学生 85.51 人，日均到校的学生 60.07 人。师范学校附属小学和府县所在地的中心小学，教员和学生数量略多一些。东京师范学校附属小学有教员 9 人，学生 388 人。可见，当时小学校对学生的管理松懈，缺少有效的管理制度和办法。

在这一时期，文部省对小学校的管理没有作出明确的规定和要求。各府县根据实际需要，由町村居民共同出资在小学校设立管理人员。由于各地情况不同，小学校设立的管理人员称呼也是多种多样，如熊谷县将学校管理人员称为"学校保护役"、筑摩县称为"学校世话役"、和歌山县称为"学校世话係"、山梨县称为"学校事务係"、东京府称为"学校杂务係"等，一般通称为"学校役员"。学校设立的管理人员职责也不尽相同，如和歌山县每所学校设"学校世话係"1 人，从学校所在地居民中选出一名廉洁正直、对教育工作有热情的人，将学校的一切事务交由该人管理，包括资金、捐款和课业费的收纳、教师工资的支付等与学校相关的事务。熊谷县设立的"学校保护役"负责督促勉励学生上学、检查教员的工作情况和学生的出勤情况等。"学校役员"实质上全面负责学校的各项管理工作。

（二）强制儿童就学

1. 制定强制儿童就学办法

明治政府在《关于奖励学事的被仰出书》中强调："小学作为初级教育，一般人民均须接受。"文部大辅田中不二麻吕在 1872 年的《文部省第二年报》上就普及教育强调："教育的普及程度体现了一个国家的文明程度。美国、瑞士、德国每百人中有就学人数 20 人，英国、法国有 13 人，而日本仅有 5 人。为了在全日本范围内减少未就学人数，要积极鼓励儿童就学，采取强制的办法让儿童到学校学习。"① 对此，文部省要求各府县对当地教育普及状况进行调查，以掌握学生的实际就学情况，督促儿童到学校就学。

各府县为督促儿童就学，都制定了督促儿童就学的学制告谕。学制告谕的内容大致有两个方面：一是强调"实用学"。指出加强学习、掌握技能是实现富国强兵的基础，儿童的就学直接关系到国家的盛衰，人人都要具有国家意识，要求儿童都要到学校就学。二是强调学习是立身出世的根本。指出人只有通过学习才能消除身份的差别，无论经商、务农、渔猎、生产以及在政府做官都需要有学问，有学问才能够立身出世。这些告谕主要是向民众宣传儿童就学的好处，争取更多民众的理解和支持。

各府县地方官吏都把督促学龄儿童就学作为一项重要工作来抓，大部分地方采取强制手段，迫使民众送子女入学。1873 年，筑摩县县令对县内所辖的 230 多所小学进行视察后，亲自研究制定督促儿童入学的办法。1874 年，筑摩县儿童就学率达到 65.96%；1875 年，达到 71.57%，成为当时日本学龄儿童就学率最高的府县。1875 年 10 月，埼玉县制定《不就学督促法》，并于同年制定《督学章程》，把督促儿童就学作为政府的一项工作制度固定下来。埼玉县规定学区监管和学校主办者为"督促专务"，正、副区户长和公立小学教员为"督促兼务"，一般民众具有劝导子女入学和相互监督子女是否入学的义务。针对当时不就学的大部分是贫民子女，埼玉县把贫民子女分成上贫、中贫、下贫三等，分别编入仁惠小学（贫民小学）、简易小学、夜校就读。埼玉县由警察负责强迫学龄儿童就学，除休假日外，平时自上午 8 时至下午 3 时，在学校以外的任何地方，如发现学龄儿童无事而游逛的，由警察立即强行送到当地学校。

为了督促学龄儿童就学，很多府县都根据本地实际采用发放就学牌、就学札、就学章等办法，督促儿童就学。最早使用就学牌的是京都府。

---

① ［日］国立教育研究所：《日本近代教育百年史》第 3 卷，文唱堂 1974 年版，第 593 页。

1876 年 9 月 1 日，京都府颁发府令，规定各校区都要铸造就学牌。就学牌为圆形，直径 1 寸 1 分，厚 5 厘，正面标注"＊＊＊＊小学"，背面标注学生姓名（如图）。学生平时必须佩戴就学牌，不佩戴就学牌的视为未就学儿童。爱知、静冈、山梨、新潟、秋田、青森、石川等大部分县都实施了就学牌制度。

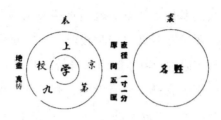

日本就学牌样式

石川县采用挂校旗的形式公布学生就学情况，以督促各学校间展开竞赛。石川县对辖区内学龄儿童就学率不足 70% 的公立小学，挂竖 4 尺、横 6 尺、底色为白色、里面染上红色"小"字的白旗；学龄儿童就学率在 70% 以上的公立小学，挂尺寸同样大、但底色为红色、里面染上白色"小"字的红旗，根据各学校儿童就学率的增减，更换学校所挂的旗子（如图）。[①]

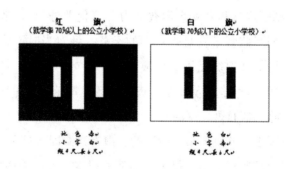

日本石川县小学校旗

---

① ［日］国立教育研究所：《日本近代教育百年史》第 3 卷，文唱堂 1974 年版，第 603 - 605 页。

青森县也采用挂校旗的形式公布学龄儿童就学情况。青森县将辖区内学龄儿童就学情况分成三类，分别挂三种校旗：对辖区内学龄儿童就学达到 2/3 以上的公立小学，挂竖 3 尺 5 寸、横 5 尺、布料里面有三条红线的校旗；对辖区内学龄儿童就学在 2/3 以下、1/3 以上的公立小学，挂同样尺寸、布料里面有二条红线的校旗；对辖区内学龄儿童就学在 1/3 以下的，挂同样尺寸、布料里面有一条红线的校旗。①

这种在学校内以挂不同标志校旗公示辖区内学龄儿童就学率高低的方式，使民众对当地学龄儿童就学情况一目了然，给负责督促学龄儿童就学的地方长官、小学教员一定的形象压力，增强了他们督促学龄儿童就学的自觉性。

这一时期日本各府县通过采取多种措施，强制儿童入学，使学龄儿童就学率逐年有所提高。1873 年，日本学龄儿童男子就学率 39.90%，女子就学率 15.14%，平均就学率 28.13%。到 1875 年，男子就学率 50.08%，女子就学率 18.72%，平均就学率 35.43%。伴随着就学制度的进一步完善，学龄儿童就学率进一步上升，到 1878 年，学龄儿童男子就学率达到 57.59%，女子就学率达到 23.51%，平均就学率达到 41.26%。学龄儿童数、就学儿童数及就学率详见下图表：②

《学制》实施期间，虽然日本男女儿童就学率都呈上升趋势，但女子就学率仍然偏低，女子就学率不足男子的一半。虽然明治维新使日本走上了快速发展资本主义的道路，但男尊女卑封建传统思想仍然根深蒂固，大部分民众不愿意送女子到学校读书，认为女子不需要读、写、算知识，只要学会歌舞、家事、裁缝等足矣，普及女童教育的任务仍很艰巨。③

---

① ［日］国立教育研究所：《日本近代教育百年史》第 3 卷，文唱堂 1974 年版，第 606 页。

② ［日］国立教育研究所：《日本近代教育百年史》第 3 卷，文唱堂 1974 年版，第 612 页。

③ 王桂：《日本教育史》，吉林教育出版社 1987 年版，第 124 页。

学龄儿童数、就学儿童数、就学率（1873—1880）

年次	学龄儿童数（人）			就学儿童数（人）			就学率（%）		
	男	女	计	男	女	计	男	女	平均
1873	2206125	1999216	4205341	880335	302633	1182968	39.90	15.14	28.13
1874	2563700	2359572	4923272	1183731	406384	1590115	46.17	17.22	32.30
1875	2691973	2476687	5168660	1367480	463669	1831149	50.08	18.72	35.43
1876	2692884	2467734	5160618	1458382	518976	1977358	54.16	21.03	38.32
1877	2728267	2523540	5251807	1526907	567391	2094298	55.97	22.48	39.88
1878	2751384	2530343	5281727	1584417	594850	2179267	57.59	23.51	41.26
1879	2799764	2571669	5371433	1629701	580906	2210607	58.21	22.59	41.16

（根据《文部省年报》整理）

2. 制定推进小学校发展的措施

《学制》颁布后，虽然小学校有了一定的发展，但发展速度缓慢。制约小学校发展的原因主要是经费投入不足，特别是民众生活贫困。为此，日本各府县都制定了支持小学校发展和奖励儿童就学的政策。

爱媛县制定支持小学校发展的三项措施：（1）废除政府给贫困朝圣者施舍的费用，每天拿出 1、2 厘的救助金，用来作为区内的教育费；（2）节约吸烟费，认为烟草既不能抵御严寒，也不能充饥，吸烟还要花费时间，要求吸烟的人每天少吸烟半小时，把节省的钱充作区内的教育费；（3）国家实行法定节假日，即纪元节和天长节，废除了以前的端午节等 5 个节日，这样可以减少节日期间家财的耗费，将节省的资金用于儿童的教育费。神奈川县为支持学校发展，禁止农民编排戏剧等消遣娱乐活动，将节省的资金用作学生的学费；取缔戏院，将盖戏院的建筑材料用来建设学校。青森县将一部分土地划给学校，由学校和当地居民共同耕种，所得收益纳为教育费。有些地方的学校还让贫困学生做学校清洁工，利用课余时间打扫校园，学校给学生支付一定的学费，免费为他们提供学习用品。各级政府制定措施带头厉行节约，引导民众积极参与，多方筹措教育经费，促进了小学校的发展。

文部省每年对各府县小学校学生的出席率和通学率进行统计，以此掌握学生实际在校学习情况。出席率是指每日到学校上学的学生平均人数与小学校学生数的比率；通学率是指每日到学校上学的学龄儿童（小学在校生总数减去未满 6 岁和 14 岁以上在小学就读人数）平均数与学龄儿童总数的比率。出席率主要是考察小学在校生每天实际上学的人数，通学率主要是考察 6 至 14 岁学龄儿童每天实际上学的人数。

1873 年，日本有学龄儿童 4205341 人，小学在校生 1145802 人，每日到学校上学的学生平均 742530 人，出席率 64.80%；小学校学龄儿童 1037501 人，每日到学校上学的学龄儿童平均 672361 人，通学率 15.99%。1878 年，日本学龄儿童达到 5281727 人，小学在校生 2273224 人，每日到学校上学的学生平均 1596976 人，出席率达到 70.25%；小学校学龄儿童2169979人，每日到学校上学的学龄儿童平均1524473人，通学率达到28.86%。出席率和通学率详见下图表:①

出席率和通学率（1873—1880）

年次	学龄儿童数（人）	小学校学生数（人）	每日到学校上学的学生平均数（人）	出席率（%）	小学校学龄儿童数（人）	每日到学校上学的学龄儿童平均数（人）	通学率（%）
1873	4205341	1145802	742530	64.80	1037501	672361	15.99
1874	4923272	1590561	1165922	73.30	1464450	1073464	23.18
1875	5168660	1928152	1428619	74.09	1815803	1345331	26.03
1876	5160618	2067801	1547881	74.86	1966288	1471880	28.52
1877	5251807	2162962	1530164	70.74	2073284	1466662	27.93
1878	5281727	2273224	1596976	70.25	2169979	1524473	28.86
1879	5371383	2315070	1607979	69.46	2186860	1518897	28.28

1.「出席率」是指每日到学校上学的学生平均人数/小学校学生人数×100
2.「小学校学龄儿童数」是指小学校学生总数—（未满6岁就学学生人数＋14岁以上就学学生人数）
3.「通学率」是指每日到学校上学的学龄儿童平均人数/学龄儿童总数×100

从1873年至1878年日本小学校学生的出席率和通学率看，虽然学龄儿童就学率逐年上升，但是学生入学后能坚持在学校学习的仅为60—70%，近三成的学生流失了，特别是通学率偏低，大部分学龄儿童没有坚持在学校学习。由此可见，虽然明治初期日本民众开始认识到了普及教育的重要性，学龄儿童就学率有了一定上升，但送子女入学还没有成为广大民众的自觉行为，教育的普及程度还比较低，普及初等教育制度没有在全国范围内得到落实。

① ［日］国立教育研究所:《日本近代教育百年史》第3卷，文唱堂1974年版，第613页。

由于各大学区地域、经济、文化发展不均衡，政府的工作力度、督促学生就学办法、教育行政部门执行政策能力不同，学龄儿童就学状况不均衡，存在着很大差别。1873 年，第二大学区（东海地区和北陆地区）学龄儿童就学率最高，达到 40.98%；其次是第三大学区（京都附近地区和冈山、广岛、山口、岛根、鸟取 5 县及四国地区一部分）为 34.79%；第一大学区（关东地区和山梨县）为 31.03%；第五大学区（九州地区）最低，仅为 9.38%。随着普及初等教育的深入开展，到 1878 年，各大学区学龄儿童就学率都有了明显上升，大学区之间就学率的差别逐步缩小。

虽然《学制》规定学龄儿童 6 岁入学，到 14 岁为初等教育阶段，但有一些未满 6 岁儿童提前就学，还有一部分超过 14 岁的学生仍在小学就读。

1875 年，未满 6 岁儿童提前就学的 26510 人，占小学生总数的 1.37%，1879 年达到 60538 人，占小学生总数的 2.61%。1875 年，14 岁以上仍在小学就读的 85696 人，占小学生总数的 4.44%，1879 年减少到 67672 人，占小学生总数的 2.92%。从以上数字可以看出，未满 6 岁儿童提前就学的人数不断增加，14 岁以上仍在学校就读的学生逐渐减少。学龄外小学生数详见下图表：[1]

学龄外小学生总数（1875—1879）

年次	未到就学年龄学生数		超过就学年龄学生数	
	实数（人）	占小学生的比例（%）	实数（人）	占小学生的比例（%）
1875	26510	1.37	85696	4.44
1876	31676	1.53	69837	3.38
1877	35397	1.64	54369	2.51
1878	50227	2.21	53018	2.33
1879	60538	2.61	67672	2.92

（根据《文部省年报》整理）

---

[1] ［日］国立教育研究所：《日本近代教育百年史》第 3 卷，文唱堂 1974 年版，第 543 页。

（三）制定教学规则，设置学校课程

1. 实行等级制

《学制》将寻常小学分为上、下两等，修业年限各为4年。1872年10月，文部省颁布《小学教则》，规定上、下两等小学的课程各为八级，每级学习6个月，每半年进一级，从第八级到第一级依次递进；同时规定了各个级别教学科目的内容、方法、每周课时数，以及所选用的教科书。从各级别在籍学生比例情况看，多数学生云集在低年级阶段。1876年，日本下等小学八级学生占53.7%，七级学生占19.6%，即七、八级（下等小学一年级）学生占73.3%；下等小学二级学生占1.0%，一级学生占0.6%，即一、二级（下等小学四年级）学生占1.6%。由此表明，绝大多数儿童只在学校读了一、二年就中途退学了，学生流失现象严重。各级别在籍学生详见下表：①

各级别在籍生百分比（1875—1880）（%）

年级 ＼ 年次	1875	1876	1877	1878	1879	1880
上等小学	0.1	0.5	0.8	1.2	2.2	4.7
下等小学						
一级（四年下）	0.1	0.6	1.3	1.4	2.0	3.2
二级（四年上）	0.4	1.0	1.8	2.2	2.8	4.3
三级（三年下）	0.9	2.2	3.2	4.0	4.5	5.7
四级（三年上）	1.6	4.2	5.1	6.1	6.7	7.8
五级（二年下）	5.0	7.0	8.2	9.0	9.5	9.7
六级（二年上）	9.8	11.2	11.8	12.9	12.7	12.4
七级（一年下）	16.7	19.6	18.9	19.3	18.5	17.8
八级（一年上）	65.2	53.7	48.9	43.9	41.2	34.4

（根据《文部省年报》整理）

---

① 王桂：《日本教育史》，吉林教育出版社1987年版，第125页。

1876 年，爱知县有下等小学八级学生 39123 人，占学生总数的54.28%，七级学生 16508 人，占 22.90%，即一年级学生 55631 人，占小学生总数的 77.18%；上等小学八级学生 37 人，占学生总数的 0.05%，五级的仅 1 人。到 1880 年，下等小学八级学生 20686 人，占学生总数的26.83%，七级学生 14472 人，占 18.77%，即一年级学生 35158 人，占小学生总数的 45.6%；上等小学八级学生 898 人，占学生总数的 1.16%，一级的有 38 人，占 0.05%。

2. 设置学校课程

课程体现着一个国家对学校教学的具体要求，关系着学生的知识结构、智力结构和个性结构。《学制》规定下等小学课程有 14 科，即缀字、习字、单词、会话、朗读、修身、书牍、文法、算术、保健法、地理、物理、体育、唱歌；上等小学课程除包含下等小学的 14 科外，还增加了历史、几何、博物学（动物学、植物学、矿物学及地质学的总称）、化学、生物学 5 科。有些地方根据实际情况开设了外语、簿记法、图画、天体学、政体概要。文部省要求各小学校严格按照《学制》规定的教学科目开设课程，从而在全国小学校迅速建立了统一的课程模式。

这一时期，小学教科书主要由文部省和师范学校编辑出版，还有一些民间出版的教科书经过选定作为小学教科书的补充。小学教科书主要有东京师范学校编的《五十音草体图》、《习字本》、《加算九九图》、《小学读本》、《地理初步》，田中义廉编的《小学读本》、中金正衡编著的《地理世俗往来》、吉田庸德编著的《西洋度量早见》、石井光致编著的《修身谈》、吉田贤辅译的《物理训蒙》、青木东江译的《世界国名尽》、后藤达三编著的《训蒙究理问答》、南摩纲纪编著的《内国史略》等。[1]1877 年，文部省出版的小学教科书有 58 种，师范学校及其他官版书籍 28

————————

① ［日］仲新：《近代教科书的成立》，日本图书株式会社 1949 年版，第 112 -116 页。

种，民版 88 种，共 174 种，其中大部分为翻译教科书。①

在小学教科书的选用上，由于实行"文明开化"的方针，文部省翻译出版了一大批欧美国家的教科书，因此，这一时期又被称为"翻译教科书时代"。② 主要有箕作麟祥翻译的英国钱伯斯（chambers，w）著的《百科全书》、美国宾夕法尼亚州师范学校校长维克沙姆（wickersham，james pyle）著的《学校通论》、尺振八翻译的英国斯宾塞（Spencer，herbert）著的《斯氏教育论》、永田健助和关藤成绪共同翻译的美国纽约州西埃鲁顿（sheldon，Edward austin）著的《塞儿敦氏庶物指教》等。钱伯斯著的《百科全书》中《儿童教育篇》于 1873 年 10 月在《文部省杂志》上刊发，详细介绍了各个年龄阶段儿童教育的重点，在日本被称为"庶物指教"的先驱。这些西学教材的引进，在一定程度上开阔了学生的视野，丰富了初等教育的内容。

3. 统一教学计划

文部省颁布的《小学教则》，要求小学校要统一开设课程，统一教学计划，规定了每门课程的每周授课时数。如规定下等小学八级每周缀字 6 课时，习字 6 课时，单词读法 6 课时，算术 6 课时，修身 2 课时，单词背诵 4 课时。上等小学八级每周习字 2 课时，算术 6 课时，读本轮讲 4 课时，地理 6 课时，究理学轮讲 6 课时，细字习字 2 课时，书牍作文 6 课时，文法暂缺。小学教则概表详见下图:③

---

① 李文英:《模仿、自立与创新—近代日本学习欧美教育研究》，河北教育出版社 2001 年版，第 99 页。

② ［日］海后宗臣、仲新:《近代日本的教育》，东书选书 1979 年版，第 37 页。

③ ［日］国立教育研究所:《日本近代教育百年史》第 3 卷，文唱堂 1974 年版，第 552－554 页。

小学教则概表

（小学；每级六个月；一周三十时）

小学	下等八级	下等七级	下等六级	下等五级	下等四级	下等三级	下等二级	下等一级
（时）	时	时	时	时	时	时	时	时
缀字	六	六						
习字	六	六	六	六	六	六	四	四
单词读法	六	四						
洋法算术	六	六	六	六	六	六	六	六
修身口授	二	二	二	一				
单词暗诵	四	二						
会话读法		四	六					
单词书写			四	二				
读本读法			六	四				
会话暗诵				六				
地理读法				三	六			
养生口授				二	二	二		
会话书写				四				
读本轮讲					六	六	六	四
文法					欠	欠	欠	欠
地理学轮讲						六	六	四
究理学轮讲						二	四	六
书牍						二	四	六
各科温习								二
细字习字								
书牍作文								
史学轮讲								
细字速写								
绘画								
几何								
博物								

续表

小学 每级六个月 一周三十时	上等八级 时	上等七级 时	上等六级 时	上等五级 时	上等四级 时	上等三级 时	上等二级 时	上等一级 时
级字								
习字	二							
单词读法								
洋法算术	六	六	六	六	六	六	六	六
修身口授								
单词背诵								
会话读法								
单词书写								
读本读法								
会话背诵								
地理读法								
养生口授								
会话书写								
读本轮讲	四							
文法	欠	欠	欠	欠	欠	欠	欠	欠
地理学轮讲	六	六	四	二	二	二	二	二
究理学轮讲	六	六	六	四	二	二	二	二
书牍				四	四			
各科温习								一
细字习字	二	二						
书牍作文	六	六	六				四	三
史学轮讲		四	四	六	四	二	二	二
细字速写		二	二	二	二	二	二	二
绘画			二	二	二	二	二	二
几何				四	四	四	四	六
博物					四	二	三	二

　　1873 年文部省修改《小学教则》，调整教学科目，将下等小学科目中的缀字、习字、单词读法、单词背诵、会话背诵、单词书写等复杂的科目，调整为读物、习字、书写、作文科；取消修身口授、养生口授、地理学轮讲、究理学轮讲等科目，用"问答"一科来代替。1873 年 5 月，东京师范学校制定了《下等小学教则》和《上等小学教则》，制定了各学级的课程和教学内容。东京师范学校制定的下等、上等小学教则比文部省制定的小学教则更通俗易懂，学生更容易理解，很多小学校按照东京师范学校制定的小学教则安排课程和教学计划。这种统一的教学计划和课程安排，有助于实现国家对教育内容的统一和管理，缩小各地区之间教育质量的差距。

　　《学制》颁布后，日本小学校每周授课时间为星期一至星期六 6 天，星期日休息。1873 年 3 月，文部省将星期一、星期六、星期日 3 天作为休息日，每周授课 4 天，每天授课 5 小时，一周授课 20 小时。1876 年 5 月，再次恢复为每周授课 6 天，星期日休息。

　　这一时期，小学校在教学方法上陈旧单一，形式化严重。如学生上课时取课本，教师要发出三个口令。学生听到第一个口令时打开书桌盖，听到第二个口令时取出课本，听到第三个口令时关闭书桌盖。[1] 课堂教学内容机械重复，注重考试，强调死记硬背，学生对学习感到枯燥乏味，没有学习兴趣。由于许多教育内容都是从西洋直接翻译过来的，不但对儿童来说学习吃力、难以理解，而且能够讲授这些科目的教师也寥寥无几。例如，在小学校里，把亚当·斯密的著作译成日文，作为经济学教材使用，不但儿童不懂，就连教师也难以理解。在小学一年级的课本里，有"神主宰大地，人是万物之灵"等西方宗教信仰之类的话语。这对缺乏西方宗教背景知识的儿童来说，毫无意义。[2]

---

　　① ［日］仲新：《学校的历史》第 2 卷，第一法规出版株式会社 1979 年版，第 40 页。

　　② 于洪波：《日本教育的文化透视》，河北大学出版社 2003 年版，第 176 页。

下等小学第八、七级毕业证书

4. 实行严格的考试制度

考试作为一种督学手段，一方面能够对教育质量进行检查和评估，另一方面可以选拔人才。《学制》颁布后，日本实行严格的考试制度，学生由下一级升入上一级必须经过严格的考试。

小学考试主要有五种：（1）每月末进行一次考试，根据考试分数的高低，变更学生在教室内的座位顺序，分数高的坐前排，分数低的坐后排，称为"月考"或"小考"。（2）每年进行两次、每一级期末时进行的考试，以此成绩作为学生能否晋级的依据，称为"定期考试"或"中型考试"，这个考试最受重视。（3）各个学科在全部学完以后进行的审查考试，安排在每门课程学完后的特定日期举行，称为"毕业考试"或"大型考试"。（4）临时考试，对从其他学校转入或新来的学生进行的学力考试，以及判定在校学生学习成绩优劣的不定期的等级考试，这个成绩作为判定学生等级或"跳级"的依据，考试成绩好的学生可以此成绩跳级。（5）比较考试，对学区内的各个学校学生学习情况进行考试，以此作为奖励学校教学和教员的手段，根据考试结果对学校和教员进行表彰奖励，称为"集合考试"或"学事共进会"。

日本各府县都制定了具体的《学生考试办法》，详细规定了考试科目和次数。如1874年，岐阜县制定的《下等小学考试办法》中，将考试分为月考和升级考试两种，考试科目共9科，包括读法（30·60）、习字（15·15）、缀字（18·36）、写法（15·30）、算术（24·48）、口授（20·40）、地理（20·40）、作文（27·27）、历史（25·50），括号中的前一个数字为月考规定的分数，后一个数字是升级考试规定的分数。考试不合格的学生要留在原来的年级继续学习，或作为"编外生"来升级，适当时机再次进行考试以达到升级的要求。1876年，岐阜县高山地区下等小学共有学生 4898 人，经过考试能够升级的仅有 1744 人，不能升级的 3154 人，升级率仅为 35.6%。[①] 这种严格的考试制度和频繁的考试次数，造成学生学习压力大，学生厌学、怕学，教学形式枯燥，应试教育倾向十分严重。经过考试定级，昨天的优等生今天就可能变成了下等生，上一级的学生变成了下一级的学生。这种频繁而严格的考试，也是造成学生流失的主要原因之一。

（四）设置师范学校，培养小学教员

1. 关于小学教员培养的构想

近代以来，欧美国家普遍重视师范教育，把发展师范学校作为普及教育的基础。明治政府学习借鉴欧美国家普及教育的经验，设立师范学校，大力培养小学教员，推动初等教育的普及。

《学制》颁布前，日本没有专门的教员培养机构，只有昌平坂学问所培养了很多藩校的教员。虽然从结果上看起到了教员养成的作用，但昌平坂学问所以培养幕藩子弟为目的，大量寺子屋的师匠没有专门的培养机构。1872 年 5 月，文部省向正院提交的《小学教员教导场的建立》呈文中，陈述了以前教育方面的五个弊端，特别是对寺子屋教育及其师匠提出批评，认为寺子屋的师匠素质差、人品低劣、教授方法不完备，接受寺子屋教育并无多大裨益，藩校、私塾等不具备成型的教育方法，其教育内容也不合时宜。提出当务之急是整备和培养小学教员，模仿美国发展师范学校教育的模式，建立师范学校。

《学制》颁布后，明治政府在向府县下达实施《学制》的"当今着手顺序"中，把"迅速兴办表学校"列为第二位，仅次于"大力发展小学校"。强调教员培养的重要性和紧迫性，提出"建立完整的小学教育规则，需要靠小学教员来完成。教师和学生的关系，就好比身体和影子，身体不正，影子也不直。所以，建立师表学校，培养教员，是当今着手

---

① ［日］仲新：《学校的历史》第 2 卷，第一法规出版株式会社 1979 年版，第 71 页。

诸葛信澄

第一要务之中的要务"。

2. 兴办师范学校

1872 年 5 月设立的东京师范学校，是日本近代教育史上第一所师范学校，直属于文部省，当时被称为"师表学校"。文部省在制定东京师范学校《立校规则》时指出，"如今在东京开办师范学校，乃培养小学师范人员的场所，以学问作为学生立身的基础，按照正确顺序教授才能技艺。在此基础上，进一步开设小学，努力使人们就学。因此，培养小学教员乃第一要务，国外也设有师范教育所，我国可以雇佣外国教师，学习他国求学规则，制定我国小学课业顺序及教则。"

文部省提出，东京师范学校聘请 1 名外国人做教师，计划招收 24 名师范学校学生，再招收 90 人做师范学校附属小学学生，在教师和学生中设置 1 名翻译；1 名教师教授 24 名学生，将 90 名小学生分成 6 组，由师范学校的 24 名学生教授；所有学生都为公费，24 名师范生每人每月 10 日元，90 名小学生每人每月 8 日元。1872 年 8 月，23 岁的诸葛信澄被任命为第一任东京师范学校校长。在 8 月份入学考试的 300 多名志愿者中，有 54 人被录取，成为东京师范学校的学生。学校将 54 名学生分为上等生和下等生两种，上等生 18 人，下等生 36 人。同年 9 月，学校借用旧昌平坂学问所的校舍上课，聘请美国人斯克特（M. M. Scote）为教师，坪井玄道任翻译。同年 11 月，东京师范学校设置编集局，开始编集教科书，以翻译类书籍居多。1873 年 1 月，东京师范学校设置附属小学，成为最早的师范学校附属小学。师范学校附属小学既是师范学校学生的实习校，又是研究小学教则和教学法的场所。①

---

① 王桂：《日本教育史》，吉林教育出版社 1987 年版，第 130 页。

1873 年 8 月至 1874 年 2 月，大阪、宫城、爱知、广岛、长崎、新潟相继设立了官立师范学校。东京师范学校作为师范学校的首创，成为全国师范学校的示范校。各大学区的官立师范学校以东京师范学校为样板，教育内容、教学方法、管理制度等依据东京师范学校来制定。1874 年 3 月，文部省又在东京创设了东京女子师范学校，中村正直任校长。1875 年 11 月，东京女子师范学校设置附属幼儿园，成为日本最初的幼儿园。至此，官立师范学校达到 8 所。官立师范学校设置情况详见下表:①

官立师范学校设立一览表

学校名	设立（年月）	开业（年月）	修业年限（年）	教员（人）	学生定员（人）	入学学生（人）
东京师范学校	1872.5	1872.9	未定	1	114	54
大阪师范学校	1873.8	1873.12	2	△10	100	25
宫城师范学校	1873.8	1873.11	2	6	100	46
爱知师范学校	1874.2	1874.7	2	△6	100	120
广岛师范学校	1874.2	1874.5	2	△10	100	102
长崎师范学校	1874.2	1874.7	2	△8	100	37
新潟师范学校	1874.2	1874.7	2	△6	40	31
东京女子师范学校	1874.3	1875.11	5	7	100	74

（根据《文部省年报》整理，△ 为 1874 年的教员数）

从上表可以看出，除东京女子师范学校修业年限为 5 年外，其他官立师范学校修业年限均为 2 年。由于民众对从事小学教员的认识还不高，大部分官立师范学校招生数量不足，没有达到定员标准。

各官立师范学校教学内容和方法都依据东京师范学校来制定。既有像东京师范学校那种渐进式的学习方式，也有广岛师范学校以授业法为

---

① ［日］国立教育研究所:《日本近代教育百年史》第 3 卷，文唱堂 1974 年版，第 878 页。

东京师范学校（1874 年）

中心的所有学习科目共同推进的方式。各学校还创设了独特的教学方式，如爱知师范学校的"唱歌嬉戏式"教育、大阪师范学校的理论教育实践等。爱知师范学校第一任校长伊泽修二认为，唱歌可以带来精神娱乐，运动可以带来身体爽快，认为将二者融入教育最为有利，将"嬉戏"列入下等小学教育科目，将唱歌与游戏融为一体。如《蝴蝶唱歌》一课：

"蝴蝶、蝴蝶，

落到菜叶上。

如果在菜叶上呆腻的话，

就到樱花上。

樱花，世世代代繁荣下去。

停一会，玩一会。

玩一会，停一会。

……"

在设立官立师范学校的同时，各府县还积极创办教员培养机构。各府县设立的教员培养机构名称多种多样，除了师范学校、传习所、讲习

所、养成所等，还有以地名、
校名命名的培养机构。教员培
养机构主要有三种类型：一是
单独设置型。以讲习所或师范
学校的形式独立设置的教员培
养机构；二是小学附设型。府
县具有代表性的小学设置教员
讲习所，之后发展成为师范学
校；三是中学和外国语学校附
设型。在中学或外国语学校设

长野县师范学校教师馆

置教员讲习所，之后发展成为师范学校。各府县的教员培养机构设立之
初只是最多 6 个月的速成机构，之后逐渐发展成正规的教员培养机构。
1873 年，日本 11 个府县设置了教员培养机构。到 1876 年，日本所有的
府县都设置了教员培养机构。长野县于 1875 年 11 月将讲习所改为长野县
师范学校，对校舍重新进行了整备，确定修业年限为 1 年。1876 年 4 月，
日本在修改征兵令时，规定公立师范学校毕业生同官立师范学校毕业生
一样，可以免除兵役。1876 年，文部省统一各府县教员培养机构修业年
限为 2 年。

　　1874 年，日本有各种教员培养机构 53 所，其中，官立 7 所（东京女
子师范学校 1975 年开业，没有统计在其中）、公立 46 所，教员 292 人，
在校生 5072 人。1877 年，由于国家财政紧张，文部省只保留了官立东京
师范学校和东京女子师范学校由文部省直接管理，其余的官立师范学校
全部移交到所在府县地方政府管理。1878 年，日本各种教员培养机构达
到 104 所，其中，官立 2 所、公立 102 所，教员 770 人，在校生达到 7964
人。教员培养机构情况详见下表：①

---

　　① ［日］国立教育研究所：《日本近代教育百年史》第 3 卷，文唱堂 1974 年版，
第 919 页。

教员培养机构年次别学校数、教员数、学生数（1874—1878）

年次	学校数（所）			教员数（人）					学生数（人）				
	计	官立	公立	计	官立		公立		计	官立		公立	
					男	女	男	女		男	女	男	女
1874	53	7	46	292	27	0	235	0	5072	588	0	4410	74
1875	90	8	82	588	56	5	527	0	7696	785	74	6804	33
1876	104	9	95	737	81	6	637	13	8972	901	163	7608	300
1877	98	6	92	815	59	9	762	15	8126	477	347	6922	380
1878	104	2	102	770	33	9	704	24	7964	360	360	6841	617

（根据《文部省年报》整理）

3. 实行给贷费和义务就职制度

为鼓励学生就读师范学校，日本各府县都制定了师范学校给贷费和义务就职制度。1876 年，爱知县制定《师范学校入学心得》，对给贷费制度规定如下：师范学校学生分为三种，公费生全部由国家或区供给费用；借贷生的学费可以借贷，毕业后逐年偿还；自费生在学校期间的各项费用由学生个人负担；免 1 年学费的公费生要义务服务 2 年，免 2 年学费的公费生要义务服务 4 年，公费生在义务服务期间被免职的要立刻偿还费用，偿还金额按照所剩义务服务年限折算，因疾病免职或死亡的不在该规定之内；借贷 1 年费用的借贷生要义务服务 1 年，借贷 2 年费用的借贷生要义务服务 2 年，借贷生在义务服务期间被免职的规定同公费生一样；自费生毕业后没有义务服务年限规定。师范学校招收的借贷生、自费生总数在 100 人左右，招收的公费生在 20 人以上，最多不超过 200 人。实行给贷费和义务就职制度，在一定程度上满足了不同经济条件学生的需求，对保证师资来源质量和稳定学校教师队伍起到了一定的作用。

为加快培养小学教员，满足普及初等教育的需要，日本各大学区制定多层次小学教员培养办法。1876 年至 1877 年，各大学区相继召开教育会议，讨论《学制》实施过程中出现的问题，研究制定相应对策，同时对小学教员培养方案进行讨论。各大学区都提出了小学教员培养的构想。例如第二大学区提出培养小学教员的三个方案：一是缓养法，即正规教员培养法，利用师范学校培养教员，修业年限 2 年；二是速养法，即迅速培养小学教员的方法，利用师范学校对现有小学教员进行为期 6 个月的培训；三是直养法，即巡回教员利用周日到小学校传授教学方法，这实际是一种在岗培训的方式。

1876 年，日本官立、公立师范学校及其他教员培养机构共培养学生 8768 人，其中官立师范学校毕业生 245 人、公立师范学校毕业生 2073 人、其他教员培养机构毕业生 6450 人，约占小学教员总数的六分之一。

（五）以民众负担为主的小学校经费筹集办法

教育经费是教育事业发展的基础，是实现普及教育的根本保障。《学制》规定，小学校办学以征收学费为原则，全国一律征收学费，分为每生每月 0.5 日元和 0.25 日元两个等次，对于家庭困难的或一家有 2 个子女在学校上学的，由町村出具证明，可以适当照顾；一家有 3 个子女上学的，可以免除 1 个学生的学费。公立小学的经费主要有学生缴纳学费、捐赠款、学区内募集金、文部省补助金、各项利息等。《学制》实施期间，文部省补助金很少，最多时的 1873 年文部省补助金也仅占学校全部经费的 12.6%，其余年份均在 10% 以下。小学校大部分经费要靠捐赠款和学区内募集金。捐赠款虽然在名义上是自愿捐赠，但实际上也是强制的；学区内募集金是政府分摊给学区内居民用于办学校的资金，由民众来负担。1873 年，日本小学经费中学生缴纳的学费占 6.3%，捐赠款占 19.1%，学区内募集金占 43.2%，文部省补助金占 12.6%，各项利息占 13.4%，学区内募集金所占比例最高。公立小学经费收入比例情况详见下表：①

---

① 滕大春：《外国教育通史》第 4 卷，山东教育出版社 1992 年版，第 399 页。

公立学校经费收入比率（1873—1878）（%）

种类别＼年次	1873	1874	1875	1876	1877	1878
上年度转入额	—	13.1	22.0	13.5	15.1	17.7
学生缴纳学费	6.3	6.9	5.8	5.7	5.9	4.9
捐赠款	19.1	24.8	18.3	16.6	11.0	11.0
学区内募集金	43.2	33.4	30.1	36.5	40.1	41.8
文部省补助金	12.6	6.2	8.9	9.8	8.1	6.1
各项利息	13.4	8.1	9.3	9.9	12.3	9.7
各种收入	5.4	7.5	5.7	8.0	7.5	6.7
地方税收	—					2.2

由此可见，《学制》实施期间，日本实行的是受益者支付学费的政策，学生上学要缴纳学费，小学校维持费主要来自民众缴纳的费用。学区内募集金、捐赠款、学生缴纳学费三项经费占公立小学全部经费的54%—60%，这些全部是由民众负担，民众负担相当繁重。

《学制》作为日本近代教育史上第一个体系完整的教育法令，博采众长，吸纳西学文明，模仿取欧美国家先进教育制度，使日本初等教育从封建落后走向了开放普及的文明时代，在日本教育发展史上具有重要的历史意义。《学制》颁布后，明治政府采取的一系列落实《学制》的措施，推动了初等教育的快速发展。1873年至1879年，小学校由12558所增加到28025所，在校生由114.58万人增加到231.51万人，学龄儿童就学率由28.13%提高到41.16%，小学教员由25531人发展到71046人。小学校、教员及学生数详见下表：①

---

① 王桂：《日本教育史》，吉林教育出版社1987年版，第122页。

学制期小学的学校数、教员数、学生数

年度	学校数（所）	教员数（人）	学生数（人）
1873	12558	25531	1145802
1874	20017	36866	1714768
1875	24225	44501	1926126
1876	24947	52262	2067801
1877	25459	59825	2162962
1878	26584	65612	2273324
1879	28025	71046	2315070

（根据《文部省年报》整理）

　　虽然《学制》的颁布推动了日本近代初等教育的发展，但由于《学制》所制定的教育计划过于庞大，脱离日本当时社会实际情况，《学制》没有得到全体国民的欢迎，有的人不重视新学制，有的人对它表示抵制，还有的人甚至破坏这种学制。1873 年，冈山县发生 3000 多农民的暴动，农民既反对征兵令，又反对建立新式学校，当年有 46 所小学校遭到破坏；鸟取县也发生了反对征兵令和反对新式学校的农民起义。1876 年，三重县发生的农民暴动，捣毁了 40 多所小学校。[1] 香川、福冈、岐阜、爱知等地还发生了烧毁学校的事件。迫于民众的呼声，明治政府于 1879年 9 月废止《学制》。[2]

　　《学制》受挫，主要有两个方面的原因：其一，《学制》脱离日本社会实际，缺乏政府财政上的保障。1873 年，日本公立学校的总收入不足194 万日元，其中政府财政补助只占全部费用的 12.6%，其余大部分由民众直接负担。虽然当时日本地主、自耕农和雇农因阶级不同而收入有所差别，但平均起来每户每年收入仅在 30 至 40 日元左右。而在教育方面被征收的费用，据 1873 年统计，全国平均每户就须缴纳 2 日元 2 角 9 分，占全年收入的 8% 左右。农民除缴纳教育费用外，还要缴纳税金和租金，

---

① 成有信：《九国普及义务教育》，人民教育出版社 1985 年版，第 74 页。
② 滕大春：《外国教育通史》第 4 卷，山东教育出版社 1992 年版，第 397 页。

生活十分贫困。在实施《学制》的当年，日本政府只提供了教育经费预算中的三分之二，第二年又把预拨的教育款减掉了一半；1877 年爆发的西南战争，日本政府支出 4156 万日元战争费用，拨给小学校的补助金只有 56 万日元。由于政府补助金少，国民负担过重，一些地方开始抵制新学制，造成农民烧毁或破坏学校。其二，教育制度、教学计划和教学内容严重脱离日本现实生活，不切合学生实际。《学制》完全照搬照抄外国教育制度，教育内容是从欧美国家直接翻译过来的，与日本原有的教育根本不同，而且完全忽视了两种文化的融合，大多数国民抱有抵触和不满情绪。例如，在小学课程表中，除了读、写、算等科目外，还增加了地学、博物学和化学等科目，虽然这些科目是在创造近代文明所必须学习的新知识，然而这些新课程不但对儿童来说难以接受，即使对教师来说当时能讲授这些科目的也寥寥无几。教学内容过于深奥难懂，只能使教学计划流于形式，学生厌学、辍学。在山口、秋田县等很多地方，民众甚至要求成立私塾，恢复儒学教育。①

第二节　普及初等教育政策的调整与初等教育的发展

一、《教育令》的颁布

如果说教育政策的调整是教育与政治、经济不相适应的结果，那么新政策的出台，则与制定者的政治利益、思想观念密不可分。《教育令》是由文部大辅田中不二麻吕主持制定的。田中不二麻吕是幕府末期尾张藩的藩士。1871 年任文部大丞，随后加入岩仓具视遣使团，随岩仓具视到欧美各国考察。1873 年任文部大辅（因文部省正职缺任，他实际上是文部省最高领导人）。同年，田中不二麻吕把访问英、法、美、德、俄、荷兰等国的教育情况写成《理事功程》一书出版，书中极力推崇美国的

---

① 王桂：《日本教育史》，吉林教育出版社 1987 年版，第 134－137 页。

教育制度，以歌颂美国自由主义的笔调，宣扬美国自由教育制度的优越性。① 1876 年至 1877 年，田中不二麻吕又被派遣参加纪念美国独立百年万国博览会，再次访问美国。他用十个月的时间，详细考察了美国的教育制度和教育内容，于 1878 年写成《美国学校法》，介绍美国教育的各项法令。此时，田中不二麻吕成为文部省精通世界各国教育的第一人，他主张仿照美国的教育立法，在日本实施非强制的自由主义教育，试图将日本与美国的教育政策和教育制度有机联系在一起。②

田中不二麻吕

　　1877 年，文部省设立教育令原案起草委员会，田中不二麻吕大辅、神田孝平少辅、九鬼隆一和西村茂树两大书记官、辻新次和中岛永元两权书记官等位列其中。教育令原案以 1877 年西村茂树和九鬼隆一到大学区调查《学制》实施情况后写出的调查报告为基础，还有文部省聘请的美国顾问马利（D. Murray，1830—1905 年）关于《日本教育法》的说明书、田中不二麻吕著的《理事功程》、《美国学校法》等为参考。

　　1877 年 5 月至 7 月，文部省大书记官西村茂树到第二大学区对《学制》实施情况进行巡视，先后视察了静冈、爱知、三重、岐阜、石川等县的 200 余所小学校。西村茂树在巡视后写了一份调查报告，指出当时普通教育存在四个弊端：其一，普通教育只起到了专门修饰外表的作用，而忽视了教育的本质；其二，为了教育花费人们的财力和时间过多，城市和农村的小学上课时间都是上午 8 时到下午 3 时，一般贫家子弟不愿上

---

　　① ［日］教师养成研究会：《近代教育史》，学艺图书株式会社 1962 年版，第 127 页。

　　② 王桂：《日本教育史》，吉林教育出版社 1987 年版，第 136 页。

学不仅是苦于没有学费，还苦于没有帮忙做家务的时间；其三，教学内容过于模仿欧美，偏离实际，没有实用的内容；其四，在全国实施统一的教育制度不切合实际。西村茂树在调查报告中提出应改革现行教育制度，建议在乡村开设私塾，学生可以学习半天，10 岁以上的学生可以效仿美国的做法，一年修满 22 周的课程即可。

文部省大书记官九鬼隆一也于 1877 年 5 月至 7 月到第三大学区进行巡视。九鬼隆一用 66 天的时间，对第三大学区的滋贺、京都、兵库、堺、和歌山、大阪各府县的小学校进行了巡视。九鬼隆一在巡视后所写的调查报告中说，各地在实施《学制》过程中遇到了很多困难：一是家庭贫困的学生多，农民付出一年的辛苦所得的劳动成果很少，供子女上学困难；二是很多农民子女 6、7 岁时需要在家里看管幼儿，割草放牧，到田地耕作，搓编鞋的草绳，在店前摆水果或背负重物，学习时间没有保证；三是偏远地区教员数量不足，教学质量没有保证。九鬼隆一在调查报告中建议从民众生活实际出发，把普及初等教育的年限定在 480 日内，即 16 个月，儿童可根据实际情况实行半日上课制或到夜校学习。西村茂树和九鬼隆一的调查报告，成为起草教育令的重要参考材料。

马利于 1873 年来到日本，后被文部省聘为学监，对日本教育改革提出了很多建议。在文部省制定教育令时，马利以文部省最高顾问的身份，积极参与制定教育改革草案。马利提出，要从日本的国情出发进行教育改革，认为《学制》规定初等教育修业年限 8 年脱离日本实际，不符合日本的实情，建议把下等小学的 4 年作为义务教育，把上等小学的 4 年分成两个阶段，各为 2 年，逐渐提高教育水平①；同时，建议对小学教学内容及计划执行情况进行监督，对小学、中学、师范学校的教学科目、入学资格、修业年限等做出具体规定。马利作为被聘用的外国顾问，在政治上没有任何顾虑，能够客观冷静地修正《学制》的缺点，采取渐进主义的立场，谋求日本教育的稳步发展。

---

① 王桂:《日本教育史》,吉林教育出版社 1987 年版,第 137 页。

以田中不二麻吕为核心制定的教育令草案，于 1878 年 5 月经由太政大臣三条实美转交到法制局审查。当时伊藤博文任参议，兼任法制局局长。伊藤博文对教育令草案进行认真研究，做了全面修改，将 78 章共 192 页的草案压缩到只有 49 条，对草案中涉及的文部卿的职务、权限及教师和学生道德教育方面的内容进行了消减和删除，增加了禁止体罚学生和应免除公立学校所属土地的税金等内容，然后提交元老院审议。教育令草案集中了田中不二麻吕、伊藤博文和马利三个人的教育思想。1879 年 4 月，元老院对教育令草案进行审议，审议修改后的教育令比田中不二麻吕的草案和法制局修改过的草案更加放任和自由，几乎看不到《学制》的影子了。①

二、《教育令》中关于初等教育的主要内容

《教育令》于 1879 年 9 月 29 日以太政官布告第 40 号发布，全文共 47 条。其中关于初等教育的内容，主要有以下几个方面：

（1）废除学区制，各地可由一个町村或几个町村联合设立公立小学，已经有了私立小学的，可以不设公立小学。由于财政困难不能设立学校的，可以采用教员巡回授课的办法教授儿童。

（2）儿童的学龄期由 6 岁开始到 14 岁止。在这 8 年期间只要上学 4 年，每年 4 个月，共计 16 个月就算接受了小学普通教育。学生如果不能进入正规的学校上学，也可以通过其他途径接受普通教育。

（3）大力精简教学内容，小学教学科目只限定读书、习字、算术、地理、历史、修身 6 个科目，为必修科目。其他科目如唱歌、图画、体操、物理、生物、博物、裁缝等为选修科目，是否开设可因地因校自行决定。

（4）公立学校的经费，经府县会议确定的由地方税支付；经町村人民协议的由町村费中支付；文部省继续对公立学校给予补助。

---

① 王桂：《日本教育史》，吉林教育出版社 1987 年版，第 136 – 137 页。

（5）取消学区监督，只设公选的学务委员。[①]

《教育令》受美国教育制度的影响很大，大部分内容吸取了美国的教育制度。《教育令》废除了学区制，将教育权限下放给地方，对学校设置实行灵活的政策；将普及初等教育年限由 8 年缩短为 4 年，最低到 16 个月；精简教学科目，只规定 6 科为小学必修科目，其他为选修科目；取消学区监督，设学务委员。《教育令》放松了对普及初等教育的要求，"自由主义"成为《教育令》的总基调。因此，《教育令》又被称为"自由教育令"。

由于《教育令》过于自由，不仅没有解决教育思想上的分歧和克服教育制度中存留的难题，反而造成了初等教育的混乱，日本学龄儿童就学率急剧下降。[②] 在这种情况下，民众反对教育权下放给地方的呼声越来越高。《教育令》的自由主义精神不符合日本中央集权式的国家管理体制，政府官吏也反对教育上的放任和自由，很多人开始指责文部省，要求文部省对《教育令》进行修改。为此，明治政府决定对《教育令》进行修改，1880 年 12 月，颁布《改正教育令》。《教育令》只存在了 1 年零 3 个月。

三、《教育令》颁布后初等教育的发展

（一）小学校发展迟缓

《教育令》颁布后，日本小学校种类除寻常小学、女子小学、村落小学、贫民小学、幼稚小学和私塾小学 6 种类型外，还增加了残疾小学。《教育令》废除了按学区设置小学校的规定，提出可由一个町村或几个町村联合设立公立小学，小学校设置的政策更加灵活。有私立小学的町村，可以不设立公立小学，在一定程度上鼓励和支持了私立小学的发展。废除学区制后，虽然小学校的设置数量仍然有所增加，但同《学制》实施

---

① 王桂：《日本教育史》，吉林教育出版社 1987 年版，第 137 页。
② 滕大春：《外国教育通史》第 4 卷，山东教育出版社 1992 年版，第 401 页。

期间相比，增加的数量较少，小学校发展迟缓。从1874年至1879年，日本小学校每年平均增加2800所，1879年，小学校达到28025所。1880年，小学校仅增加了441所，达到28466所。正如日本教育家永井道雄所述，"不能否认的历史事实是，在自由教育的名目下，日本教育的近代化却向后退了几步"。

《教育令》颁布后，在一些人口稀少和偏僻的地区，由于学生数量少而难以负担多名教师的工资，一些小学校开始实行合级制，以减少教师数量，节约教育经费。合级制是一种简便的小学教学形式，即将几个年级的学生合在一个教室，由一名教师进行授课。大多数小学校实行的合级制有两种形式：第一种是将学生按性别和人数平均分成两组，第一节课甲组在教室学习，乙组在教室外进行适当的活动；第二节课甲组到教室外活动，乙组在教室学习。为了防止在教室外活动的学生出现危险，学校在学生中设置一名监护人，负责监管其他同学的安全。第二种是以半天为时间段设立合级学校，将学生分为两组，一组学生上午上课，另一组下午上课，各组学生上课时间为3小时至3小时半。实行合级制，虽然减少了小学教师数量和教育经费，推进了人口稀少和偏僻地区初等教育的普及，但教育质量难以得到有效保证。

由于《教育令》规定，允许儿童不进公立小学读书进私立小学，这一时期私立小学得到快速发展。《教育令》颁布的第二年，东京私立小学数量达到了公立小学的3.5倍。私立小学的办学形式比较单一，教育内容单调。

（二）儿童就学率下降

《教育令》将普及初等教育年限由8年缩短到4年，规定每年上课4个月，4年共上课16个月就算接受了小学普通教育。普及初等教育年限的缩短，特别是提出4年接受16个月的学习就算完成了普及初等教育，这种自由的普及初等教育政策，虽然符合日本当时社会实际，但造成了学龄儿童就学率的下降，延缓了普及初等教育的步伐。

1879年，学龄儿童就学率由1878年的41.26%下降到41.16%。1880

年下降到 41.06%。学龄儿童数、就学儿童数及就学率详见下表:①

学龄儿童数、就学儿童数、就学率（1879—1880）

年次	学龄儿童数（人）			就学儿童数（人）			就学率（%）		
	男	女	计	男	女	计	男	女	平均
1879	2799764	2571669	5371433	1629701	580906	2210607	58.21	22.59	41.16
1880	2878508	2654688	5533196	1690277	581573	2271850	58.72	21.91	41.06

（根据《文部省年报》整理）

随着学龄儿童就学率的下降，儿童出席率、通学率也出现了下降。儿童出席率由 1878 年的 70.25% 下降到 1879 年的 69.46%，1880 年达到 70.49%。通学率由 1878 年的 28.86% 下降到 1879 年的 28.28%，1880 年下降到 28.26%。儿童就学情况详见下表:②

出席率和通学率（1879—1880）

年次	学龄儿童数（人）	小学校学生数（人）	每日到学校上学的学生平均数（人）	出席率（%）	小学校学龄儿童数（人）	每日到学校上学的学龄儿童平均数（人）	通学率（%）
1879	5371383	2315070	1607979	69.46	2186860	1518897	28.28
1880	5533196	2348859	1655598	70.49	2218834	1563878	28.26

（根据《文部省年报》整理）

（三）改革教学方法，加强修身教育

1. 改革教学方法

教学方法是随着社会的发展、教学实践和教学理论的发展而发展的。教学方法包括教师教的方法和学生学的方法。《学制》实施期间，日本小学校主要是采用裴斯泰洛齐的直观教学法进行教学。裴斯塔洛齐是瑞士

---

① ［日］国立教育研究所:《日本近代教育百年史》第 3 卷，文唱堂 1974 年版，第 612 页。
② ［日］尾形裕康:《日本教育通史》，早稻田大学出版部 1981 年版，第 178 页。

著名的民主主义教育实践家和教育理论家，是初等学校各科教学法的奠基人。裴斯塔洛齐提出，语言教学要从发音开始，由单词到词汇，最后到语言教学；算术教学要通过具体实物和直观教具教学，使儿童产生数字的感念，然后由简单到复杂进行计算。受裴斯塔洛齐的影响，日本各小学校都制作了很多挂图，利用挂图，进行直观教学。但是，在实际教学中，大部分小学还是采用填鸭式教学法，注重生硬灌输，强调死记硬背。

高领秀夫

1878 年，高领秀夫被任命为东京师范学校校长，他激烈地批评小学校实行的填鸭式教学法，主张进行教学改革，倡导实行开发式教学。在高领秀夫的指导下，东京师范学校助教谕若林虎三郎和同校附属小学训导白井毅共同编纂了《改正教授法》一书，书中论述了开发式教学法的意义、规则和方法。《改正教授法》卷首对开发式教学法进行了阐释：①

1. 活泼乃儿童之天性，要惯于行动，勤于动手。

2. 适应自然顺序，开发其诸多心志。先培养心志，然后再教授课程。

3. 从五官开始，由儿童自己发现所得之物，切勿急于说明。

4. 要按教科书内容教导，做到一时一事。

5. 教学之目的不在教而在学。

6. 不管是直接还是间接，每课必有重点。

---

① ［日］国立教育研究所：《日本近代教育百年史》第 3 卷，文唱堂 1974 年版，第 1032－1033 页。

7. 先有观念后有表现。

8. 要循序渐进，由已知到未知、由个别及一般、由有形到无形、由易及难、由近及远、由简到繁。

9. 先综合后分解。

开发式教学法首先在东京师范学校附属小学进行试验，各地小学校纷纷进行学习和效仿，逐步在日本全国推广开来。开发式教学法主要分为讲授、演示和约习三部分。埼玉县一则小学三年级动物课的教案如下：[1]

（一）讲授：

对实物和标本进行细致的观察，大型动物如牛、马等可用图代替实物和标本。教师将图挂在黑板上，先让几名学生站在图前，教师持教鞭立于其侧，指导学生仔细观察黑板上的挂图。学生观察后返回座位，教师再用相同的方法指导其他学生。全班学生全部观察结束后，教师对学生进行提问（○代表老师，△代表学生）：

○：见过画中的动物吗？

△：见过。

○：你们认为这是什么动物呢？能不能说出它的名字？

△：牛。

○：谁能把牛的汉字写出来呢？

△：某个学生举手。

○：来，写在黑板上。

△：在黑板上写出"牛"。

---

① ［日］国立教育研究所：《日本近代教育百年史》第 3 卷，文唱堂 1974 年版，第 1037 - 1038 页。

○：说说你观察到的牛的头部特征。

△：牛的头是扁的。

……

（二）演示：

问答完毕后，教师根据黑板上的图讲解牛的特征，提出问题，学生将答案写在黑板上，教师再进一步对学生回答的问题进行讲解。

……

（三）约习：

学生们将以上内容记下后，将黑板擦净，教师再对重点内容进行提问。最后给学生们讲有关牛的趣事。

这种开发式教学法改变了从前填鸭式、死记硬背的教学方法，灵活生动，挂图直观，学生学习有兴趣，易于理解，受到学生的欢迎。开发式教学法注重实验教学，各小学校竞相采集标本图样，置备教学仪器和设备。吉田县令与书记官、税务长、各郡长官及课署长等到吉田师范学校附属小学视察学校用理化器械操作的实验教学。琦玉县新座郡第三教学区黑目学校在举行新教学楼竣工仪式后，学校进行理化实验演示，县町村官员和学生列席参观。这一时期，日本各地小学校实验操作教学蔚然成风。

2. 颁布《教学圣旨》，加强修身教育

1877 年 8 月，应天皇侧近的元田永孚、高崎正风等人的强烈请求，日本设置了以"培养君德、实现亲政"为目的的天皇侍补制度，元田永孚等人被任命为天皇的侍补。[①] 1878 年，明治天皇到东山、北陆、东海等地巡幸，特别视察了教育情况。明治天皇视察学校后，深切担忧智育万

---

① 史朝：《中日民族传统文化与教育现代化的比较研究》，河北大学出版社 2004年版，第 102 页。

能的教育方式，指出道德教育是当务之急，应采取国家固有的道德教育下一代。随同明治天皇一同视察的元田永孚记述了天皇的构想，打着天皇对教育下达指令的旗号，以笔录天皇的意见为名，写了《教学圣旨》。《教学圣旨》包括《教学大旨》和《小学条例两项》两篇，于1879年9月由文部省颁布。

《教学大旨》的主要内容：

　　教学之要，在于明仁义忠孝，研究知识才艺，克尽人道。此乃我祖训国典之大旨，上下一体之教之所在也。然晚近以来，专门崇尚知识才艺，追逐文明开化之末，败坏品行，有伤风化者非鲜。其所以如此者，维新伊始，先破陋习，持广求知识于世界之卓见，一时取西洋之所长，虽奏耳目一新之效，其流弊为轻仁义忠孝，徒以洋风是竟，恐终将招至不明君臣父子之大义亦不可测。此非我邦教学之本意也。是故自今而后，应基于祖宗训典，专于阐明仁义忠孝，道德之学主述孔子。使人人崇尚诚实品行。

　　因此，各科教学，随其才器日益长进之时，力求道德才艺、本末兼备，使大中至正之教学布满于天下，我国独立之精神，无愧于宇内。①

《小学条例两项》强调了加强德育的重要性，指出虽然每个人都持有仁义忠孝之心，但是如果不从小就培养他们的仁义忠孝之心，只顾培养其他方面，那么以后是无论怎样也再难培养。所以，小学校要展示古今忠臣、义士、孝子、节妇的画像，学生一入校，要先向学生们展示这些图画，向他们叙述图中人物的事迹和行为，让学生感受到忠孝大义的重

---

① 瞿葆奎、钟启泉：《教育学文集—日本教育改革》，人民教育出版社1991年版，第24页。

要性，这样就能培养学生忠孝的德行，不会本末倒置了。指出天皇在巡视各地学校时，发现有的虽是农商学校的学生，但是高调空谈内容多，这样的学生回乡后，很难从事本职工作，即使步入仕途也只会空论而已。农商学校在设置农商学科的同时，要加强对学生进行道德教育，让学生专业知识和道德修养全面发展。[①]

《教学大旨》批判了自明治维新改革以来，日本只向世界其他国家学习科学知识的片面性做法，特别批判了《学制》中明确提出的"崇尚知识才艺"的弊风之下所招致的"追逐文明开化之末，败坏品行，有伤风化者非鲜"。为了将教育在这种弊风中挽救出来，要"基于祖宗训典，专一于阐明仁义忠孝，道德之学主述孔子。"即要复活自维新以来被文明开化所埋没的儒教道德，将儒教道德作为国民的精神支柱。《小学条例两项》也体现了《教学大旨》的道德教育理念和教授法，即展示古今的忠臣、义士、孝子、节妇的画像，让学生从幼年时期就将仁义、忠孝的道德观深深地刻进脑髓。《教学大旨》和《小学条例两项》颁布后，保守教育思想开始复活，标志着日本近代化的方向由"文明开化"开始转向传统。

为落实《教学大旨》和《小学条例两项》，加强学校道德教育，解决小学校修身课程随意开设、一直没有教科书的问题，1880 年 3 月，文部省设立编辑局，任命西村茂树为局长，组织编写《小学修身训》，作为修身教科书的范本出版发行。《小学修身训》在卷首阐述了该书的编写方针："修身课本要做到简明扼要，使学生能够熟练背诵，即使有些道理年幼的学生不能理会，也要让其常记心中，待其成年后渐会明白其中含义，使其终生受益。本书全篇采用古语，中间不夹杂编者的话。小学教员要对其中的格言及文章详细讲述，讲解时可引经据典，以让学生内心有感

---

① ［日］国立教育研究所：《日本近代教育百年史》第 3 卷，文唱堂 1974 年版，第 941 页。

悟为主……"① 《小学修身训》的颁布,进一步加强了小学校修身教育,开始强化修身科在小学各学科中的重要位置。

3. 继续实行严格的考试制度

《教育令》颁布后,日本继续实行严格的考试制度,各小学校每月对学生进行一次考试,根据考试成绩,对学生进行排名。学校将学生分为甲、乙两等,甲等学生比乙等学生优先毕业。各府县都制定了具体详细的考试规则。

琦玉县制定的《小学生考试规则》,将考试分为毕业考试和平时测验两种,毕业考试又称为定期测验,每年春、秋两季各举行一次;平时测验作为对学生在近一段时间内学业程度的测试,每学期举行三次以上,学校根据测验的成绩优劣安排学生座位。学生毕业考试时由县教育长官视察,郡内教育长官也亲临现场,学生的父兄也聚集在学校门口,一直排到学校门口的店铺,形成了学校门前的大集市,场面非常壮观。② 这种严格的考试制度和频繁的考试次数,严重损害了学生身心健康发展,学生不仅厌学、辍学,甚至有的学生因考试失利而投河自杀。这种考试制度造成很多学校教师为应付考试而教,学生为应付考试而学。

(四) 加强对教科书的调查与控制

《学制》实施初期,小学校使用的教科书大部分是由文部省翻译编纂的教科书,有的是东京师范学校编纂的,这些都是官版教科书。《学制》实施后期,一些小学校开始脱离府县的管制,自主选择教科书。有的小学选用的教科书政治色彩浓厚,还有的选用汉式书籍,教科书多种多样。《教育令》颁布后,小学校对教科书的选用更加自由。1880 年 5 月,河野敏镰文部卿指使文部省编辑局组织人员,对各府县小学教科书使用情况

---

① [日] 国立教育研究所:《日本近代教育百年史》第 3 卷,文唱堂 1974 年版,第 1014 页。

② [日] 仲新:《学校的历史》第 2 卷,第一法规出版株式会社 1979 年版,第 75 页。

进行调查。经过近两个月的时间，文部省编辑局调查发现，小学校使用的教科书有 300 多种。

1880 年 8 月，文部省将调查发现的 300 多种小学教科书分成三类：甲类是不能用作小学教科书的，要求立即停止使用；乙类是可以用作小学教科书但在某些方面有所不妥，使用时要剔除不妥内容；丙类是教科书中有许多不妥之处，体裁也不适合，如确有不得已的苦衷可暂时使用，但要限期改正。① 1880 年 12 月，文部省将调查结果编纂成《调查小学教科书表》，发到各府县。文部省开始对小学教科书实行申请制，要求公立小学使用教科书必须向文部省申请，得到文部省同意方可使用，严格禁止使用"载有妨碍国家治安、扰乱风俗内容的教科书"。1883 年 7 月，文部省终止对小学教科书的申请制，改为认可制，即小学教科书的使用须得到文部省认可。

第三节　普及初等教育政策的再调整与初等教育的发展

一、《改正教育令》的颁布

《教育令》颁布和实施时期，正值日本经济低迷时期。明治政府为"殖产兴业"，在创办军工企业等国有企业的同时，大力扶持民间和私营企业，政府背上了沉重的财政包袱。为了减轻财政负担，明治政府着手调整府县财政，改革税法，同时压缩各省厅经费。明治政府还大量发行纸币，造成严重的通货膨胀和财政金融危机。财政紧缩、金融危机，势必影响到初等教育的普及。

《教育令》颁布实施后，由于教育制度过于放任和自由，使日本小学校发展出现了近乎停滞的状态。1880 年 9 月，石川县给文部省的报告中说，在本年度统计学生数量时惊奇地发现，在校学生的人数大量减少。

---

① ［日］仲新：《近代教科书的成立》，日本图书株式会社 1949 年版，第160 页。

原因主要有四个方面：一是以往维持小学校运行的费用都是由郡区负担，实行经济自治后，将学校交给町村，县不给予指导和干涉，减少了学校的经费；二是废除学区监督，由学务委员掌管当地教育事业；三是由于瘟疫的流行；四是取消由县任命教员的制度，实施小学教员与学务委员签订合同的方式。高知县实施《教育令》后，由于私立小学只需向府知事县令申请就可以开办，导致私塾的复兴。静冈县实施《教育令》后，由于规定义务教育时间最短可为 16 个月，所以学校常常因为一点小事就擅自给学生放假，学校松于管理，学生人数减少。埼玉县令白根多助向文部省申诉：《教育令》发出后的影响所及，使数年经营之事业毁于一旦；所谓千仞之功，功亏一篑，现在再不挽救，将堵死育才之道。① 这一时期，学龄儿童就学率下降，滥设私立小学较多，教育质量低下。

1880 年 2 月 28 日，河野敏镰由元老院副议长改任文部卿。1880 年 6 月，河野敏镰为天皇巡视做准备，考察了山梨、长野、岐阜、爱知、三重等县 100 多所小学校，对学校的实际情况进行深入了解。通过考察，河野敏镰认为教育的盛衰和人们的贫富没有必然联系，而是和地方官员对教育的监督重视有关。他主张对教育实行"干涉主义"，强化政府对教育的干涉和监督。

河野敏镰通过报告书向天皇报告了解决教育问题的设想：第一，关于学务委员问题。认为学生学问提升的关键是要有一个好的老师，找到好的老师要由学务委员来完成，地方选拔出的地方官员要得到文部省认可后才能做学务委员。第二，关于督促就学问题。认为如若土地不贫瘠、人民不寡少、学务委员不昏聩，这样的情况下还出现生源少、学舍萧条的话，一定是让年满 8、9 岁的孩子去耕地或者是去做其他的活计了；如此的父兄为了眼前的利益耽误了孩子的一生，令其陷入不会认字、算数的不幸之中，对此应用法令加以限制。第三，关于教学方法改革问题。

---

① 王桂：《日本教育史》，吉林教育出版社 1987 年版，第 140 页。

应对现在的教师进行再教育，设置"定期教师聚会"，研究教学方法。第四，关于教师待遇问题。由于教师的社会地位低下，国家应制定优待教师的法规。第五，关于修身教育问题。指出由于很多小学校没有开设修身课，即使老师有满腹经纶也很难用简单的语言去说教和感化儿童。所以，应把修身教育列在各学科之首，强化小学修身教育。河野敏镰报告中所提建议，成为改正教育令的基本素材。

1880 年 9 月，河野敏镰在文部省设置"临时调查委员会"，负责制定教育令的修改方案。经过讨论和修改，1880 年 12 月 9 日，文部省将改正教育令草案报送太政大臣三条实美。同月 18 日，立法院对改正教育令草案进行审查。同月 25 日，改正教育令草案得到天皇的许可。

二、《改正教育令》中关于初等教育的主要内容

《改正教育令》（也称第二次教育令）于 1880 年 12 月 28 日以太政官布告第 59 号发布。其中关于初等教育的内容，主要有以下几个方面：

（1）初等教育年限。普及初等教育最短时限由 16 个月延长为 3 年；儿童学习 3 年后如无正当理由，每年至少还要就学 16 周；政府要保护学龄儿童受教育的权利；学龄儿童如不到小学校学习而接受其他普通教育，需要得到郡区长的认可。小学学习年限为 3 年以上 8 年以下，每年授课 32 周以上，每日授课不少于 3 小时，最多 6 小时。

（2）小学校设置。各地以满足学龄儿童入学受教育为前提设置小学校；小学校分为初等科、中等科和高等科；设置私立小学要得到府知事县令的许可；到町村巡回授课进行普通教育也需得到府知事县令的认可；公立、私立小学教学科目要根据文部省的要求，由地方政府根据当地情况编制安排。

（3）小学教员的任用。根据学务委员的申请，由府知事县令对小学教员进行任免。町村小学教员工资由府知事县令规定，文部卿认可。府县设立师范学校。小学教员要持有师范学校毕业证书，品行不端正者不能担任小学教员。

（4）加强修身教育。将修身科放在各学科之首，加强道德教育。学务委员由町村民众推荐出规定人数2至3倍的人选，由府知事县令从中选拔任命。

（5）废止对小学校和公立师范学校的政府补助金。由于国家财政困难，国库已没有余力对小学校和公立师范学校支付补助金，对小学校和公立师范学校的政府补助金废止。①

1880年12月公布的《改正教育令》，主要是修改了《教育令》中自由主义、不干涉主义的教育政策。强化了学龄儿童就学义务，将普及初等教育年限由最低16个月提高到3年；强化中央和地方政府在小学设置方面的权限；小学分为初等科、中等科、高等科三类，加强对私立小学的管理；加强德育教育，把修身科放在各科之首；强调府县设立师范学校，由府知事县令对小学教员进行任免。同时，废止了对小学校和公立师范学校的政府补助金。《改正教育令》对初等教育政策的调整，强调国家对教育的"干涉"，加强了中央及地方政府对教育的监督管理，带有浓厚的强制性色彩，因此，又被称为"强制教育令"。②《改正教育令》否定民众参与教育的管理权，也体现了当时日本政府对自由民权运动的压制。③《改正教育令》颁布后，保守教育思想逐渐复活，开始强调儒学思想，日本教育方向发生了明显的改变，即由以前的西化主义政策开始转为保守的、国粹主义政策。④

---

① 王桂：《日本教育史》，吉林教育出版社1987年版，第141页。
② 贺国庆、于洪波、朱文富：《外国教育史》，高等教育出版社2009年版，第262页。
③ 滕大春：《外国教育通史》第4卷，山东教育出版社1992年版，第402页。
④ 李文英：《模仿、自立与创新—近代日本学习欧美教育研究》，河北教育出版社2001年版，第159页。

三、《改正教育令》颁布后初等教育的发展

（一）规范小学校建设

1. 制定小学校建设标准

只有制定完备的学校建设标准，才能推进学校的标准化、规范化建设。《改正教育令》颁布后，日本开始制定小学校建设标准，规范小学校的建设。1881 年，文部省借助在东京举办第二届国内劝业博览会之际，特别设置"教育品陈列场"，对小学校舍建筑、教室标准、教学用具等进行展示。展示的标准教室长 24 尺、宽 21 尺，可容纳 30 人；窗户距地面 4 尺、高 8 尺、宽 4 尺，保证光线照亮整个教室；天井距地面高 15 尺，室内容积 7560 立方尺，生均 252 立方尺；在墙下方设置 2 个通气口，以保证教室内空气的流通。同时，展示了学校用具如钟表、温度计、指南针、黑板、黑告示板、教鞭、界尺、圆规、挂图台、小学生用的桌椅等。文部省要求各地要以此标准建设学校，配置教学用具。

1882 年 11 月，文部省在"学事咨询会"上，向府县学务官讲明小学校建设的方针。指出以前各地建设的小学校，城市的校舍大多是模仿官厅或者兵营建设的，村落的校舍大多是模仿寺院或剧场建设的，流于粉饰奢华，不顾其坚固性，卫生条件不够。强调学校建设要注重以下几个方面：第一，校址的选定要便于学生上下学，空气流通好，太阳光线充足，避开喧哗不洁危险之地以及潮湿之地；校舍面积的基准为学生人均面积 2.5 坪（1 坪 = 3.305 平方尺）以上，窗户方位最好朝向东南或正南。第二，校舍最好建平房，如果建二层楼房，要把年幼的学生或者女生安排在一层；除一般教室外，还要设置女生的裁缝教室、教师办公室、饮水室、厕所等，有条件还要设置讲堂和食堂。第三，1 间教室的学生最多不能超过 60 人，以 1 间教室 30 人左右为宜，教室面积以学生人均 3 平方尺为基准，天井高度在 1 丈（1 丈 = 3.030 公尺）以上，原则上应在学生左侧采光，窗户的面积要达到教室地面面积的六分之一以上，教室内的颜色以深灰色为主，避免阳光的反射。第四，建二层楼房必须建两个

楼梯，交叉设置扶手；100 名学生的学校大约建 3 个以上厕所，操场和游戏场男女分开。第五，桌椅的高度要适应学生的身高，椅子的高度与学生的小腿长相同，桌子比椅子再高出学生身高的六分之一；利用木板制成的黑板，要经常涂抹黑漆以防褪色。

由此可以看出，在实施《改正教育令》期间，日本小学校的建设从校舍选址到校舍建筑、教育设施，都有了明确的要求和一定的建设标准，学校建设比较注重方便学生就学、清静卫生、安全坚固和经济适用。1882 年至 1884 年，文部省还相继制定了《小学校建筑心得》、《小学校舍建筑法》、《小学校建筑规则》等，进一步规范了小学校建设标准。1883 年，日本全国每所公立小学教室平均面积 34.24 坪，私立小学的教室平均面积 23.41 坪，即公立小学平均有 2 间教室，私立小学平均有 1.5 间教室。

《改正教育令》颁布后，日本小学校有了一定的发展。1881 年至 1883 年，小学校从 28742 所增加到 30156 所，小学教员从 76618 人增加到 91636 人，在校生从 2607177 人增加到 3237507 人。随后，受经济不景气及严重自然灾害等因素的制约，小学校发展受到一定影响。到 1885 年，小学校减少到 28283 所，在校生减少到 3097235 人。《改正教育令》期间学校数、教员数、学生数详见下图表：[①]

改正教育令期小学的学校数、教员数、学生数（1881—1885）

年度	学校数（所）	教员数（人）	学生数（人）
1881	28742	76618	2607177
1882	29048	84765	3004137
1883	30156	91636	3237507
1884	29233	97316	3233226
1885	28283	99510	3097235

（根据《文部省年报》整理）

---

① ［日］国立教育研究所：《日本近代教育百年史》第 3 卷，文唱堂 1974 年版，第 1080 页。

2. 小学校实行三级制

《改正教育令》将小学分为初等科、中等科和高等科三种，实行三级制。初等科是要求全体学龄儿童入学的初级阶段，修完小学三年初等科是普通教育的基本要求；中等科是"稍微完备的普通教育"，是为学生初等科毕业后准备升入中等教育学校所做的准备阶段；高等科是对中等科毕业后不升入中等教育学校的学生进行"完全小学教育"阶段。各地按照《改正教育令》的要求，加快小学校的建设。

根据小学初等科、中等科、高等科三个阶段，文部省将小学初等科分为 1 至 3 级、中等科分为 4 至 6 级、高等科分为 7 至 8 级，要求小学校原则上按"一等级一教师"进行配备。但是，由于当时町村财政困难，小学教师培养能力不足，大部分地方都是一名教师承担多年级课程。

1881 年，群马县小学在校生中，初等科一级学生 15823 人、二级学生 12109 人、三级学生 10329 人；中等科四级学生 10611 人、五级学生 6709 人、六级学生 2539 人；高等科七级学生 1403 人、八级学生 871 人。到 1885 年，初等科一级学生达到 18291 人、二级学生 13327 人、三级学生 11225 人；中等科四级学生 8734 人、五级学生 5242 人、六级学生 2931 人；高等科七级学生 1457 人、八级学生 510 人。群马县小学校在校生情况详见下表：①

---

① ［日］国立教育研究所：《日本近代教育百年史》第 3 卷，文唱堂 1974 年版，第 995 页。

群马县小学校等级别学生数（1881—1885）

等级		1881年 实数（人）	1881年 比率%	1882年 实数	1882年 比率	1883年 实数	1883年 比率	1884年 实数	1884年 比率	1885年 实数	1885年 比率
高等	计	2274	3.77	569	0.80	1582	2.18	1808	2.55	1967	3.19
	八后	396	0.66	72	0.10	185	0.25	152	0.21	193	0.31
	八前	475	0.79	72	0.10	265	0.36	274	0.39	317	0.51
	七后	578	0.96	129	0.18	419	0.58	547	0.77	593	0.96
	七前	825	1.37	296	0.42	713	0.98	835	1.18	864	1.40
中等	计	19861	32.88	13459	18.95	17268	23.76	15613	22.03	16907	27.39
	六后	1179	1.95	550	0.77	1332	1.83	1057	1.49	1215	1.97
	六前	1360	2.25	1211	1.58	1707	2.35	1628	2.03	1716	2.78
	五后	1999	3.31	1618	2.28	2463	3.39	2153	3.04	2301	3.73
	五前	4710	7.80	2364	3.33	3134	4.31	2872	4.05	2941	4.76
	四后	4932	8.17	3415	4.81	3854	5.30	3320	4.68	3782	6.13
	四前	5679	9.40	4391	6.18	4778	6.57	4583	6.47	4952	8.02
初等	计	38261	63.35	57003	80.25	53837	74.07	53460	75.42	42864	69.43
	三后	4826	7.99	5530	7.79	6064	8.34	6371	8.99	5031	8.15
	三前	5503	9.11	6253	8.80	7295	10.04	7283	10.27	6225	10.08
	二后	6270	10.38	6808	9.58	7992	11.00	7389	10.42	6226	10.08
	二前	5839	9.67	9135	12.86	8564	11.78	8058	11.37	7091	11.49
	一后	7582	12.55	11275	15.87	9381	12.91	10346	14.60	8596	13.92
	一前	8241	13.64	18002	25.34	14541	20.00	14013	19.77	9695	15.70

（根据《文部省年报》中《群马县年报》整理）

由此可见，1881 年后，群马县小学初等科、中等科、高等科由下一级升入上一级的学生比例明显上升，由初等科升入中等科、高等科的学生也在逐渐增多，普及初等教育步伐不断加快。

（二）强化儿童就学措施

1. 制定督促学龄儿童就学办法

《改正教育令》颁布后，文部省强化督促学龄儿童就学制度，进一步明确父母及其监护人的责任，要求如无"特殊事故"和"严重理由"，即儿童患有疾病、儿童亲属有疾病需其进行看护、儿童极度残疾、家境贫困四种情况外，学龄儿童必须就学。1881 年 1 月，文部省制定《就学监督责任规定起草心得》，规定学龄儿童就学监督工作由郡区长总管，学务委员具体管理。学务委员制作就学调查簿，每年对学龄儿童就学情况进行调查。学务委员将就学调查簿发给小学教员，小学教员再根据就学调查簿制作学生出勤簿，定期向学务委员报告学生的出勤状况。根据小学教员的报告，学务委员向出勤少的儿童父母进行询问并做说服工作。

1881 年至 1882 年，各府县根据文部省制定的《就学监督责任规定起草心得》，相继制定了具体的就学监督办法。到 1881 年 12 月，日本 3 府 38 县中，有 2 府 30 县制定了具体的就学监督办法。

青森县于 1881 年 11 月制定《就学监督规则》，共 28 条，比文部省的规定更加详细具体。如规定除患有"疯癫白痴"、"盲哑聋塞"、亲属患有重病需其看护的儿童不就学外，对居住在人烟稀少、地方偏僻、家庭一贫如洗的儿童，设立贫困生特别就学法，帮助学生就学。在实施《学制》期间，青森县曾对就学的儿童发放"就学牌"。在这一时期，青森县制作了"不就学证书"，对那些因某种原因和理由经郡区长认可不就学的儿童发放木制的"不就学证书"，上面刻有儿童的姓名、年龄、住所、不就学原因以及父母及其监护人的姓名、住所、不就学认定年限等信息，不就学的儿童必须随身携带这个证书。由发放"就学牌"到发放"不就学证书"，体现了青森县在督促学龄儿童就学方面由"劝奖"到"强迫"的过程。

千叶县于 1881 年 9 月制定《就学督促规则》，规定学龄儿童在小学授课时数不够、1 学年的课程 1 年半还没有学完、学生同一门课程两次考试不及格、不遵守学务委员监督的，由学务委员向郡区长提出请求，对学生给予处分；对家庭贫困的学生由县发放"贫民就学金"，每个月对初等科、中等科、高等科的贫困学生分别发放 25 钱、30 钱和 35 钱的补助金。

为了准确掌握各地学龄儿童就学情况，1881 年 4 月，文部省制定《学事表簿取调心得》，统一印制学事方面的表簿，包括由町村立、私立小学校掌管和填写的甲种表簿、学务委员掌管和填写的乙种表簿、郡区长掌管和填写的丙种表簿 3 种。甲种表簿又分为学生学籍表、学生出勤表、半年末调查表等 10 种；乙种表簿分为学龄儿童姓名表、就学调查表等 10 种；丙种表簿分为郡区学龄儿童就学调查表、郡区町村立及私立小学校一览表等 9 种。文部省对各地上报的各种表簿进行统计，以此准确掌握各地学龄儿童实际就学情况。

通过制定具体的就学监督规则，强化了政府在监督儿童就学方面的责任，同时强化了父母督促儿童就学的义务，使学龄儿童就学率开始上升。1882 年，《文部省第十年报》对各地督促学龄儿童就学的规定给予了充分肯定，认为"就学督促规则是唯一能够使学校设备得到充分发挥的法规，各地学事扩张已经深入民心，燃起了一股就学的气焰"。

2. 儿童就学率的上升

随着儿童就学监督措施的实施，从 1881 年开始，日本学龄儿童就学率逐渐上升。1881 年，日本学龄儿童 5615007 人，就学儿童 2319744 人，就学率 41.31%。到 1885 年，学龄儿童 64136814 人，就学儿童达到 3165985 人，就学率达到 49.36%。1881 年至 1885 的 4 年间，学龄儿童就学率每年平均增长 2.01 个百分点。学龄儿童数、就学儿童数及就学率详见下图表：①

---

① ［日］国立教育研究所：《日本近代教育百年史》第 3 卷，文唱堂 1974 年版，第 1063 页。

学龄儿童数、就学儿童数、就学率（1881—1885）

年次	学龄儿童数（人）			就学儿童数（人）			就学率（%）		
	男	女	计	男	女	计	男	女	计
1881 年	2914727	2700280	5615007	1688523	631221	2319744	57.93	23.38	41.31
1882 年	2994744	2756202	5750946	1841842	770649	2612491	61.05	27.96	45.43
1883 年	3087781	2864219	5952000	1962289	859427	2821716	63.55	30.01	47.41
1884 年	3199684	2964506	6164190	2023227	880290	2903517	63.23	29.69	47.10
1885 年	3336903	3076781	64136814	2186964	979021	3165985	65.54	31.82	49.36

（根据《文部省年报》整理）

在这一时期，儿童出席率、通学率出现波动，呈下降趋势。1881 年，儿童出席率为 64.68%，1884 年上升到 65.78%，1885 年下降到 63.20%。1881 年，儿童通学率为 28.29%，1884 年上升到 33.75%，1885 年又下降到 30.52%。儿童出席率和通学率详见下图表：[1]

出席率和通学率（1881—1885）

年次	小学校学生数（人）	每日到学校上学的学生平均数	出席率（%）	小学校学龄儿童数	每日到学校上学的学龄儿童平均数	通学率（%）
1881 年	2607177	1686391	64.68	2456238	1588749	28.29
1882 年	3004137	1948362	64.86	2838092	1840618	32.01
1883 年	3237507	2104839	65.01	3059719	1989283	33.42
1884 年	3233226	2126687	65.78	3163080	2080538	33.75
1885 年	3097235	1957392	63.20	3097235	1957392	30.52

（根据《文部省年报》整理）

---

　　① ［日］国立教育研究所：《日本近代教育百年史》第 3 卷，文唱堂 1974 年版，第 1066 页。

3. 小学校停止招收未到就学年龄儿童

随着普及初等教育的深入，未到就学年龄的儿童（未满 6 周岁）进入小学校学习的人数有所增加。其原因：一是民众对普及教育的认识不断提高，提早把子女送入学校学习；二是一部分民众由于无人在家照看子女，愿意尽早把子女送到学校；三是学前教育尚未普及，托幼机构较少。1884 年 2 月 15 日，文部省发布指令，禁止未到就学年龄的儿童进入小学校学习，要求未到就学年龄的儿童进入幼儿园或保育机构。这项规定一方面体现了文部省利用现有的教育资源，保证适龄儿童接受初等教育；另一方面也体现了日本开始普及学前教育的思想。1881 年，未到就学年龄的儿童进入小学校的 68054 人，占小学生总数的 3.78%；1883 年，有 79346 人，占小学生总数的 3.6%；1884 年，小学校不再招收未到就学年龄的儿童。未到就学年龄的小学生数详见下表：①

未到就学年龄的小学生数（1880—1884）

年次	未到就学年龄的小学生数（人）			占全体小学生的比例（%）
	男	女	合计	
1880	50334	20721	71055	3.03
1881	68054	30758	98812	3.78
1882	75695	35083	110778	3.69
1883	79346	37357	116703	3.60
1884	—	—	—	—

（根据《文部省年报》整理）

4. **不完全就学儿童的增多**

不完全就学儿童是指接受巡回授课、接受家庭教育、就学未满 16 周的三类学生。在不完全就学儿童中，接受巡回授课和接受家庭教育的比例较少，大部分是就学未满 16 周的学生。由于巡回授课所需要的费用较

---

① ［日］国立教育研究所：《日本近代教育百年史》第 3 卷，文唱堂 1974 年版，第 1061 页。

低，接受这种授课方式的学生逐年增加。文部省对接受家庭教育采取限制的政策，接受家庭教育的学生逐步减少。就学未满 16 周的儿童，实际上是长时间缺席或者中途退学的儿童，每年大约有 30 万人左右，约占全部就学儿童的十分之一。据文部省统计，1884 年，不完全就学儿童中，接受巡回授课的 7314 人，占其学龄段中就学者的 0.23%；接受家庭教育的 825 人，占其学龄段中就学者的 0.03%；就学未满 16 周的 350419 人，占其学龄段中就学者的 11.20%。儿童不完全就学情况详见下表：①

儿童不完全就学情况（1881—1884）

年次	接受巡回授课的				接受家庭教育的				就学未满 16 周的			
	男	女	计	占其学龄段中就学者的比率（%）	男	女	计	占其学龄段中就学者的比率（%）	男	女	计	占其学龄段中就学者的比率（%）
1881	50	0	50	0.00	754	429	1174	0.05	140717	91271	231988	9.61
1882	1242	324	1655	0.06	475	648	1123	0.04	162742	139100	301842	10.28
1883	2851	631	3482	0.11	795	855	1650	0.05	175121	155320	330441	10.88
1884	5670	1644	7314	0.23	525	300	825	0.03	187361	163058	350419	11.20

（根据《文部省年报》整理）

在这一时期，由于经济不景气和连年自然灾害，对普及初等教育带来了一定的影响。很多郡县开始减少学校经费，有的地方如冈山县甚至提出要关闭学校。一些家庭无能力供子女上学，致使学生辍学回家帮助家长做家务。1881 年，山梨县给文部省的报告中说，"视察现今民间的情况，中产阶级以上的人有能力让子女就学；中产阶级以下的人，有的辛苦一天才够一天的花销，有的终年辛苦还不能维持家中生计。督促这样

---

① ［日］国立教育研究所：《日本近代教育百年史》第 3 卷，文唱堂 1974 年版，第 1068 页。

家庭的孩子就学，于心不忍，以至最终儿童没有就学。类似这种情况很多，还望体谅。"① 虽然学龄儿童就学率有了一定的上升，但出席率和通学率开始下降。

19 世纪 80 年代后期，明治政府积极调整产业政策，军火、电信、铁路等国营企业占据日本国民经济的骨干力量。积极引进外国技术，并注重与日本民族产业相结合，加大对民族产业扶持力度，增加了日本商品经济在国际竞争中的地位。通过紧缩财政、遏制通货膨胀和回笼不兑换纸币，调整财政政策，创建国家银行，使政府财政收支逐步进入良性循环的轨道。随着日本经济的复苏，小学教育出现好转，学龄儿童就学率以及出席率和通学率开始呈现明显上升的趋势。

（三）改革小学校课程

1. 颁布《小学校教则纲领》

1872 年，文部省颁布《小学教则》后，很多府县都以文部省颁布的《小学教则》和 1873 年东京师范学校制定的《下等小学教则》、《上等小学教则》为范本，制定府县的小学教则。从 1877 年开始，明治政府关于小学教则方面的政策由原来全国划一的方式，逐渐向自由主义和地方分权的方向发展，造成在同一个县内存在有几种小学教则的现象，学生毕业年限、授课科目、教科书也各不相同。《教育令》精简了小学教学科目，对学科内容和授课程度没有提出明确要求，承认各学校自主编写教则，造成了各学校随意缩短毕业年限、公然使用不恰当教科书的现象。为此，1881 年 5 月，文部省制定《小学校教则纲领》，要求各府县以此纲领为基础编写小学校教则，试图在全国实施统一的小学教则。

《小学校教则纲领》第一、二章主要内容如下：②

---

① ［日］国立教育研究所：《日本近代教育百年史》第 3 卷，文唱堂 1974 年版，第 1066 页。

② ［日］国立教育研究所：《日本近代教育百年史》第 3 卷，文唱堂 1974 年版，第 1004 – 1005 页。

小学校学生上课图

第一章　小学学科的划分

第一条　小学分为初等科、中等科、高等科三个等级。

第二条　小学初等科有修身、读书、习字、初等算术和唱歌、体操。唱歌要等到教授法整备之后再开设。

第三条　小学中等科包括小学初等科的修身、读书、习字、初等算术和唱歌、体操，增加地理、历史、绘画、博物、初级物理，女生开设裁缝课。

第四条　小学高等科包括中等科的修身、读书、习字、初等算术、地理、历史、绘画、博物、初级物理和唱歌、体操、裁缝等，增加化学、生理、几何、初级经济。女生将初级经济换成家事经济。

第五条　小学科目划分如前所述，各地可根据具体情况和男女差别的原因，学科可有增减，但修身、读书、习字和算术 4 科必不可少。

第二章　学期、授课日期和时间

第六条　小学的学期分为初等科和中等科各 3 学年，高等科 2 学年，共 8 年。

第七条　小学除周日和寒暑假以及大型节假日之外，全部授课。

第八条　小学每天授课时间为 5 小时。

第九条　前面所规定的学期、授课日期各地可根据具体情况有所伸缩。但初等学科不能少于 3 年，各学科总合不得超过 8 年，1 年的授课不能少于 32 周，授课时间在 3 小时以上 6 小时以下。

第三章……

《小学校教则纲领》将小学分为初等科、中等科、高等科三个阶段，修业年限分别为 3 年、3 年、2 年，共 8 年。对各科所开设的课程、修业年限、授课日期和授课时间进行了严格的规定。虽然规定各地可根据实际情况对授课时间作出增减，但明确最低限度，体现了文部省在全国实施统一教学规则的意志。在这一时期，文部省要求将修身科放在小学各科的首位，加强学校道德教育；将历史课本中的国外历史内容从教科书中全部删掉，只讲授日本历史，目的是从小培养学生尊王爱国的精神。物理、化学、地理、博物等学科，强调观察、实验和实物教学。地理课教学要从学校附近的地形以及学生目所能及的地方谈起，渐渐过渡到地球的形态，进一步言及日本和世界的总体轮廓，要求教师在教学过程中要利用地球仪和地图等器物；博物课要基于实物教学，利用实物向学生讲解动植物的名称、特性、效用等；物理课要向学生讲授水、气、热、音、光、电气、磁气等初步知识，在教学过程中要依据实物器械进行教学实验。

2. 加强修身教育

《改正教育令》明确将修身科置于小学各学科之首，确立了修身科首位的原则。1882 年，文部省发布《关于小学修身书编纂之训令》，强调小学修身教育的重要性，要求小学校要加强道德教育，推崇儒学，实现德育、智育、体育相统一。《关于小学修身书编纂之训令》强调：

讲修身之主义，究明德之道理，此属中学以上以至大学之
责任。就小学而言，因学生处于幼稚时代，只能体会入德之门，
要求崇信与敬重道德。仲尼曾云：民可使由之，不可使知之。
此特为中人以下而言。儿童眼界狭窄，识见偏小，思维能力未
充分畅达，所以主要是可使由之。

现今确定小学修身科中道德之要点，首先应着眼父兄最注
重之处，子弟最敬重之所在。日本自中世纪以来，贯通上下，
有其普遍势力者，厥为儒教。至于佛教，虽则流布世上，感染
人心，但多为下层社会所信奉。若就人口而论，其普及程度或
超过儒教。然而就其势力而论，却为儒教。而且完成以德育为
首和统一实现智育、体育任务之普通小学，假若单纯以一宗教
完成德育之全部任务，颇值得论辩，此自不待言而明矣。……

小学修身之教授，并非研究修身学，而在诱导信用谨慎畏
敬爱望之情操。

小学修身之教授，应尽量避免抽象说教。

小学修身之教授，应尽量避免涉及学术诸论派争之言辞。①

1883 年 6 月，文部省编辑局出版了《小学修身书（初等科部分）》，
共 6 册。在卷首提出了"教员须知六则"，同 1880 年文部省编辑出版的
《小学修身训》的主旨基本相同。"教员须知六则"强调指出，因为儿童
刚刚上学，有很多不认识的字，修身课程虽然由教师口授，但书中的谚
语一定要让学生能够背诵，教师要向学生详细讲解谚语的内容。强调小
学修身科要把"孝"放在首位，孝是德的源头。教育学生要"时时以对
父母尽孝心为第一要务，对父母的孝是做好其他事情的基础"。要遵守礼

---

① 瞿葆奎、钟启泉：《教育学文集—日本教育改革》，人民教育出版社 1991 年
版，第 28 页。

节，"敬天子"，做到"为人子者，早起、夜寝，必拜双亲，询问安否。出行外地，必告双亲后，才可离开；归来时必报平安"。在小学修身课中，充分体现了儒教的思想。

（四）设置小学校长，加强学校管理

随着小学校的发展和就学人数的增加，小学校规模有了一定的扩大，各府县开始设置学校专门管理人员，明确校长的职责和任用办法，加强对学校的管理。1881 年至 1885 年，小学校均教职人员由 2.67 人增加到 3.52 人，校均学生由 90.71 人增加到 109.51 人；学生日平均出勤数由 58.67 人增加到 69.21 人。校均教职人员、学生和日平均出勤学生都有了一定的增加。小学校人员构成规模详见下表：①

小学校的人员构成规模（1881—1885）

年次	一个学校所承担的（人）						一个教职员所承担的（人）			
	教职员数				学生数	每日出席学生平均数	学生数		每日出席学生平均数	
	训导数	准训导数	授业生数	合计			一个训导所承担的	全体教职员中一人承担的	一个训导所承担的	全体教职员中一人承担的
1881	0.59	0.16	1.91	2.67	90.71	58.67	154.31	34.03	99.81	22.01
1882	0.67	0.06	2.19	2.91	103.30	67.00	154.39	35.44	100.64	22.99
1883	0.82	0.06	2.15	3.04	107.36	69.80	130.37	35.33	84.76	22.97
1884	0.93	0.08	2.32	3.33	110.60	72.75	118.45	33.22	77.91	21.85
1885	1.03	0.09	2.40	3.52	109.51	69.21	106.29	31.12	67.17	19.67

（根据《文部省年报》整理）

---

① ［日］国立教育研究所：《日本近代教育百年史》第 3 卷，文唱堂 1974 年版，第 1080 页。

《小学校教则纲领》对小学校授课日期和授课时间作出了明确规定，相应地对学校的管理也需要进一步加强。各地小学校开始设置"教长"、"教头"、"学头"等，管理学校事务，这些职位实际就是小学校长的前身。1881 年 6 月，文部省颁布《小学校教员心得》，规定在町村立小学设立校长，小学校长的级别相当于官吏级别的 11 级以下、13 级以上，标志着小学校长正式设立。

1881 年 7 月，爱知县在制定《教员事务施行规则》时向文部省报告：小学校长不是师范学校毕业而且没有教员资格，不能授课，但其品行经学务委员鉴定与教员等同，是否可以任命？文部省给予答复，明确表示"可以"。1882 年 7 月，山口县向文部省报告：公立小学校长应由官、公立师范学校毕业或拥有同等学力的人员担任，但在学校需要校长却又无人符合条件时，能否任命不符合条件的人员担任校长一职？文部省也给予明确答复，表示"可以"。通过文部省对爱知、山口县的答复可以看出，当时一些不具备教师资格的人，也可以就任小学校长。小学校长一职和能否授课没有直接关系，其职责主要是对教员进行监督，对学校进行管理。

文部省曾在一份报告中，把小学校长比喻成燃气机的汽缸，负责全权指挥和监督教员、管理学校全部事务。要求校长必须精通世故、有学识且懂教书育人之法，不但品行端正，各方面都必须为人表率。还未成年的、受过刑罚的及被禁止从事教员的人等不得任用为校长。琦玉县制定的《町村学校教员任用规则》规定："町村小学校长须由通教育之大义、有处事才干者担任"。东京府制定的《小学校长教员任用规则》规定："町村小学校长须有与小学教员相当的学力"。爱媛县制定的《小学校职制》规定：校长要"负责管理校务，领导诸教员，谋求教育的现实利益"。大阪府制定的《町村立小学校职制》规定：校长负责"管理校内一切事物，指导包括训导在内的授课情况、根据学生人数同学务委员商议训导及教员的增减、监视训导及教员出勤情况并向学务委员和府知事县令报告、为毕业生授予毕业证、赏罚学生等"。

根据文部省资料统计，随着对学校管理的加强，1884 年，日本有 40 个府县的 1046 所小学校设立了校长，占小学校总数的二十八分之一，东京、栃木、告知、宫崎、鹿儿岛和根室 6 个府县的小学校没有设立校长。校长一职虽然设立的比较少，但标志着日本小学校管理开始向制度化、规范化迈进。

（五）加强对小学教员的培养

1. 制定《师范学校教则大纲》

《学制》和《教育令》实施期间，虽然官立、公立师范学校有了一定的发展，但师范学校培养的教师仍然不能满足小学校的需求，小学教员大部分为寺子屋师匠等，不能有效地讲授新课程，教学效率低。[①]《改正教育令》强调各府县要设置公立师范学校，承担小学教员的培养任务，推动了师范学校的发展。但由于国库支出的大幅度消减，从 1881 年开始，日本对公立师范学校的国库补助被取消。

1881 年 8 月，文部省制定《师范学校教则大纲》，首次对师范学校的教育内容作出明确规定，将师范学校分为初等师范科、中等师范科、高等师范科，学生入学资格为年龄在 17 岁以上的小学中等科毕业生，修业年限分别为 1 年、2 年半、4 年。初等师范科毕业生只能做小学初等科教员，中等师范科毕业生可以做小学初等科和中等科教员，高等师范科毕业生可以做小学各科教员。师范学校开设修身、读书、习字、算术、地理、历史、图画、生理、物理、化学、几何、代数、经济、博物、体操等课程，修身课时数最多，其次是读书，同时将教育学、学校管理法列入教学内容中。

1882 年，日本初等师范科、中等师范科、高等师范科毕业生为 237 人、437 人、268 人，分别占师范学校毕业生的 16.34%、30.14% 和 18.48%；旧制师范学校毕业生 508 人，占 35.04%。随着中等师范科和

---

① ［日］小林哲也：《日本的教育》，徐锡龄、黄明皖译，人民教育出版社 1981 年版，第 27 页。

高等师范科的发展，到 1885 年，初等师范科、中等师范科、高等师范科毕业生为 128 人、1194 人、359 人，分别占师范学校毕业生的 7.61%、71.03% 和 21.36%，旧制师范已全部完成了过渡。师范学校毕业生情况详见下图表：①

师范学校毕业生类别（1882—1885）

科别	1882		1883		1884		1885	
	实数（人）	比率（%）	实数	比率	实数	比率	实数	比率
初等师范科	237	16.34	542	28.71	421	27.72	128	7.61
中等师范科	437	30.14	785	41.58	825	54.31	1194	71.03
高等师范科	268	18.48	287	15.20	273	17.97	359	21.36
旧制师范	508	35.04	274	14.51				
总计	1450	100.00	1888	100.00	1519	100.00	1681	100.00

（根据《文部省年报》整理）

　　1881 年之前，文部省原则上要求小学教员必须持有师范学校毕业证书，但同时还规定有相当实力的人员即使没有师范学校毕业证书也可以做小学教员。1881 年，文部省实行教员许可证制度，要求小学教员要具有官立、公立师范学校毕业证书，教员许可证的授予权由府知事县令掌握。小学教员许可证分为初等、中等、高等 3 种，有效期 5 年。至此，只有取得官立、公立师范学校毕业证书人员，才具有小学教员的资格。

　　1883 年，文部省制定《府县立师范学校通则》，对师范学校的设立、管理、招生等都作出了明确规定。同时规定师范学校附属小学不仅是师范学校学生实习训练的场所，还要成为府县小学的示范校。师范学校附属小学不仅教授小学教育内容，还要对小学教育内容和方法进行研究，要成为"练习小学校"。1880 年，日本官立、公立师范学校附属小学有

---

　　① ［日］国立教育研究所：《日本近代教育百年史》第 3 卷，文唱堂 1974 年版，第 1320 页。

37 所，到 1885 年，达到 47 所。东京师范学校和东京女子师范学校的附属小学成为全国男、女小学的示范校，各府县立师范学校附属小学也成为府县内小学的示范校。

这一时期，师范学校特别重视学生的修身教育。1881 年 6 月 18 日文部省颁布《小学教员须知》，对小学教员提出具体要求：①

　　小学教员之良否，关系普通教育之良否。普通教育之良否，关系国家之隆替，可谓其任既重且大。今之小学教员，应实现普通教育之目的，使人人得以修身业就。振奋尊王爱国之志气，淳美风俗，富厚民生。国家得以安宁，福祉有以增进。小学教员须深切体会此意，且应恪守实践。其要项如下所示。望在职小学教员，夙夜黾勉，服膺勿忘，切切。

　　一、教人以善良比教人多识更为重要。……

　　二、心智教育之目的，在于使人人开拓知识，增长才干，以恰当的尽其本分，绝非使学生贪求奇功，博取名声。

　　……

　　十、为教员者崇尚品行、扩充学识、积累经验乃是对其职业应尽之职责。因为，唯有崇尚品行，方能提高其职业之品味；唯有扩充学识，积累经验，方能为职业增色生辉。

文部省在《小学教员须知》中特别提出，教人以善良比教人知识更为重要，教员要潜心道德教育，教育学生忠皇室、爱国家、孝父母、敬长上、信朋友、慈卑幼、重自己，让学生通晓所有人伦大道，教员要以身作则，熏染学生德行，感化学生善行。要求师范学校的学生，要体质强健，能够忍受学习训练之苦；要品行端正，具备教化儿童的品格以及

---

① 瞿葆奎、钟启泉：《教育学文集·日本教育改革》，人民教育出版社 1991 年版，第 25 页。

普通教育的基础；要精通德育、智育、体育的要旨以及学校管理和教授方法，修自家道德，躬行实践，努力成为儿童之楷模。①

2. 延长师范学校修业年限

随着师范学校的发展，师范学校的修业年限逐渐延长。1880 年，师范学校修业年限 2 年的 35 所，占 40%；2 年半至 3 年半的 28 所，占 32%；1 年半以下的 16 所，占 18%；4 年以上的 7 所，占 9%。1881 年《师范学校教则大纲》颁布后，规定了师范学校初等科、中等科、高等科的年限，大部分师范学校开始向 4 年制过渡。到 1885 年，修业年限 4 年以上的师范学校达到 52 所，占师范学校总数的 78.79%。随着师范学校修业年限的延长，教育教学质量有了明显提高，为普及义务教育提供高质量的师资打下了基础。师范学校修业年限详见下表：②

师范学校修业年限数（1880—1884）

修业年限	1880	1881	1882	1883	1884
未满半年	2				
半年	2	2	2	2	
半年以上一年以下	4	1			
一年	6	3	7	10	1
一年半	2	2	2		1
二年	35	24	5	1	
二年以上二年半以下		1			
二年半	14	14	4	2	3
三年	13	12	14	14	8

---

① ［日］仲新：《学校的历史》第 5 卷，第一法规出版株式会社 1979 年版，第 33-40 页。

② ［日］国立教育研究所：《日本近代教育百年史》第 3 卷，文唱堂 1974 年版，第 1318 页。

续表

修业年限	1880	1881	1882	1883	1884
三年半	1	1			
四年	4	7	36	46	48
四年半		1	4	1	1
五年	2	1	2		3
六年	1				
不确定年限	1	2	2	2	1
合计	87	71	78	80	66

（根据《文部省年报》整理）

3. 继续实行给贷费和义务就职制度

《改正教育令》颁布后，大部分府县规定师范学校公费生、贷费生的服务年限与在学期间相同或为在学期间的 1 倍，多数府县对自费生没有作出要求。据文部省 1881 年统计，府县立师范学校学生的学费种类中，除鸟取县情况不明外，41 个府县中只有鸟根县有自费生，其他 39 个府县全部实施的是给贷费制度，即只有公费生和贷费生。由于给贷费制度对学生毕业后的服务年限作出了明确规定，保证了城市和偏远地区都能分配到师范学校毕业生，从源头上提高了小学教员的培养质量以及城乡之间的均衡。

师范学校经费投入不断增加。1881 年，府县立师范学校经费总额 338126.270 日元，其中，每所师范学校的平均经费 5635.438 日元，生均经费 67.287 日元；1885 年，府县立师范学校经费总额达到 551195.099 日元，其中，每所师范学校的平均经费提高到 9842.770 日元，生均经费提高到 73.719 日元。府县立师范学校经费情况详见下表：①

---

① ［日］国立教育研究所：《日本近代教育百年史》第 3 卷，文唱堂 1974 年版，第 1326 页。

府县立师范学校经费情况（日元）

年次	经费总额	一所学校平均经费	每生平均经费
1881	338126. 270	5635. 438	67. 287
1882	408445. 598	5752. 755	72. 189
1883	452514. 834	6464. 498	75. 482
1884	488038. 884	7871. 595	70. 000
1885	551195. 009	9842. 770	73. 719

（根据《文部省年报》整理）

4. 对小学教员的培训

开展教师在职岗位培训，是提高教师队伍素质的有效途径之一。日本在普及初等教育进程中，随着小学校的快速发展，吸收了大批没有受过师范教育的人充任小学教员，这部分人员教学能力和素质不高，影响了初等教育的质量。[1] 因此，为提高初等教育质量，日本在积极发展师范学校、加快培养小学教员的同时，还注重开展对在职小学教员的培训。

1883 年，东京师范学校开设临时教室，从各地抽调一批小学教员，对他们进行为期一年的培训。前半年教授教育学、心理学、学校管理等方面的知识，后半年组织开展教学实践活动。这些小学教员经过培训回到所在学校后，再对当地的小学教员进行培训。1883 年 8 月，文部省发布指示，要求各地师范学校推广东京师范学校培训小学教员的做法。同年，长野县从各郡招收 150 名小学教员到长野师范学校学习，主要学习教育学、学校管理、教学法等方面的知识。这些小学教员回到各地后，对当地的小学教员进行培训。通过这种层层培训的方式，有效地提高了在职小学教员的素质。

---

① 吴文侃、杨汉清：《比较教育学》，人民教育出版社 1999 年版，第 406 页。

第四节 普及初等教育政策的第三次调整与初等教育的发展

一、《再次改正教育令》的颁布

19 世纪 70 年代末期，明治政府财政收支失衡，货币发行量失控，1.053 亿日元的不兑换纸币，成了悬在明治政府头上的达摩克利斯剑。[①] 通货膨胀引起了物价上涨、公债券跌价、利息率膨胀以及银币、纸币的比价失调。解决财政问题，成为事关明治政府存亡和社会稳定的尖锐政治问题。

1881 年 10 月，大藏卿松方正义开始推行紧缩财政、遏制通货膨胀、回笼不兑换纸币的"松方财政"改革。[②] 由于实行财政紧缩政策，1882 年下半年，开始出现经济不景气现象，引起米价下跌、金融闭塞等，加之同年遭遇全国性干旱，致使各地小学经费正常运转陷入困境。1883 年，京都府在向文部省的报告中说，《改正教育令》实施后，町村小学校逐渐出现新的气象，民众也感到每日不可缺少学习，但是由于遭遇大旱，加之物价低落、金融闭塞，直接影响到学校的办学经费，町村有减少教育经费的动向，有些地方甚至到了想要关闭学校的地步。群马县在 1883 向文部省的报告中说，"自前年冬季物价逐渐低落，至本年几乎达到最低点。本县以制丝制绢为生的地区，受害较为严重，不少地方教育事业的发展受到阻碍，往往迫于生计所困，涌现出大量欲借此机会试图缩减教育经费的人。教育乃殖产兴业之本，因一时融资不利而削减办学经费是没有道理的。"

1884 年，由于财政紧缩政策而引起的经济不景气现象日益严重，加之 1883 年的旱灾、1884 年的涝灾侵袭，到 1885 年，日本经济更加贫困。

---

① 宋成有：《新编日本近代史》，北京大学出版社 2006 年版，第 166 页。
② 吴廷璆：《日本史》，南开大学出版社 1994 年版，第 460 页。

为此，日本政府着手削减税赋，减少町村的公费。在町村公费中，由于教育经费所占比重较大，减少町村公费的实质是削减了町村的教育经费。1885 年 4 月 6 日，内务卿、大藏卿联合向内阁提交《区町村费节俭之议》，提出除解决学务委员 61 万余日元的工资和区町村立学校 14.9 万余日元的费用外，从小学经费 662 万日元的总额中，减去 270 万日元，小学教育经费减少到 392 万日元。内阁会议通过了这一建议。

在经济不景气的情况下，日本政府消减小学经费，造成了小学校办学的困难。为维持小学校必备的办学经费，文部卿大木乔任于 1885 年 4 月 10 日紧急向内阁提交《针对町村教育费的上书》，建议可以废除学务委员的工资、差旅费及职务接待费，节约以町村费用维持的中学及其他各类学校的费用，还可以节约小学高等科所需费用，但必须保证小学初等科、中等科必备的办学经费，以维持小学校正常运转，推进初等教育的普及。文部省提交的建议内阁会议没有通过。为此，大木乔任于 1885 年 6 月 11 日向太政官提出再次修改教育令方案，要求在节约地方教育经费的前提下，确保小学校的发展，保证初等教育的普及。再次修改的教育令方案由文部省提交参事院，经参事院进行审查后提交内阁。1885 年 7 月 21 日，再次修改的教育令方案由内阁提交元老院，7 月 28 日元老院审议通过。

二、《再次改正教育令》中关于初等教育的主要内容

《再次改正教育令》（也称第三次教育令）于 1885 年 8 月 12 日以第 23 号太政官布告公布。其主要有以下几方面内容：

（1）除设置小学外，还可设置小学教场。小学教场可设置在寺院的走廊、民宅的一角等。

（2）小学校及小学教场是对儿童实施普通教育的场所，对小学校及小学教场所教授的科目不作明确要求。

（3）实行灵活多样的授课形式。每天授课时间 3 至 6 小时，各地可根据实际情况，采取上午或下午半天授课的形式，也可以利用夜间授课。

半日制学校或夜间授课学校学生可授课 2 小时。

（4）废除学务委员，其职务交由户长管理。户长在负责町村事务的同时，负责学校事务。

（5）学龄儿童结束小学初等科学习后，若无迫不得已的理由，每年还要达到 16 周以上的就学时间。

（6）实行教员许可证制度，没有教员许可证不能够成为教员。即使是师范学校毕业生，如果没有教员许可证，也不能成为教员。教员许可证由文部卿或府知事县令检定其学力品行后进行授予。

明治政府针对严重的经济不景气和连年自然灾害给农民带来的贫困，为保证普及初等教育而颁布的《再次改正教育令》，对普及初等教育年限没有作出明确规定；提出设立小学教场，废除学务委员；实行灵活的授课方式，承认半日制学校、夜间学校。《再次改正教育令》的颁布，实质再次实行了宽松放任的教育政策。爱知县令胜间田稔在 1885 年的学事年报中说："纵览辖区内的学事状况，教育令颁布以后逐渐步入正轨。再次改正教育令公布以来，设置小学教场，废除学务委员等，使民众误认为政府奉行的是自由主义教育政策，学校的兴废、儿童的就学进入放任自由状态，……学事呈现出萎靡不振之态势。"①

《再次改正教育令》颁布后，日本学龄儿童就学率迅速下降，既反映出放任自由的教育政策对普及初等教育产生的消极作用，又显示出经济不景气和连年自然灾害对普及初等教育的影响。为此，明治政府积极寻求教育改革办法，于 1886 年 4 月颁布《小学校令》。《再次改正教育令》只存在了短短的 8 个月。

---

① ［日］国立教育研究所：《日本近代教育百年史》第 3 卷，文唱堂 1974 年版，第 972－976 页。

三、《再次改正教育令》颁布后初等教育的发展

（一）小学校的发展

由于经济不景气和连年自然灾害造成日本从中央到地方，各级财政出现了紧张的状况，民众生活更加贫困，对普及初等教育带来了消极的影响。针对经济不景气带来的影响，明治政府为了在城乡所有地区普及初等教育，规定除设置小学校外，还可利用寺院、民宅等设置小学教场，提出小学教场即使是以前的家塾式设施也无妨。同时，进一步明确实行巡回授课制度，以减少经费开支。但是，由于《再次改正教育令》只存在了 8 个月，在短短的 8 个月内，小学教场并没有真正发展起来。

《再次改正教育令》颁布后，日本小学校发展出现了缓慢的趋势，在校生开始减少。1885 年，小学校有 28283 所，在校生 3097235 人。1886 年，小学校只增加了 273 所，达到 28556 所，在校生减少到 2802639 人，比 1885 年减少了 294596 人。这一时期，日本私立小学有了一定的发展。1885 年，私立小学 520 所，占小学校总数的 1.84%；1886 年，私立小学增加了 48 所，达到 568 所，占小学校总数的 1.99%。《再次改正教育令》期间学校数、教员数、学生数详见下表：[1]

再次改正教育令期小学的学校数、教员数、学生数

年度	学校数（所）	教员数（人）	学生数（人）
1885	28283	99510	3097235
1886	28556	79676	2802639

（根据《文部省年报》整理）

（二）儿童就学率明显下降

《再次改正教育令》颁布后，学龄儿童就学率呈明显下降趋势。1885

---

[1]　［日］国立教育研究所：《日本近代教育百年史》第 3 卷，文唱堂 1974 年版，第 1080 页。

年，学龄儿童学就学率为49.36%，1886年下降到46.33%。这一时期，女童就学比例有所上升。1884年，就学儿童中女童比例为30.23%，1885年上升到30.92%。儿童出席率和通学率也呈明显下降的趋势。1885年，儿童出席率为63.20%，通学率30.52%。1886年出席率上升到65.19%，通学率下降到27.64%。学龄儿童数、就学率、出席率、通学率情况详见下表：①

学龄儿童数、就学儿童数、就学率（1885—1886）

年次	学龄儿童数（人）	就学儿童数（人）	就学率（%）	出席率（%）	通学率（%）
1885	6413684	3165985	49.36	63.20	30.52
1886	6611461	3063186	46.33	65.19	27.64

（根据《文部省年报》整理）

由此可以看出，1885年，日本就学儿童3165985人，实际在校生3097235人；1886年，就学儿童3063186人，实际在校生2802639人，儿童就学率、通学率呈明显下降趋势。造成学龄儿童就学率下降和学生流失的主要原因：一是由于经济不景气，致使各级政府对教育投入不足，民众家庭贫困，很多家庭儿童就学困难，有的儿童就学后便辍学了。二是宽松放任的就学政策，政府对学龄儿童就学没有采取积极的措施，政府监管力度不够。三是对儿童就学期的要求不明晰，放松了对儿童就学的要求。

（三）课程设置的混乱

《再次改正教育令》废除了《教育令》、《改正教育令》颁布以来提出的小学校设置读书、习字、算术、地理、历史、修身等课程的规定，提出小学校课程设置由文部卿具体制定小学校教则纲领。小学校课程设

---

① ［日］国立教育研究所：《日本近代教育百年史》第3卷，文唱堂1974年版，第1066页。

置和教学内容混乱，课程开设随意性强。特别是《再次改正教育令》提出可以采取上午或下午半天授课的形式进行教学，也可以利用夜间上课的形式进行教学，使很多小学校变成了半日制学校或夜间学校，教学时间没有保障，对课程随意进行增减，教学质量低下。

（四）实行严格的教员许可证制度

《教育令》和《改正教育令》期间，日本实行教员许可证制度，规定持有师范学校毕业证书就可以充当小学教员。《再次改正教育令》进一步加强了对小学教员的管理，实行严格的教员许可证制度，规定即使是师范学校毕业生，如果没有取得教员许可证，也不能从事小学教员工作。教员许可证由文部卿和府县知事对其学力品行检定后进行发放。实行严格的教员许可证制度，把住了教师的入口关，有利于提高小学教师队伍的整体素质。1885 年，日本有小学教员 99510 人，其中训导 29139 人，准训导 2559 人，授业生 67812 人。

1885 年，日本有师范学校 57 所，其中官立师范学校 1 所，公立师范学校 56 所，师范学校在校生 7764 人。同时，一些町村还设置了师范学校预备校。1885 年，町村设置的师范学校预备校有 15 所，在校生 687 人；私立师范学校预备校 5 所，在校生 641 人。这一时期，日本废止了府县立女子师范学校，将府县立女子师范学校合并到其他师范学校；东京女子师范学校合并到东京师范学校，在东京师范学校设女子部。

虽然《再次改正教育令》只存在了 8 个月，而且在实施期间造成了学校发展的缓慢和儿童就学率的下降。但是，《再次改正教育令》采取了更加灵活的就学政策，实行灵活多样的授课方式，适应了当时日本经济出现的困境，符合当时教育发展的实际。

从 1872 年至 1886 年，是日本普及初等教育制度确立和初等教育政策调整时期。在"文明开化"思想的指导下，明治政府积极学习欧美教育制度，颁布《学制》，确立普及初等教育制度。《学制》在创建日本近代教育制度和促进教育事业发展方面都起到了极大的推动作用，尤其是对普及初等教育有着重要的实际意义。[1] 推进普及初等教育的过程是一个积极探索和不断调整的过程。由于《学制》提出的教育计划过于庞大，普及8年制初等教育脱离日本社会实际，明治政府及时调整普及初等教育政策，于1879年颁布《教育令》，随后颁布《改正教育令》和《再次改正教育令》，调整普及初等教育政策，将普及初等教育年限由8年缩短到4年，甚至3年。日本各府县积极落实《学制》、《教育令》、《改正教育令》和《再次改正教育令》的规定，制定普及初等教育具体措施，加快发展初等教育。这一时期日本普及初等教育有以下几个特点：第一，各级政府对普及初等教育高度重视。从中央到地方，各级政府把普及初等教育作为政府的重要职责，制定普及初等教育计划，认真落实《学制》、《教育令》、《改正教育令》和《再次改正教育令》各项规定，把普及初等教育政策措施落到实处。第二，重视小学校建设。各级政府把发展小学校作为普及初等教育的首要任务来抓，不断增加经费投入，加快学校建设；制定学校建设标准，规范学校建设，小学校向着标准化方向发展。第三，强迫儿童就学。各地制定督促儿童就学办法，强迫儿童就学，有的地方甚至动用警察强迫儿童就学，体现了各级政府对普及初等教育的意志和决心。第四，重视对小学教员的培养。大力发展师范学校，扩大师范学校招生数量，延长师范学校学生修业年限，提高学生培养质量；对师范学校学生实行给贷费和义务就职制度，保证了师范学校毕业生能够分配到城乡特别是偏僻地区所有小学任教。第五，强化修身教育。通过调整学校课程设置，加强修身教育，重视对学生道德品质的培养。第六，小学办学经费以

---

[1]　贺国庆、于洪波、朱文富：《外国教育史》，高等教育出版社2009年版，第262页。

民众负担为主。

　　然而，在这一时期，由于普及初等教育尚处于起步阶段，明治政府照搬照抄欧美教育制度，不切合日本社会实际，造成了普及初等教育在政策和普及年限上的混乱；随着国库对师范学校补助金的取消，师范学校发展受到了一定的影响；以民众负担为主的教育经费筹集办法，加重了民众的经济负担；严格的考试制度和频繁的考试次数，造成学生压力过大，影响了学生身心健康发展和教育质量的提高；受经济发展的影响，造成儿童出席率和通学率有所下降。明治政府在调整普及初等教育政策的同时，努力寻求符合本国实际的普及教育之路。

第三章

普及 4 年制义务教育的提出和实施 （1886—1907 年）

　　日本经过明治维新初期的一系列资产阶级改革，到明治中期
（1885—1894 年），已由封建社会步入资本主义社会。但是，日本的资产
阶级革命还不够彻底，它是以天皇制国家对农民的掠夺为基础，保护特
权商人和寄生地主阶级，从封建经济转化为半封建的、军事的、特权商
人的资本主义社会。[①] 为牢固树立天皇制的绝对权威，1885 年 12 月，日
本废除太政官制，采用内阁制，由总理大臣（首相）及其统辖下的各省
大臣组成直属于天皇的内阁。1889 年 2 月，颁布《宪法》，明确了天皇所
拥有的绝对权力及其神圣性，"天皇神圣不可侵犯"，国家主权属于天皇，
标志着日本君主立宪制的确立和资产阶级改革运动的终结。[②] 这一时期，
日本为巩固天皇制而加强精神统治，推进教育改革，确立国家主义教育
体制。

　　现代义务教育制度是现代生产和现代社会生活的必然要求，是客观
需要决定的。现代义务教育制度是指国家权力机关通过法律形式，规定
所有适龄儿童和青少年必须接受一定年限的学校教育，并要求国家、社
会和家长必须予以保证的教育制度。[③] 1886 年，日本颁布《小学校令》，
提出普及 4 年制义务教育，标志着日本近代普及义务教育制度正式确立。
1889 年，为适应市町村制改革，重新修改《小学校令》，对小学修业年

---

① 王桂：《日本教育史》，吉林教育出版社 1987 年版，第 153 - 157 页。

② 宋成有：《新编日本近代史》，北京大学出版社 2006 年版，第155 页。

③ 吴文侃、杨汉清：《比较教育学》，人民教育出版社 1999 年版，第 385 - 393 页。

130

限、教学科目、教科书检定等进行改定。1900 年，颁布《改正小学校令》，废除征收学费制度，实行 4 年制免费义务教育。为普及 4 年制义务教育，日本先后颁布《师范学校令》和《师范教育令》，积极发展师范教育，培养小学教员；颁布《小学教育费国库补助法》，实行国库补助制度等。日本政府通过采取一系列有效措施，推动普及义务教育的实施。

第一节　普及 4 年义务教育制度的确立

一、森有礼国家主义教育思想和普及初等教育的主张

每一项重大而有影响的教育制度出台，其背后都有着政治、经济、文化等因素的影响，同时还有着重要教育思想的引导。日本近代普及义务教育制度的确立，与森有礼的国家主义教育思想密不可分。

森有礼（1847—1889 年）是日本明治维新时期著名的政治家、教育家，日本近代国家主义教育体制的奠基人。[①] 1847 年，森有礼出生在萨摩藩（今鹿儿岛）一个下级武士家庭。12 岁进入藩校造士馆学习，接受汉学的启蒙教育。14 岁进入开成所学习洋学，熟读林子平《海国兵谈》，萌生了对外意识。18 岁受藩之密令到英国伦敦大学学习，专攻数学、化学、物理等课程。在英国学习期间，正值英国产业革命迅猛发展时期，英国的社会给他留下了深刻的印象。他说："法乃国家之大本，法不明则难治国民……从今学得万国法制，使与我国传统之古法折中，得以建立新的公平不拔之大制度，至天下万事，谁不蒙其泽？"1867 年，森有礼又赴美国学习，此时美国南北战争已经结束，美国正值工农业生产迅猛发展、科学文化和教育蓬勃兴起时期，森有礼极为推崇美国自由主义、民主主义的思想，开始接受基督教，力图改变日本的传统儒教。森有礼认为，

---

① 吴式颖、任中印：《外国教育思想通史》第 8 卷，湖南教育出版社 2002 年版，第 289 页。

"美今去开国渐近二百年，国家之政不分大小尽谋于民，成公平正大之政事"。① 英美式的近代法治观念和自由主义思想，在森有礼头脑中打下了深深的烙印。

1868 年，日本明治维新运动爆发，森有礼怀着一颗报国之心，从美国回到日本。森有礼回国后立即得到重用，在新政府中担任征士、公议所议长、学校判士等职务。1870 年，又任驻美辩务使（公使）再度赴美，并担任在美国的学生监督。在美期间，森有礼向美国各界人士发出信函，征求他们对日本教育的看法。森有礼认真收集这些复函，并将其整理编辑成《日本的教育》一书，在纽约用英文出版。受美国社会的影响，森有礼还撰写了《日本宗教的自由》一书，提出"没有革命就没有进步"，站在基督教自由主义、个人主义的立场，为争取人权而活动。② 1873 年，森有礼回国后与福泽谕吉、西村茂树和加藤弘之等积极创办了日本历史上第一个合法研究传播西方民主思想的学术团体"明六社"，亲自担任第一任"明六社"社长，出版《明六杂志》。森有礼在《明六杂志》上发表了《开化第一话》、《妻妾论》等文章，从社会、文明、妇女等方面，向一般国民进行广泛的启蒙宣传。为实现文明开化，他提出要废除日语，采用英语，创造一种日本式的英语。提出要改良日本人种，留学生要同美国的女性结婚后再回国。倡导一夫一妻制，主张男女平等。森有礼自己采用"契约结婚"的形式结婚。1875 年，任驻中国特命公使。1878 年，任驻英国特命全权公使。1885 年，伊藤博文成立内阁，森有礼出任第一任文部大臣。

1886 年，森有礼为了不辜负首相伊藤博文的期望，开始重新编制国家教育制度，以适应君主立宪制的需要。他对《学制》颁布以来已具有一定规模的初等教育制度进行研究，重新确立初等教育的性质和作用，着手制定《小学校令》。

---

① 滕大春：《外国教育通史》第 4 卷，山东教育出版社 1989 年版，第 424 页。
② 吴式颖、任中印：《外国教育思想通史》第 8 卷，湖南教育出版社 2002 年版，第 290 页。

　　森有礼认为，实行立宪政治的前提是培养立宪国民，为此，必须确立国家主义教育思想和教育体系。这种国家主义教育思想，主要表现在三个方面：第一，教育以国家利益为最高目的，要为国家富强而办教育。森有礼说："学政的目的，归根到底是为了国家。譬如在帝国大学提高教务，凡涉及学术的利益和国家的利益，应以国家的利益为重，把国家的利益放在最前面。在学政上应始终牢记，并非只有学生个人的利益，而要为国家的利益着想。此乃最重要之点，

森有礼

要认真体会。"通过教育，发挥国民的最大才能，以此提高国家的实力。第二，实施国家主义教育要贯彻忠君爱国的思想，对国民进行军事训练。森有礼认为要以忠君爱国作为维护国体的气质，以军事训练培养国民的护国能力。森有礼说："天皇的不屈路线像天地一样永存。在这条路线下，力量雄厚的日本从未屈服于任何外国，而且人民从祖先继承下来的保卫国家的精神和忠诚勇敢顺从的性格，仍然光彩夺目。这是一国富强的基础，是独一无二的资本"。① 森有礼认为教育的主旨是专门培养人才，即国家所必需的善良臣民，能够充分履行帝国臣民应尽的义务。森有礼认为作为学生要牢记四种恩泽，即天子之恩、父母之恩、学校之恩、学校设立者之恩。第三，由国家来办教育。森有礼主张"以国家办学为主"，"根据国家经济理论来办学"。② 森有礼认为让人人接受平等的教育是政府的职责，也是政府应以自己的权力来保证的。通过国家来办教育，让一般国民中有才能的人借助教育制度的阶梯，从底层上升到高层去。

---

　　①　［日］堀武松一：《日本近代教育史》，新荣堂 1963 年版，第 144 - 145 页。
　　②　吴式颖、任中印：《外国教育思想通史》第 8 卷，湖南教育出版社 2002 年版，第 293 页。

森有礼从国家主义教育思想出发，重视发展初等教育。森有礼在其就任文部大臣之前所发表的《学政要领》中指出，初等教育应以共同增进人民的福利和国家公共福利为基本方针；初等教育要教授国民应该具有的本分伦理，进行道德教育和传授国民应具备的基础知识和生活中必须具备的普通技能。认为教育的主要目的在于巩固国家的独立，培养国民为国家献身的志气。森有礼经常引用美国教育活动家贺拉斯·曼（Horace Mann，1796—1859年）的一句名言："苹果如果还没有成熟，那就不是本来意义上的苹果。同样，人若没有受到教育，就不能说他是真正意义上的人。"

森有礼认为，读、写、算只是教育内容的一部分，并不是教育的主要目的，"教育的主要目的是培养善良的国民，读、写、算就像是大工的刨刀，能否正确使用取决于人品，人品好则艺能高，如同熟练的大工能更好地使用刨刀一样。"他认为学校办学的目的，"首要的是培养学生的人格，其次是培养学生的学力，与以前将学力作为第一、人格作为第二是完全相反的。"他主张国家来办教育，必要的学校经费要由教育税支付，如有不足，应辅之以国家税收。主张设立学校预备金，用于学校建设。森有礼重视师范教育，提出要加强对教师道德品质的培养，认为教师应该是一位善良的人，师范教育的"三原则"就是顺从、友爱、威重，以此"三原则"培养教师的气质。森有礼重视体育，特别是军事体操，规定师范学校都要穿军队式的制服，在校内过军事化生活。这也体现了他对实现富国强兵目标的急迫心情。

国家主义教育思想是森有礼全部教育思想的核心。森有礼在日本近代教育史上的重要地位，宛如被誉为美国"公共教育之父"的贺拉斯·曼之于19世纪美国的公立学校运动，对日本近代国家主义教育体制的确立发挥了举足轻重的作用。① 森有礼也被称为"日本近代官办教育的最高

---

① 于洪波：《日本教育的文化透视》，河北大学出版社2003年版，第186页。

设计者"。① 他的国家主义教育思想，对日本近代初等教育发展产生了积极的影响，对推动日本近代普及义务教育发挥了重要作用。

二、颁布《小学校令》，确立普及义务教育制度

1872 年明治政府颁布的《学制》，对日本创建近代学校制度起到了重要的作用。但《学制》脱离日本当时社会实际，普及初等教育的计划未能实现。1879 年至 1885 年，日本相继颁布《教育令》、《改正教育令》、《再次改正教育令》，三次进行教育改革试验，初等教育得到了一定的发展。到明治中期，随着日本政治、经济和社会的发展，已经具备了确立国民教育制度的基本条件。

1884 年 7 月，森有礼在就任文部大臣前，曾写下《对教育令的意见》，认为仅仅简单地修改教育令的条目是不够的，需要建立一种新的教育体系，制定各种教育所需要的条例。1885 年，森有礼任文部大臣后，开始以国家主义教育思想为指导，重新编制日本教育制度，亲自主持研究制定包括《小学校令》在内的一系列学校法令。经过反复的讨论和修改，内阁审议通过，由内阁总理大臣上奏天皇。经过天皇批准，1886 年 4 月 10 日以敕令的形式颁布《小学校令》，这是日本第一次在综合教育法令制度之外专门为小学校单独制定法令。《小学校令》的颁布，标志着日本近代普及义务教育制度的正式确立。

《小学校令》共 16 条，其主要内容如下：

（1）实施义务教育。6 至 14 岁的 8 年为儿童的学龄期，父母等有义务让学龄儿童接受普通教育。父母等应让儿童就学到寻常小学毕业。由于疾病和家庭贫困等原因不能使儿童就学的，由府知事县令制定期限，儿童可以推迟就学。

---

① 吴式颖、任中印：《外国教育思想通史》第 8 卷，湖南教育出版社 2002 年版，第 299 页。

（2）修业年限。小学仍然恢复到4年制寻常小学和4年制高等小学，对儿童实施普通教育。4年制寻常小学为义务教育。

（3）设置。小学校的设置区域及其位置由府知事县令决定。设立实施普通教育的私立学校，应事先得到府知事县令的认可。可以设置小学简易科。

（4）教学内容。小学学科及其程度由文部大臣制定。小学教科书只限于通过文部大臣检定的书籍。

（5）经费。父母等要支付儿童的学费，其金额由府知事县令决定。捐款及其他收入作为小学经费时，其收入和支出由府知事县令决定。学费及捐款等不能满足小学办学需要时，由区町村补充不足金额。小学简易科经费由区町村支付，小学简易科教员工资由地方税补助。①

《小学校令》第一次使用"义务"一词，规定寻常小学为义务教育阶段，正式提出普及4年制义务教育，反映了日本政府对教育的重视和实施普及义务教育的意志。将普及义务教育年限定为4年，符合当时日本经济社会发展的实际。规定可以设置小学简易科，有利于财政困难和偏僻地区义务教育的普及。规定私立小学的设置、变更要得到府知事县令的认可，废除时也要向府知事县令提出申请。对小学教科书实行由文部大臣检定的制度，有利于实现小学教科书在国内的统一。虽然从学校经费来源看，寻常小学和高等小学的经费，主要依靠学生缴纳学费和捐赠款等，仍然是以民间财源为主，但对小学简易科采取的主要是公费维持的原则，为实施免费义务教育打下了先行的基础。《小学校令》对小学校的办学宗旨、性质和目的等，没有作出明确的规定和要求。

《小学校令》颁布后，文部省还相继制定了一系列规章制度，主要包括：1886年5月10日颁布的《教科用图书检定条例》、1886年5月25日颁布的《小学校学科及其程度》和《小学简易科要领》、1886年6月21

---

① 王桂：《日本教育史》，吉林教育出版社1987年版，第165页。

日颁布的《小学教员许可规则》、1887 年 3 月 25 日颁布的《公私立小学教科用图书采用方法》等。这些规章制度的颁布，既是对《小学校令》的贯彻落实，也是对其内容的重要补充，对《小学校令》的实施起到了重要的辅助作用，使日本近代普及义务教育制度更加完备。

三、《小学校令》颁布后义务教育的发展

（一）小学校的发展

1. 小学校种类的变化

《小学校令》颁布后，小学校得到了快速发展。其主要形式有寻常小学、高等小学和小学简易科，其中寻常小学是小学校的主体。《小学校令》规定市町村要设置能够满足当地学龄儿童就学的寻常小学，将小学校的设置权限交给府县，学校设置的区域及其位置由府县决定。为此，各府县都将设置小学校作为地方政府的重要职责，重视小学校的建设，小学校得到了发展。1886 年，小学校 28556 所，其中寻常小学 22350 所，高等小学 3810 所，小学简易科 2395 所，分别占小学校总数的 78.27%、13.34% 和 8.39%。到 1890 年，小学校达到 26017 所，其中寻常小学 13150 所，高等小学 1609 所，小学简易科 11258 所，分别占小学校总数的 50.54%、6.19% 和 43.27%。由此可见，这一时期随着小学简易科的快速发展，寻常小学和高等小学数量有所减少。小学校的数量和种类详见下表:①

---

① ［日］国立教育研究所:《日本近代教育百年史》第 4 卷，文唱堂 1974 年版，第 104 页。

小学校的数量和种类（1886—1890）

年次	小学校总数		小学简易科		寻常小学		高等小学		中学预备科	
	实数（所）	比例	实数	比例	实数	比例	实数	比例	实数	比例
1886	28556	100.00	2395	8.39	22350	78.27	3810	13.34	1	0.00
1887	25530	100.00	11162	43.72	12921	50.61	1439	5.64	8	0.03
1888	25953	100.00	11782	45.40	12649	48.74	1522	5.86	—	—
1889	26102	100.00	11810	45.25	12777	48.95	1515	5.80	—	—
1890	26017	100.00	11258	43.27	13150	50.54	1609	6.19	—	—

（根据《文部省年报》整理）

　　随着小学校的快速发展，在校生数量不断增加。1886 年，小学在校生 2802639 人，其中，寻常小学 2525209 人、高等小学 95098 人、小学简易科 182295 人，分别占小学在校生总数的 90.10%、3.40% 和 6.50%。到 1890 年，小学在校生达到 3096400 人，其中，寻常小学 2132857 人、高等小学 232919 人、小学简易科 730624 人，分别占小学在校生总数的 68.88%、7.52% 和 23.60%。随着小学简易科的发展，寻常小学在校生数量有所减少，小学简易科在校生不断增加，高等小学在校生也有所增加。虽然高等小学的数量不多，1890 年高等小学占小学校总数的 6.19%、在校生占小学生总数的 7.52%，但日本所有的府县都设有高等小学。小学在校生构成情况详见下表:[①]

---

① ［日］国立教育研究所:《日本近代教育百年史》第 4 卷，文唱堂 1974 年版，第 104 页。

小学生的数量和构成（1886—1890）

年次	小学生总数		小学简易科		寻常小学		高等小学		中学预备科	
	实数（人）	比例（%）	实数	比例	实数	比例	实数	比例	实数	比例
1886	2802639	100.00	182295	6.50	2525209	90.10	95098	3.40	37	0.00
1887	2713391	100.00	616226	22.72	1957273	72.13	139322	5.13	570	0.02
1888	2927868	100.00	745801	25.47	2002067	68.42	179000	6.11	—	—
1889	3031928	100.00	785829	25.92	2043368	67.39	202731	6.69	—	—
1890	3096400	100.00	730624	23.60	2132857	68.88	232919	7.52	—	—

（根据《文部省年报》整理）

　　各府县设置的高等小学数量并不均衡。东京府、神奈川县等府县设置的高等小学都在 100 所以上，鸟取县、香川县、冲绳县等设置的高等小学则不足 10 所。从总体上看，东京府、神奈川县等经济比较发达地区以及山口县、鹿儿岛县等旧大藩的县，设置的高等小学数量较多。

　　文部省把设置高等小学看作是完成寻常小学后的初等教育，并作为实施中等教育的预备教育，鼓励各地单独设置高等小学，将其作为郡区直接管理的郡区立小学校。但是，当时大部分府县都把高等小学和寻常小学设置在了一起。

　　《小学校令》颁布后，私立小学发展平缓。1883 年，私立小学 567 所，占小学校总数的 1.88%。到 1887 年，私立小学发展到 585 所，1891 年达到 744 所，占小学校总数的 2.93%。此后，私立小学逐步减少，到 1893 年，私立小学 562 所，占小学校总数的 2.34%。

　　2. 设置小学简易科

　　为推进义务教育的普及，《小学校令》规定可以设置小学简易科，使偏僻地区和贫困家庭子女免费就学。森有礼极力主张设置小学简易科。1888 年，森有礼视察府县小学校，在向地方教育人员演讲时说：小学简易科乃当务之急，寻常小学、高等小学、寻常中学虽然也很重要，但是与小学简易科相比还是比较轻的，特别令人担忧的是小学简易科。从小学在校生的统计情况看，小学简易科只能收纳少数学龄儿童，这在万国竞争的世界中实属危机，如果不改变这种形势，日本就可能被他国吞并，成为他国的保护国。因此，为了避免国难，必须重视设置小学简易科，减少不就学的人数。[①] 森有礼从国家成败的高度重视小学简易科的设置。1888 年 12 月，森有礼向各府县发布内训，要求各地根据实际情况，可用小学简易科代替寻常小学，市町村的财力要用于发展小学简易科。要求把发展小学简易科摆在国家安危的高度，市町村要不惜财力举办小学简易科。小学简易科由此得到了快速发展。

但是，小学简易科的发展并没有达到森有礼所设想的目标。1889 年是小学简易科设置最多的一年，有 11810 所，占小学校总数的 45%；在校生 785829 人，占小学生总数的 25.92%。从地区分布看，关东甲越信第一地方部及东北北海道第二地方部设置的最少，中国四国等第四地方部、近畿东海北陆第三地方部、九州冲绳第五地方部设置的较多。第一地方部的埼玉、茨城县从 1886 年至 1891 年的 5 年间，1 所小学简易科也没有设置，神奈川县设置了 20 所，广岛县设置了 698 所，岐阜县设置了643 所，石川县设置了 542 所。1890 年，文部省调整小学校设置方针，要求减少并逐步取消小学简易科，将小学简易科改为寻常小学。到 1892 年，日本小学简易科全部改成了寻常小学。

小学简易科在日本近代教育史上只是昙花一现，没有真正发展起来。其主要原因：一是学生家长们看不起小学简易科，认为小学简易科是贫民学校，不让学生去就读。如山口县将小学简易科与寻常小学设在一起，但是小学简易科使用的教室阴暗不整洁，学生家长一看就心生厌恶。二是町村也不愿意设置小学校简易科，因为它的设置与维持经费几乎全部

---

① ［日］国立教育研究所：《日本近代教育百年史》第 4 卷，文唱堂 1974 年版，第 102 页。

由区町村来负担，在经济不景气的情况下，设置小学简易科会增加区町村的财政负担，町村没有积极性。但是，小学简易科作为过渡时期的小学校，对日本近代偏僻贫困地区普及义务教育起到了重要的推动作用。

（二）儿童就学率呈现低迷状态

1886 年至 1890 年，日本受人口自然增长的影响，学龄儿童出现波动。1886 年，学龄儿童 6611461 人，1887 年下降到 4740929 人。随后学龄儿童数开始增多，1890 年增至 7195412 人。虽然学龄儿童数出现变化，但就学儿童却一直在增加。1886 年，就学儿童 3063186 人，小学校平均每天出席儿童数 1827123 人；到 1890 年，就学儿童达到 3520718 人，小学校平均每天出席儿童数 2248030 人。学龄儿童就学情况详见下图表：①

学龄儿童就学情况（1886—1890）（人）

年次	学龄儿童数	就学儿童数	小学校在籍儿童数	小学校平均每天 出席儿童数
1886	6611461	3063186	2802639	1827123
1887	4740929	3033116	2713391	1822720
1888	6920345	3277489	2927868	1989287
1889	7078564	3410422	3031928	2175029
1890	7195412	3520718	3096400	2248030

（根据《文部省年报》整理）

这一时期，日本学龄儿童就学率增幅较小，一直处于低迷状态。主要原因：其一，受人口自然增长的影响。由于学龄儿童人数较多，虽然就学人数仍在不断增加，但与快速增长的学龄人口相比，就学率的增幅还是比较缓慢，甚至有所下降。其二，受经济不景气的影响。日本政府在这一时期实行紧缩财政、遏制通货膨胀和回笼不兑换纸币政策，压缩

---

① ［日］国立教育研究所：《日本近代教育百年史》第 4 卷，文唱堂 1974 年版，第 222 页。

财政开支，严重阻碍了公共教育的发展；加之农民生活贫困，致使很多儿童过早参加劳动，无法到学校就学。儿童就学情况详见下图表：①

儿童就学状况（1886—1890）

年次	就学率（%）			出席率（%）	通学率（%）
	男	女	合计		
1886	61.99	29.01	46.33	65.19	27.64
1887	60.31	28.26	45.00	67.17	27.04
1888	63.00	30.21	47.36	67.94	28.75
1889	64.28	30.45	48.18	71.74	30.73
1890	65.14	31.13	48.93	72.60	31.24

（根据《文部省年报》整理）

1886 年，日本学龄儿童就学率为 46.33%，出席率为 65.19%，通学率为 27.64%。1887 年，学龄儿童就学率为 45.00%，通学率为 27.04%，与上年比有所下降。1890 年，学龄儿童就学率为 48.93%，出席率为 72.60%，通学率为 31.24%。学龄儿童就学率、出席率、通学率虽然逐年有所上升，但增幅不大。

（三）改革教育课程

1. 制定《小学校学科及其程度》

1886 年 5 月，文部省颁布《小学校学科及其程度》，规定寻常小学开设修身、读书、作文、习字、算术、体操 6 科，为必修课；图画、唱歌，为选修课，各学校可根据情况自行开设。高等小学开设修身、读书、作文、习字、算术、地理、历史、理科、图画、体操、裁缝（女生）11 科，为必修课；英语、农业、手工、商业、唱歌为选修课，各学校可根据具体情况自行开设。

---

① ［日］国立教育研究所：《日本近代教育百年史》第 4 卷，文唱堂 1974 年版，第 223 页。

小学校的授课时间为每天 5 小时。修身课寻常小学和高等小学每周授课 1 小时 30 分，根据儿童的特点，教授古今内外忠义之士的善良言行，使学生能够领会。算术课寻常小学和高等小学每周授课 6 小时，主要教授儿童使用加、减、乘、除法则，了解度量衡和货币，能够进行日常的运算，学习生活中所必需的知识。读书、作文、习字课寻常小学每周授课 14 小时，高等小学每周授课 10 小时。唱歌、体操课寻常小学每周授课 6 小时，高等小学每周授课 5 小时。1886 年 5 月，文部省制定《小学简易科要领》，规定小学简易科只开设读书、作文、习字、算术 4 科，每天授课 2 至 3 小时，其中算术课时要达到总课时的一半以上。各学科每周授课时间如下：

小学校每周授课时间安排

科目 ＼ 课时	寻常小学	高等小学
修身	1 小时 30 分	1 小时 30 分
读书、作文、习字	14 小时	10 小时
算术	6 小时	6 小时
地理、历史	4 小时	
理科	2 小时	
图画	2 小时	
唱歌、体操	6 小时	5 小时
裁缝		2 小时至 6 小时

2. 实行教科书检定制度

1880 年前，日本小学教科书实行自由发行、自由采用的制度。1881 年，日本对小学教科书实行申请制。1883 年，对小学教科书实行认可制。实行申请制和认可制，国家并未对小学教科书的编纂和发行进行直接控制。《小学校令》颁布后，文部省开始对小学教科书实行检定制。

1886 年 5 月，文部省制定《教科用图书检定条例》，规定各地使用小学教科书，要向文部省提出申请并得到检定。经文部省检定后，对适合做小学教科书的发放许可证，检定有效期为 5 年。实行小学教科书检定制度后，各府县反响强烈，很多地方对文部省检定的教科书提出质疑，认为经过文部省检定的教科书也难以做到绝对无误。为此，文部省在 1886 年 12 月发布《教科用图书检定要旨》，重新阐述教科书检定的基本要旨是证明该图书作为小学教科书在内容上不会产生危害，即"没有轻侮国体法令之意、不会败坏风潮、不会歪曲事实"，但其作为教科书的优劣则不在检定范围之内。同日，文部省还发布《教科用图书供给方法》，阐明了文部省对教科书的编纂方针，希望有识之士都来编纂教科书，文部省将对编纂的优秀教科书进行褒奖并购入，经改定后向小学校发行。

1887 年 3 月，文部省制定《公私立小学教科用图书选定办法》，要求各府县设置小学教科书审查委员会，小学教科书的选用由审查委员会审议决定。审查委员会成员由寻常师范学校校长或长补、府县学务课员各 1 人，寻常师范学校教头及附属小学上席训导各 1 人，小学教员 3 人，精通地方经济情况人员 2 人，共 9 人组成。教科书的选定可以是府县内小学一个学科的教科书，也可以是多个学科的教科书，同时规定审查委员会可以采用未经文部省检定的图书。1887 年 5 月，文部省废除《教科用图书检定条例》，重新制定了《教科用图书检定规则》，指出教科书检定只是对教科书内容的弊害进行检定，并不包括教科书的优劣，删除了对发行检定不合格教科书惩罚的规定，放宽了对教科书检定的条件。

3. 开展课外活动与学校仪式

1885 年 10 月，森有礼在新潟县立中学明训学校开学典礼上进行演说时指出，教育分为"教室内教育"和"教室外教育"两种。"教室内教育"是指学生在学校通过课堂学到的知识，"教室外教育"是指学生在课堂外所学到的知识。森有礼认为，"教室外教育"占人生教育的十分之六。

在森有礼"教室外教育"思想的影响下，日本各地小学校纷纷开展课外教育活动，远足、运动会、展览会等活动开始在小学出现。1888年4月，茨城县丰田郡上蛇寻常小学举办春季运动会，全校210多名学生参加，学生被分为持枪队、幼年队、女生队三队，持枪队又被分成红、白二队，各队之间开展对抗运动及各种游戏。小学校的郊游有两种：一种是到山川、公园观光游玩，学生可以尽情玩耍，为学生单调的学习生活增加一些情趣。另一种是郊游同行军相结合，学生排成队，喊着口号去登山，一直登到山顶，这种形式后来发展成了学校的兵式体操。大部分学校的郊游同运动会相结合，学生们排着队到山川、田野、海边、公园等地，在活动中学生们做一些简单的游戏和体操。森有礼提倡的"教室外教育"思想，使学校教育开始关注学生身心健康和思想道德的形成，具有一定的创新性。

1888年2月，文部省规定小学校要在纪元节等国家节日举行学校仪式，以此加强道德教育，把《教育敕语》与"国体"价值潜移默化地刻入学生的脑海，培养学生忠君爱国思想。广岛、琦玉、千叶、京都等府县也发布地方官令，要求小学校在新年、纪元节、天长节三大节日举行学校仪式。富山县规定小学校学生入学时要举行入学仪式，入学仪式包括教员和学生入场、校长入场、唱《君之代》、奉读《教育敕语》、校长致辞、学生代表发言、唱歌、校长退场、学生退场等内容。通过开展学校活动仪式，丰富了学校教育内容和学生的学习生活。

（四）改革小学校经费分配办法

《学制》颁布以来，日本小学校经费主要是由地方民众负担的。森有礼认为，父母有让其子女接受教育的义务，因此教育费用由父母负担也是理所当然的，这样可以加深父母与子女之间的恩义之情。《小学校令》颁布后，日本改革小学校经费分配办法，小学经费主要包括：（1）学生缴纳的学费；（2）捐款、积金和杂纳金；（3）区町村费；（4）地方税补助费。公立小学的学费和捐款、积金、杂纳金占小学经费一半左右，区町村费是对寻常小学、高等小学经费的补充，占小学经费的一半左右，

公立小学学费、捐款、积金和杂纳金与区町村费比例大体相当。公立小学经费收入详见下表:①

公立小学校经费收入金额（日元）

年次	学费	积金利息	捐款	杂纳金	区町村费	地方税	上年增加	总计
1884	491230	979887	460622	278800	6123185	378419	642689	9354832
1887	1150038	1337637	3103190	72861		5663726		
1888	1890344	2135090	3943457	51187		8020078		
1889	2091556	1884042	4078964	41146		8095698		
1890	2092086	1797958	4449863	32276		8371283		

（根据《文部省年报》统计）

从上表可以看出,1887 年日本公立小学经费收入中,学费 1150038 日元,占小学经费的 23.31%;捐款、积金及其他收入 1337637 日元,占 23.62%;区町村费 3103190 日元,占 54.79%;地方税补助费 72861 日元,占 1.29%。学费和捐款、积金、杂纳金占小学经费的 46.93%。随着小学校的发展,学费和捐款、积金、杂纳金逐渐占小学经费一半以上。1888 年,学费和捐款、积金、杂纳金占小学经费的 50.19%,区町村费占 49.17%。此后,随着区町村费比例的增加,学费和捐款、积金、杂纳金比例逐渐减少。1890 年,学费和捐款、积金、杂纳金占小学经费的 46.47%,区町村费占 53.15%,表明政府对义务教育投入的比例不断增加。

虽然公立小学学费和捐款、积金及其他收入与区町村费所占比例大体相当,但寻常小学、高等小学和小学简易科的经费收入各不相同。寻常小学、高等小学、小学简易科经费收入情况详见下表:②

---

① ［日］国立教育研究所:《日本近代教育百年史》第 4 卷,文唱堂 1974 年版,第 35 页。

② ［日］国立教育研究所:《日本近代教育百年史》第 4 卷,文唱堂 1974 年版,第 36 - 37 页。

公立小学收入金的比例

项目 年次		学费		捐款、积金 及其他收入		区町村费		地方税补助额	
		实额 （日元）	比率 （%）	实额	比率	实额	比率	实额	比率
1887	高等小学科	208275	28.26	152078	20.64	370570	50.29	5993	0.81
	寻常小学科	938212	23.81	1015541	25.77	1973455	50.08	13010	0.03
	小学简易科	3551	0.36	170018	17.23	759157	76.95	53858	5.46
	合计	1150038	23.31	1337637	23.62	3103190	54.79	72861	1.29
1888	高等小学科	412416	33.56	245032	19.94	570049	46.39	1273	0.10
	寻常小学科	1477310	28.29	1562449	29.92	2175193	41.66	6548	0.13
	小学简易科	618	0.04	327609	20.87	1198215	76.33	43366	2.76
	合计	1890344	23.57	2135090	26.62	3943457	49.17	51187	0.64
1889	高等小学科	528762	40.50	231594	17.74	543606	41.64	1608	0.12
	寻常小学科	1555912	30.02	1357326	26.21	2260472	43.65	5113	0.10
	小学简易科	6882	0.04	295122	18.32	1274886	79.12	34425	2.14
	合计	2091556	25.84	1884042	23.27	4078964	50.38	41146	0.51
1890	高等小学科	589099	42.27	203471	14.60	598787	42.96	2355	0.17
	寻常小学科	1500341	27.51	1235559	22.66	2713847	49.76	3684	0.07
	小学简易科	2646	0.17	358928	23.27	1136329	74.56	26237	1.73
	合计	2092086	24.99	1797958	21.48	4448963	53.15	32276	0.39

（根据《文部省年报》统计）

从上表可以看出，1887 年，寻常小学的学费和捐款、积金及其他收入占 49.58%，区町村费占 50.08%；高等小学的学费和捐款、积金及其他收入占 48.90%，区町村费占 50.29%；小学简易科捐款、积金及其他收入占 17.23%，区町村费占 76.95%。到 1890 年，寻常小学的学费和捐款、积金及其他收入占 50.17%，区町村费占 49.76%；高等小学的学费和捐款、积金及其他收入占 56.87%，区町村费占 42.96%；小学简易科的捐款、积金及其他收入占 23.27%，区町村费占 74.56%。

随着小学校的发展，日本在义务教育经费方面有两个变化：一是随着区町村对义务教育投入的增加，小学校经费中学费和捐款、积金及其他收入比例逐步缩小，区町村经费所占比例逐步增加。二是区町村在义务教育投入中，对寻常小学投入比例不断增长，对高等小学投入比例相对减少。这些都为实施 4 年制免费义务教育创造了条件。

（五）颁布《师范学校令》，为普及义务教育提供师资保障

1.《师范学校令》的颁布

明治维新以来，日本政府一直重视师范教育的发展，积极为普及义务教育培养师资。森有礼认为："国家教育的第一要义在于要有良好的教师，不由教师而由人民之自觉，欲使国运之昌隆，终难实现；师范学校不同其他教育机关，应有一种独特的教育制度"。[①] 森有礼任文部大臣后，亲自主持研究制定师范教育制度。1886 年 4 月，日本以敕令的形式颁布《师范学校令》，这一法令对师范教育的发展起到了重要的促进作用。

《师范学校令》主要有以下几个方面的内容：

（1）师范学校的性质。师范学校是培养教员的场所，要培养学生应有的品德和学识，培养学生顺良、信爱、威重的气质。

（2）办学层次和经费。师范学校分为寻常师范学校和高等师范学校。寻常师范学校招收 17 岁以上、20 岁以下的高等小学毕业生，每个府县设立 1 所，以地方税作为学校的经费；高等师范学校招收寻常师范学校毕业生，为文部省直辖，只在东京设立 1 所，经费由国库支付。由地方税支付寻常师范学校的经费由府知事县令进行预算，并得到文部大臣的认可。

（3）学校教育制度。寻常师范学校主要培养公立小学的校长和教员；高等师范学校主要培养寻常师范学校的校长和教员。师范学校设校长、

---

① 于洪波：《日本教育的文化透视》，河北大学出版社 2003 年版，第 194 页。

教头、教谕、助教谕、干事、舍监、书记等职务。校长、教员的任期为 5
年。寻常师范学校校长可以兼任学务科长。

（4）学生学习和毕业。师范学校学生不能按照自己的兴趣选择学科，
必须根据国家的需要学习统一的课程；师范学校学生的学费由学校负担
（公费），享受助学金，毕业后必须到指定的地方去工作。[①]

《师范学校令》的颁布，在日本教育发展史上具有重要的意义。《师
范学校令》规定了师范学校的办学方向，提出培养学生顺良、信爱、威
重"三气质"。1885 年，森有礼视察埼玉县师范学校，在对该校教职员演
讲时说："普通教育能否成功，关键在于教师。""师范学校第一要培养学
生顺从的素质，使学生养成顺从的习惯；第二要培养学生相互帮助的心
意，使学生养成友爱的品质，即友谊之情；第三要培养学生威重的气质，
将来能够为人师表。"[②] 森有礼重视对师范学校学生进行军事体操和兵营
式的训练，认为兵营式的训练是锻炼"三气质"的最好方法。元田永孚
也认为，"顺从乃妻妾之道，男子不能顺从。应将其改为顺良，顺乃顺理
不背弃，良乃耿直不屈服，是人生自然之善美。友乃兄弟朋友，用于素
质培养较为狭窄。爱乃人生之本，和信字连用信爱较为合适。"师范学校
学生全部实行寄宿制，接受兵营式的训练和管理。

《师范学校令》对师范学校的办学方向、培养目标、办学经费、学生
的入学和毕业等作出了详细的规定，使师范教育体系更加完善。特别是
规定师范学校毕业生必须到指定的教学岗位工作，使大多数来自农村中
下层家庭的学生，毕业后都能回到农村学校任教，有力地推动了日本农
村及偏远贫困地区义务教育的普及。《师范学校令》的颁布，推动了日本
近代师范学校的快速发展，加快了小学教员的培养步伐，为推进日本近
代义务教育的普及起到了重要的师资保障作用。

1886 年，日本寻常师范学校 46 所，教员 590 人，在校生 4827 人，

---

① 王桂：《日本教育史》，吉林教育出版社 1987 年版，第 164 – 165 页。

② 吴式颖、任中印：《外国教育思想通史》第 8 卷，湖南教育出版社 2002 年版，
第 298 页。

毕业生 1903 人。到 1890 年，虽然寻常师范学校在数量上只增加了 1 所，发展到 47 所，但教员增加到 624 人，在校生增加到 5295 人，毕业生有所减少，减少到 942 人。寻常师范学校教员、在校生、毕业生数详见下图表：①

寻常师范学校的学校数、教员数、学生数、毕业生数（1886—1890）

年次	学校数（所）	教员数（人）			学生数（人）			毕业生数（人）		
		男	女	计	男	女	计	男	女	计
1886	46	539	51	590	4232	595	4827	1795	108	1903
1887	45	518	39	557	4157	597	4754	745	128	873
1888	46	537	41	578	4416	662	5078	574	54	628
1889	47	574	41	615	4313	763	5076	1046	65	1111
1890	47	579	45	624	4410	885	5295	810	132	942

（根据《文部省年报》整理）

2. 规定师范学校学科课程

1886 年 5 月，文部省制定《寻常师范学校学科及其程度》，规定寻常师范学校开设伦理、教育、国语、英语、数学、簿记、地理、历史、博物、物理、化学、农业、手工、家事、习字、图画、音乐、体操等课程，并规定了各科授课时间和教学标准。寻常师范学校课程同以往相比有两点变化：一是将英语作为寻常师范学校的必修课程；二是男子体操中融入兵式体操，每周训练 6 小时，加强了对兵式体操的训练。森有礼非常重视在师范学校进行兵式体操训练，认为进行兵式体操训练不是为了让学生在国家危难时成为军人保卫国家而增加的课程，而是首先培养师范学校学生具有军人的顺从习惯；其次是培养学生具有军人团结友爱的精神；第三是创设培养学生顺良、信爱、威重"三气质"的场所。森有礼强调，师范学校的培养方式要专注于素质、学力和实用，要培养学生为

---

① ［日］国立教育研究所：《日本近代教育百年史》第 4 卷，文唱堂 1974 年版，第 780 页。

了教育能够抛弃生命的精神，不允许学生根据自己喜好选择学习科目，而是要符合其职务要求。

1886 年，文部省公布了寻常师范学校使用的教科书目录，包括伊泽修二著的《教育学》、高岭秀夫译的《教育新论》、西村贞译的《小学教育新论》、有贺长雄译的《译注如氏教育学》、箕作麟祥译的《学校通论》、村冈范为驰译的《平民学校略论》、关信三译的《幼稚园记》、若林虎三郎和白井毅编纂的《改正教授术》等。根据文部省于 1886 年 5 月颁布的《教科用图书检定条例》和 1887 年 5 月颁布的《教科用图书检定规则》，寻常师范学校实行检定教科书制度，师范学校使用的教科书要向文部省提出申请并得到检定。实行教科书检定制度，统一了师范学校的教育内容。

1889 年 10 月，文部省制定《寻常师范学校女生学科及其程度》，规定寻常师范学校女生开设伦理、教育、国语、数学、地理、历史、理科、家事、习字、图画、音乐、体操等课程，女生修业年限为 3 年。寻常师范学校女生课程的特点：一是对女生开设的科目比男生少；二是女生不开设英语课程。文部省颁布此规定，主要目的在于鼓励更多的女生报考师范学校，以增加小学女教师的数量。

3. 制定师范学校学生入学和毕业服务制度

1886 年 5 月，文部省制定《寻常师范学校学生募集规则》和《寻常师范学校学生定员规则》，对寻常师范学校学生入学作出明确规定，要求寻常师范学校招收的学生具有高等小学毕业学历，男生年龄在 17 岁以上、20 岁以下，女生年龄在 15 岁以上、20 岁以下，且为府县在籍人员。学生的招募包括郡区长推荐和自愿申请，以推荐制为主；多年从事教员工作的小学教员子女，可以优先进入师范学校。实行考试制度，学生先临时入学 3 个月，学校审查其资质品行，审查合格的学生才能正式入学。寻常师范学校学生定员为 100 至 240 人。森有礼强调，师范学校招收的学生可以由郡区长推荐，也可以自愿申请，但是无论何种方式都必须得到郡区长的认可；强调要对学生入学后进行审查，不合格的学生不能招收其入学。各地师范学校对招募的学生进行 3 个月的资格审查，严格把住了师范学校学生入学关，保证了生源质量。

师范学校实行公费，取消自费。森有礼强调，师范学校学生谋求自己利益的只有十分之二、三，十分之七、八要成为国家的工具，为国家而牺牲，这种要求对于自费生是不可能的，所以师范学校要实行公费。由于实行全部免费制度，所以寻常师范学校大多数学生来自农村中下层家庭。1886 年 5 月，文部省制定《寻常师范学校毕业生服务规则》，规定寻常师范学校毕业生服务年限为 10 年，其中 5 年要到府知事县令指定的学校服务；由郡区长推荐入学的人员，要到郡区长指定的学校服务。实行毕业生服务制度的前提是学生的学费由国家提供，寻常师范学校不招收自费生。1886 年 6 月，文部省制定《寻常师范学校学生学费支付规则》，规定寻常师范学校支付给学生的物品种类包括食物、衣物、日用品、生活补贴等。衣物包括校服、衬衫、外套、鞋、帽子、袜子等；日用品包括墨汁、纸、笔、笔芯、铅笔等；生活补贴包括学生回家的路费和医疗费等。

寻常师范学校的学生全部实行寄宿制。一名寻常师范学校学生对当时学校情况的回忆：

> 寄宿生活非常严肃，既要打扫教室和宿舍的卫生，又要整理教室桌椅和宿舍的物品，完全就是军营生活。
>
> 每天从起床、就寝，到吃饭、清扫，都是非常严肃的军营方式。每天早晨起床后，被褥的叠放有固定的方式。每周要对宿舍物品进行检查，物品要摆放在固定的位置。
>
> 学校生活纪律严格。处罚方式有反省、禁足、停课、开除等。高年级学生和低年级学生之间的秩序也非常明显。①

---

① ［日］仲新：《学校的历史》第 5 卷，第一法规出版株式会社 1979 年版，第 52 页。

寻常师范学校严格的管理方式和兵营式的管理方法，具有家长制的特点，在一定程度上抑制了学生个性的发展。[①] 野口原太郎评价当时师范学校的学生培养方式："师范学校采取了强压的方法，其结果是在导致学生单一发展的同时，抹杀了学生的个性，把学生培养成了无气力、虚伪、阿谀之人，反而阻碍了义务教育的发展。"

4. 小学教员与学生比例的变化

随着小学校的发展，学龄儿童就学人数不断增加，小学校正教员及准教员、雇教员与学生的比例不断上升。1886 年，小学正教员与学生的比例为 1：99.19，准教员、雇教员与学生的比例为 1：35.12。1890 年，小学正教员与学生的比例上升到 1：109.93，准教员、雇教员与学生的比例上升到 1：45.72。小学教员与学生的比例情况详见下图表：[②]

教员数与学生数的比率（1886—1890）（人）

年次	教员（准教员、雇教员）1 人中		正教员 1 人中	
	学生数	每天出席学生平均数	学生数	每天出席学生平均数
1886	35.12	22.93	99.19	64.66
1887	47.74	32.07	116.92	78.54
1888	46.54	31.62	115.9	78.78
1889	46.17	33.12	114.57	82.19
1890	45.72	33.19	109.93	79.81

（根据《文部省年报》整理）

《师范学校令》颁布后，虽然师范学校有了一定的发展，培养的小学教员不断增多，但随着小学校的发展和就学儿童的增加，小学教员增加的数量相对较少，小学教员与学生的比例仍然较高，不能满足普及义务教育的需要，师范学校培养小学教员的任务仍很艰巨。

---

① ［日］麻生诚、天野郁夫：《教育与日本现代化》，刘付忱译，人民教育出版社 1980 年版，第 14 页。

② ［日］国立教育研究所：《日本近代教育百年史》第 4 卷，文唱堂 1974 年版，第 766 页。

第二节 对《小学校令》的修改及义务教育政策的调整

一、《小学校令》的修改

1888 年，日本为加强对地方的统治，进行市町村管理制度改革，把町村作为最基层的地方行政机构。设立枢密院，为天皇最高咨询机关，负责审议宪法草案及附属诸法典。此外还设置了元老制，元老为天皇最亲信的人。① 为了适应市町村的管理体制，1888 年 4 月，森有礼在文部省设置临时调查委员会，着手准备对教育制度进行改革。他责成由江木千之牵头，负责对《小学校令》进行修改。1888 年秋季，森有礼在视察小学校时说："为了实现国家独立的事业，必须按照地方制度改革要求开展学政。……宪法的颁布，地方制度的改革，促使学校令也要相应进行修改。"1889 年 2 月，森有礼遇刺身亡，新任文部大臣夏本武扬继续着手修改小学校令。

（一）"三月方案"的制定

1889 年 3 月，文部省将修改的小学校令方案（简称"三月方案"）提交内阁，建议内阁以法律的形式公布。文部省在提交"三月方案"报告时，阐述修改小学校令的理由：随着市町村制度的改革，小学校令与现行制度相比，其条约中有很多疏漏，有些规定与现行制度相抵触。因此，应对小学校令内容进行修改补充，并以法律的形式对小学办学宗旨、教学科目、儿童就学、学校设置、教员任用等作出明确规定。应明确市町村在教育方面所承担的义务，只有这样才能真正实现对帝国臣民进行普通教育的目的。

文部省提交的"三月方案"共 11 章、110 条，与只有 16 条的小学校令相比，具有脱胎换骨的变化。"三月方案"提出小学实施的是帝国臣民

---

① 吴廷璆：《日本史》，南开大学出版社 1994 年版，第 442 页。

不可缺少的普通教育；废除小学简易科，在寻常小学和高等小学之外新增徒弟学校和实业补习学校。提出寻常小学修业年限为 3 年或 4 年，高等小学为 2 年、3 年或 4 年，小学校每周授课时间不超过 36 小时；就学义务期限为寻常小学毕业；对于不办理推迟或免除入学手续又不让儿童就学的父母，市町村长可以对其实施"诫谕"或"惩罚"。提出要设置足够的小学校保证市町村内的学龄儿童就学；偏远地区可同其他町村共同设置小学，也可以将儿童的教育事务委托给其它町村。提出小学教科书由设在府县的小学图书审查委员审查，并经过文部大臣认可；市町村要为寻常小学提供校址、校舍、操场、校具、农业练习场等，提供小学教员、助教员的工资及其他费用。提出按照"地方自治"原则对小学进行管理和监督等。

"三月方案"立足于"地方自治"的原则，强化市町村的办学责任和义务，对小学校的办学宗旨、学校设置、儿童就学、教员资格等作出了具体规定，基本继承了森有礼时期的教育政策。但是，由于"三月方案"条目繁杂、内容过细，内阁在讨论时争议较大，最后决定由法制局进行修改后再提交内阁审议。

（二）"六月方案"的制定

1890 年 6 月 24 日，经法制局修改后的小学校令方案（简称"六月方案"）再次提交内阁。"六月方案"将《小学校令》改为《小学校法》，共 8 章、117 条。该方案将小学校的办学宗旨改为"小学校要按照儿童身体发展的状况，教授道德教育、国民教育的基础和生活所必需的普通知识技能"。关于寻常小学、高等小学修业年限、授课科目的规定与"三月方案"基本相同。取消了关于"小学校每周授课时间不超过 36 小时"的规定，对节日等学校的仪式作出了规定。在儿童就学方面，没有改变"三月方案"的基本内容，只是对个别字句进行了修改；在就学义务主体方面，将"父母等"改为"学龄儿童的父母或监护人"，开始出现"监护人"的概念。这些改革理念具有先进的时代意义。

1890 年 8 月，内阁将"六月方案"呈报天皇。8 月 19 日，天皇向枢密院提出咨询。围绕修改后的小学校令是否以法律的形式公布，枢密院和内阁的意见出现了对立。内阁建议以法律的形式进行公布，而枢密院反对以法律的形式公布，认为如果以法律的形式公布，一旦教育方针出现偏差或错误，将会危及到国家的基础。经过激烈的争论，"六月方案"中关于地方自治体设置学校方面的规定，单独制定《地方学事通则》，于1890年10月3日以法律的形式发布。修改后的《小学校令》于1890年10月7日以敕令的形式发布。

二、修改后《小学校令》的主要内容

修改后的《小学校令》（也称第二次小学校令）共8章、96条。其主要内容如下：①

（1）办学宗旨。小学校的主旨要以儿童身心发展为基础，教授学生道德教育和国民教育的基础以及生活所必需的普通知识技能。小学校分为寻常小学和高等小学，包括徒弟学校和实业补习学校。

（2）教育科目。寻常小学教育科目为修身、读书、作文、习字、算术、体操，其中体操为选修课，日本地理、唱歌、手工为附加科目。高等小学教育科目为修身、读书、作文、习字、算术、日本地理、日本历史、外国地理、理科、图画、唱歌、体操、裁缝，其中外国地理、唱歌为选修课，几何初步、英语、农业、商业、手工为附加科目。

（3）修业年限。寻常小学修业年限为3年或4年，高等小学为2年、3年或4年。可设置寻常小学和高等小学合并在一起的寻常高等小学。寻常小学、高等小学可设置补习科；高等小学可设置农科、商科、工科等专修科。

（4）教则和设施。小学校教则大纲由文部大臣制定，府县以此为基础具体制定府县小学校教则，并要得到文部大臣的认可。小学校要具备校舍、操场、校具、农业练习场等。学校设施设备准则由文部大臣制定。

---

① 陈婉玲、杨辉：《新译日本法规大全》第8卷，商务印书馆2008年版，第570－580页。

（5）就学。学龄儿童的父母或监护人有让学龄儿童接受完寻常小学教育的义务。由于家庭贫困和儿童患有疾病、事故等原因学龄儿童不能就学的，学龄儿童的父母或监护人可以向市町村长提出推迟或免除入学的申请。

（6）设置。市町村要设置足够市町村内学龄儿童就学的寻常小学校。市町村在得到府县知事许可的情况下，可以在辖区内设置高等小学校。由于财政或地理位置上的原因，町村不能设置小学校时，可与其他町村联合设置学校组合，也可将学龄儿童的教育事务委托其他町村或町村学校组合。

（7）经费。市町村立小学校舍建设、小学教员工资、各项办学费用，由市町村、町村学校组合、区负担。如果町村和町村学校组合经费负担困难时，郡要给予帮助；市和郡负担有困难时，府县要给予帮助。一家同时有几个儿童上学，学校可以减收学费；学校对家庭贫困的儿童可以免收全部或部分学费。

（8）教员。小学教员分为本科教员、专科教员、正教员、准教员。小学教员要具有教员许可证。市町村立小学校长及教员的任免权由府县知事掌管。市町村立小学校长由府县知事从学校教员中任命。市町村立小学教员的工资、旅费标准和支付办法，由府县知事制定。

（9）学校监督。设置郡视学，对郡内教育事务进行监督。市町村长掌管市町村内教育事务，管理市町村立小学校，对校长和首席教员的管理进行监督。市町村设置学务委员，辅助市町村长管理教育事务。

修改后的《小学校令》按照市町村制度改革要求对市町村立小学校作出了明确规定，在办学宗旨、教育内容、学校设置、儿童就学、学校经费等方面，与1886年颁布的《小学校令》相比，有了较大改动。在小学校办学宗旨方面，明确小学校要"以儿童身心发展为基础，教授学生道德教育和国民教育的基础以及生活所必需的普通知识技能"。这是江木千之参考德国小学校教育制度，结合日本教育实际提出的。小学办学宗旨包含"培养品行"的道德教育、"培养日本人"的国民教育和"殖产

兴业"的普通知识技能教育三方面内容。这一教育主旨直到 1941 年 3 月
公布《国民学校令》为止的 50 年间，一直成为日本小学校的办学宗旨。
修改后的《小学校令》将小学校恢复到寻常小学和高等小学两种，规定
可以设置寻常小学和高等小学合并在一起的寻常高等小学；强化了儿童
父母或监护人对儿童就学的义务；提出由于财政或地理位置上的原因，町
村不能设置小学时可与其他町村联合设置学校组合，体现了日本政府在学
校设置政策上的灵活性；在经费投入上，强化了政府对义务教育的投入；
强调小学教员要具有教员许可证，加强了对小学教师队伍的建设和管理。

这一时期，文部省还相继颁布了一系列小学校规章制度，包括 1891
年 3 月 10 日颁布的《私立小学校代用规则》、1891 年 4 月 8 日颁布的
《小学校设备准则》、1891 年 6 月 17 日颁布的《小学校节日仪式规程》、
1891 年 6 月 30 日颁布的《市町村立小学校长及教员名称及待遇》、1891
年 11 月 17 日颁布的《小学校教则大纲》等。这些规章制度伴随着修改
后的《小学校令》一同实施，使日本近代普及义务教育制度更加完善，
推进了普及义务教育的快速发展。

三、修改《小学校令》颁布后义务教育的发展

（一）小学校的发展

1. 寻常高等小学的设置

修改《小学校令》颁布后，特别是颁布的《地方学事通则》，以法律
的形式明确了地方政府设置学校的责任。各府县更加重视小学校的设置，
小学校得到了快速发展。随着普及义务教育的推进，寻常小学毕业生中
愿意接受高一层次教育的学生逐渐增多。文部省规定在学龄儿童较多的
地方，设置寻常小学和高等小学相互连接的寻常高等小学，寻常高等小
学得到快速发展。小学校种类构成情况详见下图表：①

---

① ［日］国立教育研究所：《日本近代教育百年史》第 4 卷，文唱堂 1974 年版，
第 132 页。

小学校的种类构成（1892—1899）

年次	小学校总数		寻常小学		寻常高等小学		高等小学	
	实数（所）	比例（%）	实数	比例	实数	比例	实数	比例
1892	23627	100.00	21407	90.60	1101	4.66	1119	4.74
1893	23960	100.00	21240	88.23	1604	6.69	1216	5.08
1894	24046	100.00	20980	87.25	1811	7.53	1255	5.22
1895	26631	100.00	23039	86.51	2290	8.60	1302	4.89
1896	26835	100.00	22734	84.72	2757	10.27	1344	5.01
1897	26860	100.00	22383	83.33	3056	11.38	1421	5.29
1898	26824	100.00	21977	81.93	3372	12.57	1475	5.50
1899	26997	100.00	21763	80.61	3877	13.62	1557	5.77

（根据《文部省年报》整理）

1892 年，日本设立的寻常高等小学 1101 所，占小学校总数的 4.66%；1893 年，寻常高等小学达到 1602 所，超过了单独建制的高等小学。1899 年，寻常高等小学达到 3877 所，占小学校总数的 13.62%。寻常高等小学的快速发展，既表明民众有延长义务教育年限的愿望，又体现经济社会发展对民众受教育程度有了更高的要求。

1894 年，新潟县设置的寻常高等小学只有 1 所，随着民众对升入高等小学需求的不断增强，新潟县开始设立寻常高等小学。1894 年 12 月，新潟县制定《在寻常小学并设高等小学的意见》，规定高等小学入学志愿者在 20 人以上、就学率在 35% 以上的地区，可以设置寻常高等小学，寻常高等小学迅速发展。到 1898 年，新潟县寻常高等小学发展到 78 所，在校生近 20000 人。

2. 小学校的修业年限

（1）寻常小学修业年限

按照修改后的《小学校令》规定，各府县从"地方自治"出发，开始设置 3 年或 4 年制两种课程的寻常小学。1891 年 9 月，福冈县制定

小学校毕业仪式

《町村立小学校设置调查心得》，规定人口在 300 户以上、就学儿童 100
人以上、能够负担经常费用 300 日元以上的町村，寻常小学可以设置 4 年
制课程；人口在 100 户以上、就学儿童 100 人以上、能够负担经常费用
100 日元以上的町村，寻常小学设置 3 年制课程；偏僻地区的寻常小学设
置 3 年制课程。千叶县、爱知县规定对寻常小学男生设置 4 年制课程，对
寻常小学女生设置 3 年制课程。爱媛县还在同一所寻常小学设置两种课
程，即对来自富裕地区的学生设置 4 年制课程，对来自贫困地区的学生
设置 3 年制课程。3 年制课程在当时被视为"贫民"课程，同之前的小学
简易科类似。这种灵活的课程设置，在当时的经济背景下，满足了不同
经济条件民众的需求。

随着民众对普及教育需求的日渐强烈，修业年限 3 年的寻常小学逐
渐减少，大部分寻常小学修业年限定为 4 年。1895 年，日本设置 3 年制
课程的寻常小学 2225 所，占寻常小学总数的 9.97%；到 1899 年，3 年制

课程的寻常小学减少到 811 所，占寻常小学总数的 3.70%。1899 年，设置 4 年制课程的寻常小学 21106 所，占寻常小学的 96.30%。寻常小学课程设置情况详见下图表：①

寻常小学修业年限课程设置情况（1895—1899）

年次	3 年制课程		4 年制课程	
	实数（所）	比例（%）	实数（所）	比例（%）
1895	2225	9.97	20093	90.03
1896	1968	8.83	20309	91.17
1897	1535	6.95	20556	93.05
1898	1093	4.98	20867	95.02
1899	811	3.70	21106	96.30

（根据《文部省年报》整理）

日本实行地方行政管理体制改革时，北海道没有实行市町村制。北海道寻常小学只有两种：一种是修业年限为 3 年或 4 年的寻常小学；一种是修业年限为 2 年或 3 年的寻常小学。修业年限 2 年或 3 年的寻常小学大部分是由小学简易科改编而成的，主要设置在一些偏僻落后的地区。1899 年，北海道取消了修业年限 2 年和 3 年的寻常小学，将寻常小学修业年限全部改为 4 年。由此可见，随着普及义务教育的深入，延长义务教育修业年限已成为日本小学校发展的大势所趋。

（2）高等小学修业年限

修改后的《小学校令》规定，高等小学修业年限为 2 年、3 年或 4 年，各府县开始设置 2 年、3 年或 4 年制课程的高等小学。由于文部省对小学校设置的方针是首先设置寻常小学，普及 4 年义务教育，在此基础上，有余力的地方设置高等小学，所以各地高等小学设置的数量不多。

---

① ［日］国立教育研究所：《日本近代教育百年史》第 4 卷，文唱堂 1974 年版，第 122 页。

1891 年，福冈县制定《町村立小学校设置规程》，规定人口在 3000 人以上、能够负担经常费用 1000 日元以上，而且具有同数额学校财产的地区，可以设置 4 年制高等小学；人口在 1500 人以上、能够负担经常费用 600 日元以上，而且具有同数额学校财产的地区，可以设置 3 年制高等小学；在不得已的情况下设置 2 年制高等小学。1892 年，三重县制定《高等小学校设置规程》，规定在寻常小学设施充足、地方有维持高等小学经费、有必要设置高等小学的地方，可以设置高等小学。由此可以看出，当时日本只有在人口稠密、财力充裕的町村，才设置了一批高等小学。

从实际情况看，虽然修改后的《小学校令》规定可以设置 2 年、3 年或 4 年制课程的高等小学，但各地设置 4 年制课程的高等小学最多，4 年制高等小学是高等小学的主体。1895 年，设置 4 年制课程的高等小学 2691 所，占高等小学总数的 82.54%；设置 3 年制课程的 365 所，占 11.20%；设置 2 年制课程的 204 所，占 6.26%。到 1899 年，设置 4 年制课程的高等小学达到 4102 所，设置 3 年制课程的高等小学 362 所，设置 2 年制课程的高等小学只有 230 所，分别占高等小学的 87.39%、7.71% 和 4.90%。高等小学课程设置情况详见下图表：[①]

高等小学课程设置情况（1895—1899）

年次	2 年制课程		3 年制课程		4 年制课程	
	实数（所）	比率（%）	实数（所）	比率（%）	实数（所）	比率（%）
1895	204	6.26	365	11.20	2691	82.54
1896	213	5.90	382	10.58	3014	83.51
1897	272	6.84	385	9.68	3321	83.48
1898	247	5.69	364	8.39	3727	85.92
1899	230	4.90	362	7.71	4102	87.39

（根据《文部省年报》整理）

---

① ［日］国立教育研究所：《日本近代教育百年史》第 4 卷，文唱堂 1974 年版，第 43 页。

这一时期，日本经济得到了快速发展，从中央到地方各级政府财政收入有了稳步增长，市町村有一定的经济实力设置高等小学。同时还可以看出，民众对接受4年制高等小学教育的需求日益增多，为延长义务教育年限打下了基础。

3. 设置小学补习科

修改后的《小学校令》规定，寻常小学和高等小学可以设置补习科。1891年，文部省颁布《小学校教则大纲》，指出设置寻常小学、高等小学补习科的主要目的是"对学生在寻常小学、高等小学学到的课程进行补充，特别是教授其实际应用之法，以对其出世产生好处"。补习科教授的内容"要与实际工作有密切的联系"，授课时间"尽可能符合从事业务人员的方便，利用夜间、休息日或授课之外的其他时间"。寻常小学、高等小学补习科修业年限为3年，教学内容以日常生活所需的基本知识和技能为主，主要利用夜间或休息日上课。

1895年，日本小学补习科有4842所，1897年达到5307所，占小学校总数的20%，其中绝大多数为寻常小学补习科。但是，由于补习科的学级少、学生数量少，补习科学生只占小学在校生总数的3%。1897年，文部省要求对小学补习科配置专任教员，小学补习科要为学生的升学提供机会。随着义务教育的普及和寻常小学、高等小学的发展，到小学补习科就读的人数越来越少，小学补习科渐渐消失了。小学补习科设置情况详见下表：①

_____

① ［日］国立教育研究所：《日本近代教育百年史》第4卷，文唱堂1974年版，第138页。

小学校补习科设置情况（所）

年次	寻常小学补习科	高等小学补习科	合计
1892			1334
1893			3874
1894			4400
1895	4749	93	4842
1896	5123	169	5292
1897	5024	283	5307
1898	4820	318	5138
1899	4358	327	4685

（根据《文部省年报》整理）

4. 建立班级制

班级是随着学校的发展，为加强教学管理而建立起来的。"班是学校的细胞，既是学校教导工作的基本单位，也是学生学习、活动的基层集体。"①《小学校令》颁布后，日本在小学校建立班级制，通过班级组织学校的教育活动。

1886 年 5 月，文部省颁布的《小学校学科及其程度》中，第一次使用"班级"这个概念，规定寻常小学 80 名学生配置 1 名教员，高等小学 60 名学生配置 1 名教员；在小学校中配置 2 名教员时，设置 2 个班级；学生超过 120 人时，设置 3 个班级。1891 年 11 月，文部省颁布《班级编制的相关规则》，规定小学校应编制班级并配置教员，把全部学生编为 1 个班级的为单级学校，编为 2 个以上班级的为多级学校。班级与学级不同，班级是根据学生的数量而制定的教学组织，一个学级可以编成 1 个班级，也可以编成多个班级。

---

① 王道俊、王汉澜：《教育学》，人民教育出版社 1989 年版，第520 页。

文部省规定市町村立寻常小学班级编制标准：学生不足 70 人，编制 1 个班级；学生在 70 人以上、140 人以下，编制 2 个班级（超过 70 人、不足 100 人，可编制 1 个班级）；学生在 140 人以上，按照 1 个班级 50—70 名学生编制班级；同学级的女生达到 1 个班级编制标准时，要将该学级的男女学生编为不同的班级。市町村立高等小学班级编制标准：学生不足 60 人，编制 1 个班级；学生在 60 人以上、120 人以下，编制 2 个班级（超过 60 人、不足 80 人，可编制 1 个班级）；学生在 120 人以上，要按照 1 个班级 40—60 名学生编制班级；同学级的女生达到 1 个班级编制标准时，要将该学级的男女学生分别编为不同的班级。根据文部省的规定，日本各地将寻常小学班级学生数限定为 70 人，上限可达到 100 人；高等小学班级学生数限定在 60 人，上限可达到 80 人。由此可见，这一时期日本寻常小学和高等小学的班级学生人数较多，班额较大。究其原因：一是小学校舍不足；二是小学教师不足。

在小学教员配备上，文部省规定：市町村立寻常小学班级学生不满 70 人的，配置正教员 1 人；班级学生 70 人以上的，配置正教员 1 人、本科准教员 1 人。市町村立高等小学班级学生不满 60 人的，配置正教员 1 人；班级学生 60 人以上的，配置正教员 1 人、本科准教员 1 人。1892 年，日本小学校均教员 2.53 人，其中正教员 1.45 人，学生 133.97 人，每天平均出席的学生 101.02 人。到 1899 年，校均教员达到 3.28 人，其中正教员 1.78 人，学生 159.37 人，每天平均出席的学生 128.21 人。小学校均规模详见下图表：①

---

① ［日］国立教育研究所：《日本近代教育百年史》第 4 卷，文唱堂 1974 年版，第 147 页。

小学校的平均规模（1892—1899）（人）

年次	一所小学校中			
	教员数	其中正教员数	学生数	每天平均出席学生数
1892	2.53	1.45	133.97	101.02
1893	2.57	1.52	139.30	99.62
1894	2.62	1.59	145.60	111.83
1895	2.75	1.51	137.82	106.25
1896	2.84	1.56	144.51	113.51
1897	2.95	1.63	148.73	117.51
1898	3.12	1.71	151.45	121.10
1899	3.28	1.78	159.37	128.21

（根据《文部省年报》整理）

从上图表中市町村立寻常小学和高等小学教员平均数的变化情况看，随着小学校的发展和教员数量的增加，小学校均规模不断扩大，小学校平均教师的比例不断上升，小学教育质量逐步有了保障。

随着小学校就学人数的增多，许多寻常小学开始实行"二部制"授课，即学校把学生分为两部分，一部分学完后，另一部分再学，各部每天授课3小时。文部省规定有以下三种情况的寻常小学可以实行二部制：其一，学校学生在70人以上、100人以下，但不能保证本科正教员、本科准教员各1人时；其二，学校学生在100人以上、140人以下，但不能保证本科正教员2人、又不能编成2个班级时；其三，不具备能够容纳全校学生同时上课使用的教室时。实行"二部制"教学，主要是由于当时小学教员和学校教室数量不足造成的。

据文部省资料统计，1892年，日本共有小学校23627所，班级55306个，其中单级学校8120所，占小学校总数的34.36%，每所小学校平均有班级2.34个。到1894年，日本小学校达到24046所，班级59939个，其中单级学校10007所，占小学校总数的41.61%，每所小学校平均有班级2.49个。各地师范学校附属小学全部为单级学校。

（二）儿童就学率的提升

修改《小学校令》颁布后，日本学龄儿童开始减少，就学儿童却迅速增加。1891 年，学龄儿童 7220450 人，到 1899 年，学龄儿童减少到 7097430 人。就学儿童由 1891 年的 3632252 人，增加到 1899 年的 5163624 人，增加了 1531372 人。小学校平均每天出席的儿童数由 1891 年的 2334103 人，增加到 1899 年的 3461383 人。儿童就学情况详见下表：[1]

学龄儿童就学状况（1891—1899）（人）

年次	学龄儿童数	就学儿童数	小学校在籍儿童数	小学校平均每天出席儿童数
1891	7220450	3632252	3153813	2334103
1892	7365724	3824402	3165410	2386880
1893	7263202	4049108	3337560	2539046
1894	7320191	4294741	3501071	2689084
1895	7083148	4338069	3670345	2829570
1896	7187059	4615842	3877981	2990240
1897	7175786	4782771	3994826	3156301
1898	7125966	4910380	4062418	3248349
1899	7097430	5163624	4302623	3461383

（根据《文部省年报》整理）

在这一时期，随着日本经济的好转和小学校的快速发展，学龄儿童就学率迅速提升。1891 年，学龄儿童就学率为 50.31%，出席率为 74.011%，通学率为 32.33%。到 1899 年，学龄儿童就学率达到 72.75%，出席率达到 83.16%，通学率达到 49.77%。儿童就学情况详见下图表：[2]

---

① ［日］国立教育研究所：《日本近代教育百年史》第 4 卷，文唱堂 1974 年版，第 222 页。

② ［日］国立教育研究所：《日本近代教育百年史》第 4 卷，文唱堂 1974 年版，第 223 页。

儿童就学状况（1891—1899）

年次	就学率（%）			出席率（%）	通学率（%）
	男	女	合计		
1891	66.72	32.23	50.31	74.01	32.33
1892	68.24	33.61	51.99	75.41	32.44
1893	71.61	37.80	55.75	76.07	34.96
1894	74.00	41.12	58.67	76.81	36.74
1895	76.65	43.87	61.24	80.32	39.95
1896	79.00	47.54	64.22	81.00	41.61
1897	80.67	50.86	66.65	81.09	43.99
1898	82.42	53.73	68.91	81.60	45.58
1899	85.06	59.04	72.75	83.16	49.77

（根据《文部省年报》整理）

　　1891 年至 1899 年，日本学龄儿童就学率快速提升，平均每年增长
2.49 个百分点。究其原因，主要有两个方面：一是从教育制度上对学生
就学提供保障。为督促学龄儿童就学，加快推进普及义务教育，1891 年，
文部省制定《学龄儿童保护者认定要件》，规定学龄儿童第一保护者是父
母，其次是监护人；父母有监护儿童接受义务教育的责任，要为儿童就
学缴纳学费；① 如果父母死亡或不能行使父母的权利，由监护人代替父母
监护学龄儿童，但监护人没有监督儿童接受义务教育和支付儿童学费的
义务。二是经济的快速发展引发学龄儿童的就学热情。1896 年，文部省
发布《禁止未满学龄儿童就学的要件》，指出未到入学年龄的儿童入学会
给小学管理带来诸多不便，不利于儿童身心发育，严禁未到入学年龄的
儿童到小学就读。1890 年代，随着日本工业生产力的提高，商品贸易逐

---

　　① ［日］小林哲也：《日本的教育》，徐锡龄、黄明皖译，人民教育出版社 1981
年版，第 194 页。

步扩大，经济得到快速发展，日本逐渐走上了产业革命的道路，迫切需要大批具有一定文化和技能的劳动力。寻常小学毕业生成了社会急需的劳动力，民众对子女接受义务教育的热情不断高涨。

由于各府县地域和财政状况不同，学龄儿童就学率存在较大差别。财力状况好的地区，学龄儿童就学率则较高；财力状况较差和偏僻地区，学龄儿童就学率相对较低。1884 年，就学率在 29% 以下的有 2 个府县，30—39% 的有 7 个府县，40—49% 的有 17 个府县，50—59% 的有 13 个府县，60% 以上的有 8 个府县。1890 年，就学率在 29% 以下的有 1 个府县，30—39% 的有 5 个府县，40—49% 的有 21 个府县，50—59% 的有 16 个府县，60% 以上的有 4 个府县。到 1899 年，就学率在 50% 以下的只有 1 个府县，50—59% 的有 12 个府县，60—69% 的有 19 个府县，70—79% 的有 14 个府县。由此可见，各地学龄儿童就学率差异逐渐缩小，府县之间学龄儿童就学逐步实现均衡化。府县学龄儿童就学率情况详见下表：①

府县学龄儿童就学率变化情况（个）

就学率	1884 年	1890 年	1899 年
—29%	2	1	
30—39%	7	5	1
40—49%	17	21	
50—59%	13	16	12
60—69%	7	3	19
70—79%	1	1	14
80%—			1
合计	47	47	47

---

① ［日］国立教育研究所：《日本近代教育百年史》第 4 卷，文唱堂 1974 年版，第 230 页。

（三）教育课程的变化

1. 颁布《教育敕语》，加强修身教育

《小学校令》颁布后，日本围绕学校德育问题一直进行广泛的讨论，讨论波及所有学校，造成学校教学的混乱。1890年2月，内务大臣山县有朋主持召开地方长官会议，对学校道德教育方针进行讨论。日本内阁会议也对学校道德教育进行讨论，明治天皇亲自出席内阁会议，听取讨论的意见。随后，明治天皇召见山县有朋和文部大臣芳川显正，指示他们编写教育箴言。文部省开始起草教育敕语草案，明治天皇的侍讲元田永孚和时任法制局长官井上毅共同对文部省起草的教育敕语草案进行了修改。1890年10月30日，《教育敕语》正式颁布。

《教育敕语》的主要内容：

> 朕惟我皇祖皇宗肇国宏远，树德深厚。我臣民克忠克孝，亿兆一心，世纪厥美。此乃我国体之精华，而教育之渊源亦实存于此。尔臣民应孝父母、友兄弟，夫妇相和，朋友相信，恭俭持己，博爱及众，进德修业，以启智能，成就德器。进而广公益，开世务，常重国家、遵国法，一旦有缓急，则应义勇奉公，以辅佐天壤无穷之皇运。如是者，不啻为朕之忠良臣民，亦足以显扬尔祖先之遗风焉。

> 斯道实为我皇祖皇宗之遗训，子孙臣民俱应遵守，通诸古今而不谬，施诸内外而不悖。朕庶几与尔臣民拳拳服膺，咸一其德。

> 御名御玺[①]

《教育敕语》明确基于天皇制的君臣关系是日本"国体之精华"和

---

① 瞿葆奎、钟启泉：《教育学文集—日本教育改革》，人民教育出版社1991年版，第32页。

"教育之渊源"，列举14项儒学道德项目，以"辅佐天壤无穷之皇运"，把封建儒家道德的忠、孝、仁、爱等思想与近代资本主义的伦理道德结合在一起，提倡国家主义道德，禁止欧化思想传播。《教育敕语》确立的忠君爱国教育思想，将以天皇为中心的国体观念渗透到国民意识中，在日本近代教育史上占有极为重要的地位，从颁布时起到第二次世界大战结束，起到了规定日本教育方向的教育基本法作用。①

《教育敕语》颁布后，文部省把"敕语"誊写本发给全国各地的学校，要求学校无论举行什么仪式，都必须"奉读敕语"。在奉读《教育敕语》前要洗手、漱口，奉读时神情庄严，穿戴整洁，穿礼服，戴白手套，脱帽、垂头，将手置于双膝之上。②《教育敕语》确定的忠君爱国教育思想，在小学教育中得到了集中体现。小学校开始加强修身教育，强调修身课要以《教育敕语》为基础，启发儿童良心，涵养儿童德性，强化对学生道德品质的培养。1891年12月，文部省制定《小学校修身教科用图书检定标准》，规定修身科必须使用教科书，且教科书的内容必须体现《教育敕语》的思想。

2. 制定《小学校教则大纲》

1891年11月，文部省颁布《小学校教则大纲》，进一步明确小学校的课程设置，要求小学校要把对学生的道德教育放在学校最重要的位置，在开设修身课同时，还要把道德教育渗透到其他各科教学之中。强调各学科所教授的知识和技能要突出实用性，教学内容要相互联系。修身课以《教育敕语》为基础，做到启发儿童良心、涵养儿童德性，教授儿童做人的道理。寻常小学要培养学生孝悌、友爱、仁慈、信实、礼敬、义勇、节俭等品质；高等小学要在寻常小学所培养学生品质的基础上，进一步陶冶学生情操。寻常小学算术课要首先向学生教授80之内的加、减、乘、除运算，然后逐渐扩大范围，最后增加到万以内的数字运算；

---

① 王桂：《日本教育史》，吉林教育出版社1987年版，第167页。
② 饶从满：《当代日本小学教育》，山西教育出版社1992年版，第240页。

高等小学算术课要教授学生小数和分数的运算，让学生学会用珠算进行加减乘除。

寻常小学、高等小学每周授课 33 小时。寻常小学修身课 3 小时，读书、作文、习字课 15 小时，算术课 6 小时，体操、唱歌课 9 小时。高等小学修身课 2 小时，读书、作文、习字课 10 小时；算术课男女同校时，男女各 5 小时，男女不同校时，女子为 4 小时；日本地理、日本历史、外国地理课男女同校时各 4 小时，男女不同校时，女子为 3 小时。每周各科具体授课时间分配如下：

小学校每周授课时间安排（1891）

科目＼课时	寻常小学	高等小学
修身	3 小时	2 小时
读书、作文、习字	15 小时	10 小时
算术	6 小时	男 5 小时、女 4 小时
体操	3 小时	男 3 小时、女 2 小时
日本地理、日本历史、外国地理		男 4 小时、女 3 小时
理科		2 小时
图画		2 小时
唱歌	6 小时	2 小时
裁缝		3 小时

1891 年颁布的《小学校教则大纲》与 1886 年颁布的《小学校学科及其程度》相比，修身、唱歌、体操课时有所增加，更加注重修身教育，同时注重学生在唱歌、体操方面的训练。随着博物、化学、生物向理科的合并，高等小学自然科学的课时有所减少。修身课强化了对《教育敕语》的灌输；历史、地理学科注重对学生忠君爱国思想的培养；理科注重强调与实业的关系，教育内容更加注重实用性。

3. 强化对教科书的审查

随着教科书检定制度的实施，在这一时期，文部省强化了对小学教科书的审查。规定小学教科书必须经过文部大臣检定以及小学图书审查委员会的审查，并得到府县知事的许可。各府县设置小学图书审查委员会，成员由府县官吏、府县参事会员、寻常师范学校校长、教头以及小学教员组成。1891 年，文部省制定《小学校教科用图书审查规则》，重新规定小学教科书审查委员，包括府县官吏 1 人、府县参事会员 2 人、寻常师范学校校长、寻常师范学校教员 2 人、小学教员 3 至 5 人。为了防止小学教科书的频繁更换，规定经选定的小学教科书 4 年之内不能变更。通过强化对教科书的审查，加强了国家对小学教育内容的控制。

4. 统一学校活动仪式

1891 年 6 月，文部省制定《小学校庆祝日祭祀日仪式规程》，对学校举行各种活动仪式进行了详细规定。规定在纪元节、天长节、元始祭日、神尝祭日、新尝祭日举行御真影拜礼、万岁奉祝、敕语奉读、校长训话、式歌齐唱；在孝明天皇祭日、春季皇灵祭日、神武天皇祭日、秋季皇灵祭日举行校长训话和式歌齐唱；1 月 1 日举行御真影拜礼、万岁奉祝、式歌齐唱。规定《君之代》、《一月一日》、《纪元节》等为学校仪式用歌。学校活动仪式以道德教育为中心，活动仪式内容逐步走向划一化。

由于《小学校庆祝日祭祀日仪式规程》规定的学校庆祝日祭祀日举行的活动仪式过多，各地小学校反响强烈，认为过多的学校活动仪式既耗费学校的精力，又影响学校的正常教学活动，要求减少活动仪式数量和内容。为此，文部省于 1893 年 5 月发布训令，规定小学校只在新年、纪元节、天长节三大节日举行学校活动仪式，其他节日的仪式由学校自愿举行，文部省不做统一要求。1893 年，文部省制定《庆祝日祭祀日歌词及乐谱》，指定《君之代》为学校仪式国歌。[①]

（四）规范小学校管理

1. 明确校长职责及教职员制度

1891 年 11 月，文部省制定《小学校长及教员职务及服务规程》，第

---

① 侥从满：《当代日本小学教育》，山西教育出版社 1992 年版，第 240 页。

一次明确校长的职务权限，规定小学校长的职责是负责学校事务、监督所属职员；教员的职责是教育儿童。教员设正教员、准教员，准教员辅助正教员工作。规定有 3 个以上学级的小学校，要设立校长。但是，当时日本小学校中单级学校较多，3 个以上学级的小学校较少，所以校长职位的设置没有得到普及。1893 年，日本大约有 20% 的小学校设有校长。

随着小学校的发展和学龄儿童就学人数的增加，小学校的规模逐步扩大，很多小学校校长一人已不能处理学校所有的事务，小学校开始设立职员会议。1898 年，奈良县山边郡丹波市寻常小学校制定的《职员会议规程》规定，职员会议由本校教职员组成，通过职员会议，解决学校教学等方面的事务；职员会议每月第一个星期六召开会议，遇有紧急情况可随时召开。同年，同郡下井户堂寻常小学制定的《教员会议规程》规定，校长每月主持召开两次职员会议，在每月的第一、第三个星期的星期三召开；职员会议商议事项包括制订教学计划、制定学校规章制度等；职员会议的议长是校长或首席教员，职员会议决定的事项必须通过校长的许可方能执行。日本小学校职员会议制度是随着小学校的发展而产生的，对加强学校管理、促进学校管理民主化起到了一定的作用。

随着对小学校管理的加强，文部省进一步明确小学校教职员工作制度。1891 年，文部省规定：小学教员每周在学校工作时间为 36 小时以下；市町村立小学教员具有教授补习科的义务；市町村立小学校长及教职员和家属在没有得到府县知事许可的情况下，不能直接或间接地从事商业经营活动等。各府县根据文部省要求，都制定了小学教职员工作制度。规定了小学教职员上下班的时间，要求教职员上班时要在出勤簿上盖章，出差或外出时要有请假条，生病、迟到、早退、旷课等也要有请假条。有的府县还规定小学校长或教职员离职、转任时，要将其主管的物品及负责的事务毫无遗漏地交接给下一任校长，如果没有下一任校长，则直接交给市町村长。1897 年后，各府县对小学教职员工作制度更加细化，甚至制定了一些不合理的制度。如有的府县规定，校长结束工作后也不能离开学校，教员在上课期间不能阅览报纸和杂志等。

2. 加强小学校卫生管理

学校卫生工作是学校管理的一项重要内容。做好卫生保健工作，防治疾病，改变对身体有害的外部环境因素，才能促进学生身体的正常发育。[①] 从《学制》颁布以来，随着普及初等教育进程的加快，日本逐步加强了对小学校的管理，但在学校卫生方面没有制定专门的规定和要求。1894 年 9 月，文部省发布训令，要求加强对小学校卫生方面的管理，做好学校卫生保健工作。

1896 年 5 月，文部省设置学校卫生顾问和学校卫生主事，由于三岛通良一直在做学校卫生方面的调查事务，所以被任命为文部省首任学校卫生主事，着手制定学校卫生方面的制度。1897 年，文部省颁布《学校清洁法》，将学校清洁分为日常清洁、定期清洁和浸水后清洁三种：（1）日常清洁。规定教室及宿舍于每日无人时先开窗喷水润湿地板和扶梯，打扫讫当以湿布擦拭校具；教室及宿舍要视其人数配备纸篓、唾壶，唾壶盛少许水，纸屑及废物要投入纸篓，痰唾吐入唾壶，纸篓及唾壶每日清除干净；寝具每月必须晾晒一次，被覆、寝衣必须常洗；便所每日用水清洗一次，桶箱设盖；饭厅、厨房、汤房、盥漱室、洗濯所等要经常开窗流通空气，不要让臭气及烟尘留在房间；垃圾场垃圾要及时清理；庭院、体操场、游戏场、回廊、檐下等处要时时打扫清洁。（2）定期清洁。规定要利用暑假或其他长假对学校进行全面清洁，先将教室、宿舍内的桌椅、床铺、书架等物搬出户外，敞开窗户，喷水润湿地板及回廊，将天花板、四壁、地板、廊下等处打扫干净，再以清水洗濯，十分龌龊部位及器具用热盐卤或肥皂水洗濯；寝具、窗帘、敷物等能洗濯的要洗濯，不能洗濯的要扫除灰尘，同书籍、文具等一起在太阳底下晾晒；对有破损的地方及时进行清理和修补。（3）学校浸水后清洁。规定学校浸水后，要及时清除学校宿舍地板及建筑物上的污物和泥土，打开教室、宿舍通气口通风，视情况摆放火盆对教室和宿舍进行烘干；地板、校具、

---

① 王道俊、王汉澜：《教育学》，人民教育出版社 1989 年版，第462 页。

桌椅被水浸泡的，要用水清洗，然后在太阳光下晒干。[①]《学校清洁法》第一次对学校卫生方面作出明确具体要求，有利于小学校舍的清洁和学生的健康。

1898 年，日本以敕令形式公布《公立学校设立校医规定》，要求公立学校设立校医。要求厅、府、县、郡、市、町、村所有学校都要设立校医，村立小学或人口不足五千人的町所属学校可以不设立校医。同年，文部省颁布《学校医职务规程》，规定校医从事学校卫生事务，每个月在授课时间时对学校卫生检查一次，对教室采光、通风换气、室内温度、学生饮水情况、桌椅同黑板间的距离、有无暖炉及暖炉与最近学生间的距离等进行检查。每年对公立学校学生进行两次身体检查，包括身高、体重、胸围、脊柱、体格、视力、眼疾、听力、耳疾、齿牙、疾病等，制定并填写身体检查表（如下图）。

校名	某科	姓名			生地	
		年　月　日			学年	
		身长			视力	左
		体重				右
		胸围	常时		眼疾	
			盈虚之差		听力	
					耳疾	
					齿牙	
检查号数		脊柱			疾病	
		体格			备考	
		检查年月			检查医姓名印	

---

① 陈婉玲、杨辉：《新译日本法规大全》第 8 卷，商务印书馆 2008 年版，第 689 – 690 页。

对公立学校学生每年进行两次身体检查的做法，在 1900 年 3 月文部省颁布的第 4 号训令《检查学生身体规程》中，以法令化形式被固定下来。

1898 年 9 月，文部省颁布《学校传染病预防及消毒法》，指出学校应当预防的传染病有猩红热、派司脱、百日咳、风疹、腺炎、水痘、传染性皮肤病等 3 类、17 种，制定了传染病预防及消毒制度和办法。规定教员、学生有传染病的不能进入学校，病愈后医师出具病愈证明才能入校。要求教员、舍监等如在校内发现学生有传染病或疑似者，立即向校长报告，校长要马上指使校医进行处置；学校内、学校所在地附近或学生居住区域如发生传染病，视传染病疫情，如有必要，可封闭全校或学校的一部分；学校发生传染病时，要用石灰酸水、生石灰末、格鲁儿石灰水等对校舍进行消毒。[①] 这一时期，日本不断加强学校卫生方面的管理，关注校舍卫生和学生健康，制定具体制度和办法，保证学校的卫生和清洁。

1900 年，文部省颁布《禁止学生吸烟规定》，规定学生不能吸烟和夹带烟具，学生吸烟不仅不利于卫生，而且有伤风化，学生及未成年人，在学校内外一律禁止吸烟和夹带烟草、烟具。

（五）增加教育投入，实行小学经费国库补助制度

1. 教育经费投入不断增加

具有足够的办学经费，是实现普及义务教育的重要保障。自明治维新以来，日本政府对教育投资总体呈上升趋势，教育经费占国民收入和公共支出的比重不断增加。1885 年，日本教育经费占国民收入的比重为 1.8%，1900 年达到 2.05%，此后稳定增长。在教育经费总投入中，对义务教育投入的比重最大。1885 年，日本学校教育费总额 8683000 日元，其中义务教育所占的比重为 94.3%。此后，随着对中等教育、高等教育投入的增多，义务教育经费所占比重有所下降。1900 年，日本学校教育

---

① 陈婉玲、杨辉：《新译日本法规大全》第 8 卷，商务印书馆 2008 年版，第 686–688 页。

费总额达到 38070000 日元，其中义务教育所占比重为 66.5%。学校教育费在各学校阶段的分配比例详见下表：①

学校教育费在各阶段的分配比例（1885—1900）

年度	学校教育费（日元）总额	义务教育（%）			中等教育（%）			高等教育（%）		
		初等	准中等	小计	准中等	中等	小计	教师培养	高等	小计
1885	8683000	94.3	—	94.3	—	—		0.8	4.9	5.7
1890	9505000	77.4	—	77.4	—	3.1	3.1	8.4	11.1	19.5
1895	13382000	78.5	0.3	78.8	0.3	7.6	7.9	6.7	7.5	13.6
1900	38070000	66.0	0.5	66.5	0.5	16.2	16.7	8.1	9.2	17.3

2. 实行小学经费国库补助制度

1873 年，明治政府曾实施"小学扶助委托金"和"小学补助金"制度，对公立小学进行补助，补助金不足小学经费的 10%。随后受经济下滑的影响，1881 年废除了小学补助金制度，国库对小学校不再进行补助。《小学校令》颁布后，民间教育界人士率先提出对小学校实行国库补助的建议。从 1889 年 6 月开始，民间教育杂志《教育时论》每期刊登文章，呼吁国家对公立小学校经费给予补助。1891 年 4 月，大日本教育会召开全国教育联合会，有 141 人参加了会议。经过激烈的讨论，会议一致建议对小学校经费实行国库补助制度。1892 年，日本全国教育联合会向文部省提出建议："小学教员的工资不应由市町村费用负担，而应该由国库负担"。1892 年 8 月，日本国家教育社召开会议，伊泽修二在会议上发表演讲，认为公共教育的公费补助是普通教育振兴的关键所在。1892 年 8 月，在国家教育社的基础上，成立日本国立教育期成同盟会，向帝国议会开展请愿签名运动，要求小学教育费用实行国库补助制度。到 1892 年 12 月，仅 4 个月的时间，日本 45 个都道府县中约有 1 万多人参加了签名运

---

① 饶从满：《当代日本小学教育》，山西教育出版社 1992 年版，第 46－49 页。

动。国立教育期成同盟会向日本帝国议会提交了《小学校费用国库补助议案请愿书》，要求国库对小学经费进行补助。

随着民间教育组织和民众要求国库补助小学教育费呼声的日益高涨，1893 年，新任文部大臣井上毅立即着手起草《小学校教育费补助法案》。由于日本筹备中日甲午战争，军费开支扩大，日本政府开始减少对教育经费的支付。1893 年 11 月，日本内阁向第五帝国议会提交《小学校教员年功加俸国库补助法案》，建议由国库对小学教员工资进行补助。由于第五帝国议会于 1893 年 12 月 30 日解散，此法案未能得到审议。1896 年 1 月 24 日，日本内阁向第九帝国议会提交《市町村立小学校教员年功加俸国库补助法案》，经众议院和贵族院审议通过，于 1896 年 3 月 20 日以法律的形式颁布。该法令规定：寻常小学、高等小学的正教员、准教员，在同一学校连续工作 5 年以上的由国库发给教龄津贴，连续工作 5 年的增发基本工资的 15％，之后每连续工作 5 年再增发 10％，最多增发至基本工资的 35％。《市町村立小学校教员年功加俸国库补助法》打开了日本国库补助小学教育费的缺口，成为日本国家补助义务教育费的开端。当时文部大臣西园寺公望在向帝国议会陈述该法案的理由时说："此法案是为了提高小学教师的地位，鼓励人们愿意当教师，并长期在一个学校工作。给小学教师优厚待遇，以表示国家对小学教师的重视。"[①]

1899 年 3 月，日本公布了《教育基金特别会计法》，从中日甲午战争结束后中国满清政府向日本赔偿的 2 亿 3 千万两白银中（中日甲午战争清政府失败后，同日本签订《马关条约》，清政府赔偿军费，向日本支付白银 2 亿两；后来日本归还辽东又勒索 3 千万两）拿出十分之一，即 1000 万日元作为教育基金，用作发展普通教育的补助费。1899 年 11 月，颁布《教育基金法》，规定教育基金的利息收入每年按照学龄儿童的数量分配给各府县，可用于市町村立小学校地、校舍及购置设备的费用；教育基金利息的 30％可用于市町村立小学教员工资奖励及其他普通教育的

---

① 王桂：《日本教育史》，吉林教育出版社 1987 年版，第 202－203 页。

费用。这笔教育基金在日俄战争中被挪用做军事费用，战后实际只归还了一小部分。

1899 年 10 月 20 日，经众议院和贵族院审议通过，日本颁布了《小学校教育费用国库补助法》。规定国库每年支出一笔补助款给市町村，用来充作小学教育费。补助对象为市町村立小学教员工资、奖励津贴和小学教育行政费；补助金额为市町村立小学教员工资总额的二分之一。虽然《小学校教育费用国库补助法》是按照宪法的程序公布的，但由于法案规定的国库支出过大，所以内阁并没有实施的意图。为此，内阁向贵族院提交了《市町村立小学校教育费用国库补助法案》，贵族院和众议院同意设立此法案，于 1900 年 3 月 16 日予以公布。《市町村立小学校教育费用国库补助法》实质上是合并了 1896 年公布的《市町村立小学校教员年功加俸国库补助法》和 1899 年 10 月公布的《小学校教育费用国库补助法》两个法案的内容。①

《市町村立小学校教育费用国库补助法》规定：国库每年支出相当于公立小学教员工资总额 10%（100 万日元）的费用，用作小学教员的教龄津贴和特别加薪。根据这一法令，文部省于 1900 年 3 月 31 日公布的《市町村立小学校教员加薪令》规定：（1）小学教员教龄津贴和加薪改为固定额支付，市町村立小学教员在同一府县内工作 5 年以上的，正教员年教龄津贴 24 日元，准教员年教龄津贴 18 日元。以后每连续工作 5 年，正教员教龄津贴年增加 18 日元，准教员教龄津贴年增加 12 日元。（2）市町村立寻常小学本科正教员在单级学校工作的，年加薪 24 日元；在偏僻地区多级学校工作的，年加薪 18 日元。虽然该法令规定每年要按照财政预算增加支付的补助金，然而，到 1910 年止，日本政府每年对小学教育费用实际支出金额都在 100 万日元之内。《市町村立小学校教育费用国库补助法》的颁布，从法律上规定了国库对义务教育的补助，增加了国库对义务教育的投入，提高了小学教师的待遇，保证了小学教师队伍的稳定。

---

① 王桂：《日本教育史》，吉林教育出版社 1987 年版，第 203 页。

3. 小学教育经费支出结构

《学制》颁布以来，日本小学教育经费支出主要用于消费性支出，即工资费和维持运营费，其中大部分用于教员的工资和津贴。维持运营费主要指国立小学的教育研究费、管理费、辅助活动费、规定支付金等，公立小学的维持费、修缮费、辅助活动费、规定支付金等，私立小学的教育研究费、管理经费等。随着小学校的发展和教育经费投入的增加，小学教育经费支出结构开始发生变化，用于投资性经费逐渐增多。投资性经费包括小学校设施费和设备费，设施费包括土地费和建设费等，设备费包括教学设备购买费、图书购买费等。

1890 年，日本小学教育经费支出中消费性经费占 86.9%，其中工资费占消费性经费的 88.5%，维持运营费占 11.5%；投资性经费占 13.1%。到 1900 年，小学教育经费支出中消费性经费占 70.0%，其中工资费占消费性经费的 77.1%，维持运营费占 22.5%；投资性经费占 30.0%。由此可见，1890 年至 1900 年，日本小学教育经费中用于工资等消费性支出比例逐渐缩小，用于学校设施及购置设备的投资性经费所占比例不断增多，表明小学校办学条件的改善得到逐步加强。小学教育经费支出结构详见下表：①

小学教育经费支出结构（%）

年度	消费性经费	消费性经费构成		投资性经费	投资性经费构成	
		工资费	维持运营费		设施费	设备购置费
1890	86.9	88.5	11.5	13.1	65.0	35.0
1895	82.6	82.4	17.8	17.4	71.4	28.2
1900	70.0	77.1	22.5	30.0	78.9	21.1

---

① 饶从满：《当代日本小学教育》，山西教育出版社 1992 年版，第 52 页。

（六）颁布《师范教育令》，完善师范教育制度

1. 完善师范教育制度

随着师范学校的发展，师范教育制度进一步得到完善。1891 年 11 月，文部省修改《师范学校令》，规定由文部大臣确定师范学校学生招生数量；废除师范学校的教头和干事，只设置校长、教谕、助教谕、舍监和书记。1891 年 8 月，文部省制定《府县立师范学校校长任命及俸给令》，规定师范学校校长要通过奏任任命，寻常师范学校校长相当于 7 至 9 等奏任官；从 1892 年起，师范学校校长的工资由国家负担，年薪在 600 日元以上、1200 日元以下。这些规定保证了师范学校的经费来源，提高了师范学校校长的待遇。

1892 年，文部省颁布《师范学校设备规则》，详细规定师范学校校地、校舍、设施设备等。规定师范学校校地面积要适合学校规模，设农科的学校要设有农桑实习场；校舍不仅构造要坚固，还要适合教学、管理和卫生，建有教室、讲堂、实习场、职员室等，分设男女学生宿舍。寻常师范学校可以为女生设置附属幼儿园。

1892 年 7 月，文部省制定《改正寻常师范学校学科及其程度》，对寻常师范学校的学科课程进行了修改：（1）师范学校男生学习修身、教育、国语、汉文、历史、地理、数学、物理、化学、博物、习字、图画、音乐、体操 14 门课程，女生学习修身、教育、国语、汉文、历史、地理、数学、理科、家事、习字、图画、音乐、体操 13 门课程。（2）寻常师范学校男生修业 4 年，女生 3 年；每级学生定员在 20 人以上、30 人以下，每年上课 45 周，每周上课 34 小时。（3）规定师范学校教育的要旨是锻炼精神、磨炼德操，培养尊王爱国之心，深明忠孝大义，振兴国民志操，守规则、保秩序，具有师表的威仪。各学科教员在教授专业课的同时，还要教授学生掌握小学教学方法，带领学生到师范学校附属小学实习。规定了每个学科的授课要求。

同年，文部省颁布《师范学校简易科规程》。规定设置寻常师范学校简易科、预备科、小学教员讲习科、幼儿园保姆讲习科等。寻常师范学

校简易科只招收男生，修业年限为 2 年 4 个月，学科课程包括修身、教育、国语、汉文、历史、地理、数学、理科、习字、图画、音乐、体操 12 门，比寻常师范学校课程有所简化。文部省对设置寻常师范学校简易科进行了说明，指出设置寻常师范学校简易科只是姑息之策，由于小学教员不足不得已设置简易科，待小学教员需求平衡时，对师范学校简易科予以废止。

1892 年 7 月，文部省对《寻常师范学校学科及其程度》、《寻常师范学校学生招募规则》、《寻常师范学校毕业生服务规则》等进行修改。规定寻常师范学校可以男女同校，也可不招收女生。在学生招募方面，将"品行端正"列为招募学生的首要条件，将原来招收男子 16 岁至 20 岁、女子 15 岁至 20 岁，改为也可以招收 20 岁以上、25 岁以下、具有一定教学经验的人员。规定寻常师范学校毕业生有从事小学教员的义务，学生在寻常师范学校毕业后，男生要任小学教员满 5 年，女生任小学教员满 2 年，对不履行义务的人员要偿还全部或部分学费。这些规章制度的修改，使寻常师范学校进一步走上了规范化、制度化发展轨道。

随着师范教育制度的进一步完善，师范学校招生规模逐步扩大，培养能力得到进一步增强。1891 年，日本寻常师范学校 47 所，教员 625 人，在校生 5196 人，毕业生 1304 人。到 1897 年，虽然寻常师范学校在数量上没有增加，但教员增加到 720 人，在校生增加到 6921 人，毕业生 1561 人。寻常师范学校的教员、在校生、毕业生情况详见下图表：[1]

---

[1]　［日］国立教育研究所：《日本近代教育百年史》第 4 卷，文唱堂 1974 年版，第 780 页。

寻常师范学校数、教员数、学生数、毕业生数（1891—1897）

年次	学校数（所）	教员数（人）			学生数（人）			毕业生数（人）		
		男	女	计	男	女	计	男	女	计
1891	47	578	47	625	4358	838	5196	987	317	1304
1892	47	571	59	630	4468	889	5357	936	206	1142
1893	47	592	55	647	4917	802	5719	925	251	1176
1894	47	509	48	638	5025	779	5804	942	263	1205
1895	47	633	45	678	5398	720	6118	1168	305	1473
1896	47	648	44	692	5609	738	6347	1145	190	1335
1897	47	677	43	720	6201	720	6921	1337	224	1561

（根据《文部省年报》整理）

2. 颁布《师范教育令》

为进一步推进师范学校的发展，1897年10月，日本颁布《师范教育令》，规定师范学校、高等师范学校和女子高等师范学校的教育制度。高等师范学校的任务是为师范学校、寻常中学校及高等女学校培养教员；女子高等师范学校为师范学校女子部及高等女学校培养教员；师范学校为小学校培养教员。[1] 师范学校以培养学生的顺德、信爱、威重为目标。在东京设一所高等师范学校和一所女子高等师范学校。

《师范教育令》规定，将寻常师范学校改为师范学校，在各府县和北海道至少设立1所师范学校，也可以设立数所师范学校，师范学校经费由府县或地方税中支出，学生的学费由学校供给。经文部大臣批准，可以招收自费生；[2] 规定师范学校的教学计划、学科设置、招生和毕业生服务年限等事项。

与《师范学校令》不同的是，《师范教育令》将各府县只允许设置1所师范学校改为设置1所或数所，开始招收自费生。《师范教育令》要求

---

① 陈婉玲、杨辉：《新译日本法规大全》第8卷，商务印书馆2008年版，第407页。

② 陈永明：《日本教育》，高等教育出版社2003年版，第36页。

扩大师范学校招生规模，把师范学校招生同小学教员的需求紧密结合起来。规定师范学校招生数以道府县内学龄儿童数三分之二为基准，按照小学校一班 70 名学生计算，按所有班级数的 20：1 以上的比例为师范学校每年招收的学生数，即师范学校招生数 =（府县内全部学龄儿童数 × 2/3）÷70 × 1/20。[①] 师范学校招收男女学生比例由地方长官决定，如不招收女生，需要向文部大臣申请讲明理由。

1897 年，兵库县有学龄儿童 283000 人，按照《师范教育令》规定的师范学校招生数量，兵库县师范学校在校生应达到 600 人。由于兵库县师范学校校舍陈旧、教室及学生宿舍数量不足，当时在校生只有 200 人。为此，兵库县在武库郡御影町选址，于 1901 年建成了兵库第二师范学校，同年 8 月，将兵库第二师范学校改称姬路师范学校。姬路师范学校校长野口原太郎积极推进师范学校教学改革，他说"我的师范教育用一句话概括为自治自修。排斥恐怖教育，主要采取率先指导方法；排斥强压式教育，采取能使学生安心学习的方针；废除背诵教育方法，采取研究式教育方法。"野口原太郎所倡导的教育方法，开始引领师范教育的风潮。在这一时期，各府县纷纷扩充师范学校教育设施，扩大学校招生数量，在一定程度上缓解了小学教员的不足。

《师范教育令》颁布后，日本师范学校迅速发展，在校生数量明显增多。1897 年，日本有师范学校 47 所，到 1907 年达到 69 所，增加了 22 所，其中增设最多的是女子师范学校。1897 年 12 月，文部省发布关于师范学校和小学校男女分设的训令，指出在小学教育快速普及和师范教育不断扩张之际，小学校男女学生应分班、分教室学习；各府县设有 2 所以上师范学校的，如果女生数量达到一所学校的规模，就应单独设立女子师范学校。为此，女子师范学校得到快速发展。到 1904 年，日本独立设置的女子师范学校达到了 14 所。

---

① ［日］佐藤英一郎：《日本的近代化和教育改革》，金子书房 1987 年版，第 179 页。

随着师范学校快速发展，培养规模不断扩大，有力地补充了小学教员的不足。1895 年至 1898 年，日本小学教员由 73182 人增加到 83566 人，其中师范学校毕业生由 16485 人增加到 18324 人，师范学校毕业生占小学教员的 21.9%。小学教员中师范学校毕业生所占比例详见下表：

小学教员总数中师范学校毕业生所占比例（1895—1898）

年次	1895 年	1896 年	1897 年	1898 年
教员总数（人）	73182	76107	79299	83566
师范学校毕业生数（人）	16485	16996	17626	18324
师范学校毕业生所占比重（%）	22.5%	22.3%	22.2%	21.9%

（根据《文部省年报》整理）

随着师范学校的发展，招生和毕业生数量明显增多，为小学校培养了大批教员。从 1895 年至 1900 年，日本小学校中正教员由 40315 人增加到 51376 人，准教员由 18128 人增加到 19861 人，雇教员由 14739 人增加到 21662 人。1900 年，小学校中正教员、准教员、雇教员达到 92899 人。小学教员情况详见下图表：[1]

小学校教员数（1895—1900）（人）

年次	1895	1896	1897	1898	1899	1900
正教员	40315	41876	43896	45832	47967	51376
准教员	18128	17717	18215	19338	20690	19861
雇教员	14739	16514	17188	18396	20003	21662
总计	73182	76107	79299	83566	88660	92899

（根据《文部省年报》整理）

3. 实行小学教员许可证制度

根据文部省颁布的《小学教员许可规则》，实行小学教员许可证制度，师范学校毕业生和通过小学教员学力检定考试的人员可以获得小学

---

[1] ［日］国立教育研究所：《日本近代教育百年史》第 4 卷，文唱堂 1974 年版，第 1404 - 1406 页。

教员许可证。对小学教员进行检定有两种形式：一种为认定制。即对寻常师范学校、高等师范学校和女子高等师范学校毕业人员直接进行认定，认定合格者，发给小学教员许可证，认定可以随时进行。另一种为考试制。对现有小学教员进行学力检定考试，考试合格者，发给小学教员许可证，考试检定每年举行一次。1893 年，日本有 16374 名师范学校毕业人员提出申请，经认定，对 13372 名合格人员发放了小学教员许可证，合格率 81.67%；有 12810 名小学教员申请参加考试，对 3829 名考试合格人员发放了小学教员许可证，合格率 29.89%。府县小学教员检定情况详见下表：①

府县小学教员检定情况（1893—1897）

年次	申请者（人）		合格者			
	认定（甲种）	考试（乙种）	认定（甲种）		考试（乙种）	
			人员（人）	合格率（%）	人员（人）	合格率（%）
1893	16374	12810	13372	81.67	3829	29.89
1894	14657	16200	11564	78.88	4677	28.87
1895	12728	15982	10569	83.04	5499	34.41
1896	12188	17682	10147	83.25	6649	37.60
1897	14328	19459	11935	83.30	7275	37.39

（根据《文部省年报》整理）

1899 年，文部省颁布《检定教员规程》，指出检定教员的目的，主要是检定教员的学力、品行、身体是否能够担当教员。规定教员检定的科目包括修身、教育、国语及汉文、英语、法语、德语、历史、地理、数学、物理及化学、博物、法制及经济、习字、图画、家事及裁缝、体操、

① ［日］国立教育研究所：《日本近代教育百年史》第 4 卷，文唱堂 1974 年版，第 762 页。

音乐、簿记、农事、商业、手工、工艺。对上述学科每年检定一次。

4. 规定小学教员月薪平均额和最低额

1897 年，日本政府规定了小学教员月薪平均额和最低额。市町村立寻常小学本科正教员月薪平均额为：10 万人口以上的市为 16 日元，其他市 14 日元，町村 12 日元。高等小学本科正教员月薪平均额为：10 万人口以上的市为 20 日元，其他市 18 日元，町村 16 日元。寻常小学本科正教员中，男教员月薪最低 8 日元，女教员月薪最低 6 日元；寻常小学本科准教员中，男教员月薪最低 5 日元，女教员月薪最低 4 日元。高等小学本科正教员中，男教员月薪最低 10 日元，女教员月薪最低 8 日元；高等小学本科准教员中，男教员月薪最低 7 日元，女教员月薪最低 5 日元。[1] 通过规定小学教员月薪平均额和最低额，保证了小学教员的经济待遇，保护了小学教员工作的积极性。

第三节　实施 4 年制免费义务教育

一、4 年免费义务教育制度的确立

（一）4 年制免费义务教育的提出

经济是教育发展的物质基础和条件，决定着教育发展的规模和速度。当一个社会的经济和生产力不发展，没有较为雄厚的经济实力，就不可能延长义务教育年限，提高中等和高等教育程度。[2] 19 世纪 80 年代，日本经过大藏卿松方正义推行的"松方财政"改革，财政收支逐渐步入了良性循环的轨道，物价下降，纸币流通量减少，纸币、银行间的差价逐步消失，外贸转为出超；同时利率降低，公债价格回升，使华族、士族

---

① ［日］仲新：《学校的历史》第 5 卷，第一法规出版株式会社 1979 年版，第 92 页。

② 靳希斌：《教育经济学》，人民教育出版社 2001 年版，第 88 页。

手中的公债得以转化为工业资本。"松方财政"改革为日本产业革命创造了先决条件。[①] 1890 年至 1900 年是日本资本主义经济快速增长时期，特别是纺织、铁路、矿业三大工业蓬勃发展，成为产业革命的新亮点，农业、工业、商业、运输业等也都有了新的进展。中日甲午战争后，日本从中国掠取的大量赔款，相当于 3.65 亿日元，约等于日本 1895 年国家财政收入的 4 倍以上，不仅改变了日本的财政状况，而且促进了日本资本主义工业的发展。[②] 随着经济的快速发展，日本各级财政实力显著增强，实施免费义务教育时机已经成熟。

1. "一月案"的制定

1900 年 1 月，文部省向内阁议会提交了改正小学校令的议案，称为"一月案"。"一月案"的主要内容：（1）整合小学教育内容，将读书、习字、作文 3 科整合为国语 1 科，取消寻常小学附加科目中的日本地理和日本历史、高等小学附加科目中的几何初步和 2 年制高等小学英语、农业、商业科。（2）废止 3 年制寻常小学校，寻常小学校统一实行 4 年制。（3）对教科书实行国定制度，改革小学校图书审查委员会人员构成，新增加高等女学校校长和郡视学 2 人。（4）强化儿童就学措施，对不送子女入学的学龄儿童父母或监护人进行制裁。（5）停止征收市町村立寻常小学学生的学费。

文部省制定的"一月案"由内阁送交法制局审查，法制局对"一月案"进行了修改。1900 年 4 月，在日本地方长官会议上，法制局将修改后的"一月案"提交地方长官会议讨论。大部分府县知事同意寻常小学停止征收学费和教科书全部实行国定制度，但反对对不送子女入学的学龄儿童父母或监护人进行制裁。府县知事意见详见下表：[③]

---

① 郑彭年：《日本西方文化摄取史》，杭州大学出版社 1996 年版，第 283 页。

② 吴廷璆：《日本史》，南开大学出版社 1994 年版，第 492 页。

③ ［日］国立教育研究所：《日本近代教育百年史》第 4 卷，文唱堂 1974 年版，第 863 页。

各府县知事对小学校令改正的意见

讨论项目	各府县知事的回答
对教科书全部采用国定制度 对教科书部分采用国定制度	全部国定说　27 折中说　4 部分国定说　13
停止征收寻常小学学费的意见	反对说　11 赞成说　13
对不送子女入学的学龄儿童父母或 监护人是否加以制裁	反对说　25 折中说　2 制裁说　17

2. "六月案"的制定

1900 年 6 月，法制局在吸纳府县知事和内务省的意见后，对"一月案"再次进行修改，形成《小学校令改正要领》，称为"六月案"。"六月案"的主要内容：（1）由于小学教科书复杂多样，不利于对儿童的教育，将读书、作文、习字 3 科整合为国语 1 科；取消寻常小学附加科目中的日本地理和日本历史、高等小学附加科目中的几何初步和 2 年制高等小学英语、农业、商业科；取消 3 年制高等小学的英语；将寻常小学体操课改为必修科目。（2）将寻常小学的修业年限统一为 4 年，实施义务教育。（3）对小学教科书实行检定制度，使用由文部省编纂的图书或文部大臣审定的图书，不经过府县图书审查委员会审查，府县可以直接采用。（4）学龄儿童父母或监护人负有让学龄儿童就学的义务，由警察协助市町村官员督促儿童就学。（5）寻常小学停止征收学费。（6）实行小学教员许可证制度，小学教员分为承担全部课程的本科正教员、只教授技能课程的专科正教员和辅助本科正教员的准教员 3 种；小学校长及教员在教育上认为有必要可以惩戒学生，但不可以体罚学生。

1900 年 6 月 29 日，"六月案"由内阁会议审议通过后上奏枢密院。8月 8 日、9 日枢密院对"六月案"进行了审议。枢密院审议后修改了两点：一是小学教科书实行由文部省编纂及文部大臣审定并经过府县小学图书审查委员会审查后，府县方可采用。这一改正实际上废止了文部省编纂图书使用上的优先权，文部省编纂的图书同样需要经过府县小学图书审查委员会的审查。二是删除了由警察协助市町村官员督促儿童就学的规定。内阁对枢密院的建议进行修改后，于 8 月 18 日上报天皇，得到天皇认可。1900 年 8 月 12 日，《改正小学校令》以敕令形式进行公布。

（二）《改正小学校令》的主要内容

《改正小学校令》（也称第三次小学校令）共 9 章、73 条。其主要内容如下：[①]

（1）总则。小学校本旨在留意儿童身体的发达，教以道德教育、国民教育之基础，并生计上所必需的普通知识技能。小学校分寻常小学和高等小学，寻常小学和高等小学并置一校的为寻常高等小学。以市町村和学校组合或该区经费设置的为市町村立小学，以私人经费设置的为私立小学。

（2）设置。市町村要设置能够满足区域内学龄儿童就学的寻常小学。郡长如认为一町村不能负担设置寻常小学校的费用，可与其他町村合设学校组合；一町村就学儿童不足构成一所寻常小学校，可将町村就学儿童教育事务委托其他町村学校或学校组合。市立寻常小学的学校数及位置，由府县知事根据该市情况决定；町村寻常小学的学校数及位置，由郡长根据学校需要决定，报请府县知事认可。市町村可以市町村或该区经费设置高等小学。市町村立高等小学的设置和废止，都需报请府县知事认可。

（3）教科编制。寻常小学修业年限全部为 4 年，高等小学修业年限为 2 年、3 年或 4 年。寻常小学开设修身、国语、算术、体操，视地方情况可增加图画、唱歌、手工中的一科或几科，女生可加设裁缝。高等小学开设修身、国语、算术、日本历史、地理、理科、图画、唱歌、体操，女生加设裁缝。修业年限 2 年的高等小学，可以不开设理科、唱歌，可

---

① 陈婉玲、杨辉：《新译日本法规大全》第 8 卷，商务印书馆 2008 年版，第 571－584 页。

增加手工；修业年限 3 年以上的高等小学，可为男生增加手工、农业、商业中一科或多科，为女生增加手工一科；修业 4 年的可加设英语。小学校设补习科，补习科规程由文部大臣确定。除星期日外，小学校休假日每年不超过 90 天，补习科不在此例。如遇有特殊情况，府县知事请示文部大臣可以增加休假天数。

（4）设备。小学校要设有校舍、校地、校具、体操场。

（5）就学。儿童 6 周岁入学，自 6 周岁的第二天至满 14 岁的 8 年为小学就学期。学龄儿童父母或监护人在学龄儿童就学期内有使儿童就学的义务。儿童因疯癫、白痴或残疾不能就学的，经监督官厅认可，可免除学龄儿童父母或监护人的义务；儿童因病弱或发育不全不能于就学期内就学的，经市町村长认可可暂缓就学；学龄儿童父母或监护人因贫穷不能使儿童就学，经市町村长认可可免除学龄儿童父母或监护人的义务，儿童可暂缓就学。儿童如患有传染病或不良行为影响妨碍其他儿童，小学校长可以命令其停止入学。

（6）职员。教授小学教学科目的为本科正教员，教授该科目中图画、唱歌、体操、裁缝、英语、农业、商业、手工等科目的为专科正教员；补助本科正教员的为副教员。小学教员许可证分普通许可证和府县许可证两种，普通许可证由文部大臣发放，在全国内有效；府县许可证由府县知事发放，只在本府县内有效。小学校长及教员认为教育上有必要时可以惩戒儿童，但不能体罚儿童。小学校长及教员如果违背职务上的义务，或有侮辱体面的行为，由府县知事对其进行惩戒处分，包括谴责、减俸、免职、褫夺其许可证。

（7）经费。市町村立小学校经费包括设备及维持费、教员工资及旅费、校费及其他费用，由市町村负担。检定小学教员、审查小学教科书及府县许可证的费用，由府县负担。市町村立寻常小学不征收学费。

（8）管理及监督。市町村长或町村学校组合掌管市町村或町村学校组合的教育事务，管理市町村立小学。市立小学校长及教员的教育教学事务由府县知事监督；町村立小学校长及教员教育教学事务，由郡长监督。私立小学在市内的，由府县知事监督；在町村的，由郡长监督。

《改正小学校令》明确了小学校以"留意儿童身体的发达，教以道德教育、国民教育之基础，并生计上所必需的普通知识技能"为办学宗旨；将寻常小学修业年限全部统一为 4 年，规定了小学教学科目和授课时数；明确了小学校设备包括校舍、校地、校具、体操场；进一步强调了学龄儿童父母或监护人对儿童接受教育的义务；要求市町村要设置能够满足学区内学龄儿童就学的寻常小学，优先保证寻常小学的发展，还可以设立学校组合；强化了市町村对小学校的经费投入，明确了市町村负担的小学校经费项目。其最重要一点，规定市町村立寻常小学不再征收学费。

《改正小学校令》颁布后，日本开始实施 4 年制免费义务教育，开启了日本近代普及义务教育的新里程，标志着免费义务教育在日本正式实施。从 1872 年至 1900 年，日本历时 28 年实现了免费义务教育。《改正小学校令》的颁布，在日本具有划时代的历史意义。此后，在义务教育阶段，学生就学不再缴纳学费。

（三）制定《小学校令实施规则》，建立健全学校规章制度

1900 年，文部省在制定《小学校令》改正案的同时，着手制定小学校令实施规则。1900 年 8 月 21 日，即《改正小学校令》颁布后的第 9 天，文部省颁布了《小学校令实施规则》，共 10 章、223 条和 10 个附件，详细规定了小学校的教学规则、修业年限及学年休假日、仪式、编制、设备准则、学生就学、学务委员设置等。其主要内容如下：[①]

（1）教科及编制。小学校要遵守《改正小学校令》的办学宗旨，各科教学都要具有道德教育和国民教育的目标。修身科要涵养儿童德性，使其能实践道德；国语科能使学生掌握和运用普通言语及日常所必需的文字文章，能够启发其智德；算术科要使学生能熟练掌握日用计算，畀以生活上所必需的知识，兼使其思想臻于精确；日本历史科要使学生知

---

① 陈婉玲、杨辉：《新译日本法规大全》第 8 卷，商务印书馆 2008 年版，第 584 - 618 页。

国体大要，养成国民志操；地理科要使学生掌握地球表面及人类生活状态，了解本国国势之大要，兼资养成爱国心；理科要使学生养成爱自然之心；图画科要培养学生的美感；唱歌科要让学生能唱简单的歌曲，培养其美感以涵养德性；体操科要保护增进全身之健康，使精神日益快活刚毅；裁缝科要使学生熟悉普通衣物缝法、裁法，并养成节约利用的习惯。

（2）学年休假日及仪式。小学校学年从4月1日开学，第二年3月31日终止。小学校学期由府县知事确定。小学校休假日有祝日大祭日、星期日、暑假、寒假、学年末假、其他府县知事所定的休假日。纪元节、天长节及一月一日，教职员和学生齐聚学校举行仪式，合唱《君之代》，对天皇皇后两陛下御容行最敬礼，校长捧读教育敕语。

（3）编制。小学校学级在12个学级以下。寻常小学一个学级70人以下，高等小学一个学级60人以下，遇有特殊情况每个学级可各增加10人。小学各学级设本科正教员1人，也可以每两个学级设本科正教员1人、副教员1人，副教员听从正教员指挥教授儿童。小学校适当设置专科正教员。将全校儿童编制一学级者，为单级小学校，编制二学级以上者为多级小学校。

（4）补习科。补习科分为寻常小学补习科和高等小学补习科。寻常小学补习科对寻常小学卒业人员及同等学力者补习寻常小学科目；高等小学补习科对高等小学卒业人员及同等学力者补习高等小学科目。补习科修业年限为2年以下。补习科每周授课时间在3小时以上、12小时以下。

（5）教科书。小学教科书除修身、国语、算术、日本历史、地理外，其他图书由府县知事从有文部省著作权及文部省审定过的图书中选用。小学教科书一经采用，4年之内不能更换。

（6）教员许可证。府县知事对师范学校毕业人员发放府县教员许可证。有小学正教员府县许可证、在市町村立小学担任正教员10年以上的和高等师范学校或女子师范学校毕业、在市町村立小学担任正教员3年以上的，由府县知事或文部省直辖学校校长报请文部大臣认可发放普通教员许可证。

（7）教员工资及旅费。教员月薪参照下表确定：[①]

单位：日元

职名		一级	二级	三级	四级	五级	六级	七级	八级	九级	十级
本科正教员	上	75	60	50	40	30	24	20	16	13	11
	下	65	55	45	35	27	22	18	14	12	10
专科正教员	上	40	30	24	20	16	13	11	9		
	下	35	27	22	18	14	12	10	8		
副教员	上	20	16	13	11	9	7				
	下	18	14	12	10	8	6				

（8）设备。学校有校地、校舍、体操场及校具。校地要选择无害于道德上、卫生上且便于儿童通学之所；校舍须质朴坚固，合于管理卫生。视地方情形可设教员住宅。

（9）学费。寻常小学如果征收学费，市寻常小学每月 20 钱以下，町村寻常小学或町村学校组合每月 10 钱以下，由府县知事认可；高等小学征收的学费，市高等小学每月 60 钱以下，町村高等小学或町村学校组合每月 30 钱以下，由监督官厅认可。

（10）学务委员。市町村设置学务委员 10 人以下，东京市可增至 15 人。学务委员辅助市长、町村长、町村学校组合长、区长及其代理者督促儿童就学、调制经费预算、配置学校设备等。学务委员在公民中选举，任期 4 年。

《小学校令实施规则》是对《改正小学校令》的细化和补充，详细规定了小学校的各种规章制度。进一步明确了小学校具有道德教育和国民

---

① ［日］仲新：《学校的历史》第 5 卷，第一法规出版株式会社 1979 年版，第 92 页。

教育两个目标，把道德教育放在了学校教育的首要位置；对学校的学期及休假日等提出具体要求。关于征收学费事宜，《改正小学校令》规定市町村立小学不征收学费，同时规定，如有特殊情况可请府县知事认可征收学费。《小学校令实施规则》对特殊情况征收学费的数额进行了限定，所征收的学费数额由市町村或町村学校组合确定。《小学校令实施规则》的颁布，使日本的义务教育制度更加完备和规范，为义务教育顺利普及提供了制度保障。

二、实施免费后义务教育的快速发展

（一）小学校的发展

1. 小学校的快速发展

从义务教育发展的历史看，义务教育和免费最初并不是统一的，但随着社会的发展和教育普及的深入，免费成为义务教育的一项重要原则。[1] 1900 年，日本实施 4 年制免费义务教育，开创了义务教育的新时代，小学校得到了快速发展。这一时期，各府县除设置寻常小学和高等小学外，还设置了寻常小学和高等小学为一校的寻常高等小学。1900 年，日本小学校 26856 所，其中寻常小学 20883 所，寻常高等小学 4366 所，高等小学 1607 所；到 1907 年，小学校发展到 27125 所，其中寻常小学 16121 所，寻常高等小学 9550 所，高等小学 1454 所。寻常小学是小学校的主体。随着小学校的发展，寻常高等小学数量逐步增多，由 1900 年占小学校总数的 16.26%，上升到 1907 年的 35.21%。小学校的种类构成详见下表：[2]

---

① 吴文侃、杨汉清：《比较教育学》，人民教育出版社 1999 年版，第 399 页。

② ［日］国立教育研究所：《日本近代教育百年史》第 4 卷，文唱堂 1974 年版，第 929 页。

小学的种类构成（1900—1907）

年次	小学校总数		寻常小学		寻常高等小学		高等小学	
	实数（所）	比率（%）	实数	比率	实数	比率	实数	比率
1900	26856	100.00%	20883	77.76%	4366	16.26%	1607	5.98%
1901	27010	100.00%	19488	72.15%	5897	21.83%	1625	6.02%
1902	27154	100.00%	18871	69.50%	6644	24.47%	1639	6.03%
1903	27138	100.00%	18294	67.41%	7242	26.69%	1602	5.90%
1904	27383	100.00%	18160	66.32%	7657	27.96%	1566	5.72%
1905	27407	100.00%	17701	64.59%	8147	29.72%	1559	5.69%
1906	27269	100.00%	16961	62.20%	8787	32.22%	1521	5.58%
1907	27125	100.00%	16121	59.43%	9550	35.21%	1454	5.36%

（根据《文部省年报》整理）

1900 年，小学在校生 4683598 人，其中寻常小学 3806318 人，占小学生总数的 81.27%；高等小学 877280 人，占小学生总数的 18.73%。随着免费义务教育的实施，小学在校生数量有了明显增加。到 1907 年，小学在校生达到 5713698 人，比 1900 年增加 1030100 人，其中寻常小学 4344383 人，占小学生总数的 76.03%；高等小学 1369315 人，占 23.97%。小学在校生构成情况详见下表：[①]

———————————

① ［日］国立教育研究所：《日本近代教育百年史》第 4 卷，文唱堂 1974 年版，第 930 页。

小学在校生的构成（1900—1907）

年次	小学在校生总数		寻常小学		高等小学	
	实数（人）	比率（%）	实数（人）	比率（%）	实数（人）	比率（%）
1900	4683598	100.00%	3806318	81.27%	877280	18.73%
1901	4980604	100.00%	4031927	80.95%	948777	19.05%
1902	5135487	100.00%	4134711	80.51%	1000776	19.49%
1903	5084099	100.00%	4032885	79.32%	1051214	20.68%
1904	5154113	100.00%	4039278	78.37%	1114938	21.63%
1905	5348213	100.00%	4110636	76.86%	1237795	23.14%
1906	5514735	100.00%	4180386	75.80%	1334349	24.20%
1907	5713698	100.00%	4344383	76.03%	1369315	23.97%

（根据《文部省年报》整理）

在这一时期，日本由寻常小学升入高等小学的人数明显增多，民众对接受高一层次教育和延长义务教育年限有了现实的需求，为1907年后延长义务教育年限做了准备。

随着寻常小学4年制课程的统一，2年制高等小学数量逐渐增多，3年制、4年制高等小学数量逐步减少。1900年，2年、3年、4年制高等小学分别占高等小学总数的5.05%、6.66%和88.29%。到1907年，2年制高等小学占高等小学的比例上升到19.15%，3年制高等小学下降到3.47%，4年制高等小学下降到77.38%。但是，4年制高等小学仍然是高等小学的主体。

2. 设置小学补习科

设置小学补习科，主要是针对那些不能在正常时间内学习的儿童进行的教育。补习科学习年限在2年以下，每周上课时间3小时以上、12小时以下，教学科目、教学日程等均由补习科的管理者或设立者决定，从方便儿童的角度来考虑，使用的教科书由学校根据学生的具体情况决定。

1900年，日本寻常小学补习科有2855个班级，在校生78264人，占寻常小学在校生的2.06%；高等小学补习科有303个班级，在校生6085

人，占高等小学在校生的 0.69%。随着义务教育的普及，各府县设置的小学补习科逐步减少。1907 年，寻常小学补习科有 1330 个班级，在校生 23686 人，占寻常小学在校生的 0.55%；高等小学补习科有 260 个班级，在校生 5693 人，占高等小学在校生的 0.42%。与 1900 年相比，小学补习科的班级减少了一半，学生减少了三分之一，大部分学生愿意接受正规的义务教育。

3. 小学校均规模的扩大

随着小学校的快速发展和儿童就学人数的增加，小学校均规模不断扩大。1900 年，小学校均学生 174.30 人，平均每天出席的学生 143.85 人，校均教员 3.46 人（其中本科正教员 1.85 人）。到 1907 年，小学校均学生达到 210.64 人，平均每天出席的学生 194.51 人，校均教员 4.50 人（其中本科正教员 2.80 人）。小学校均规模情况详见下表：[①]

小学校的平均规模（1900—1907）

年次	一所小学校中			
	教员数（人）	本科正教员数（人）	儿童数（人）	儿童每天出席平均数（人）
1900	3.46	1.85	174.30	143.85
1901	3.80	2.00	184.40	156.49
1902	4.02	2.15	189.12	163.81
1903	3.99	2.29	187.34	164.62
1904	3.85	2.35	188.22	167.80
1905	4.01	2.49	195.14	176.17
1906	4.26	2.66	202.23	184.94
1907	4.50	2.80	210.64	194.51

（根据《文部省年报》整理）

---

① ［日］国立教育研究所：《日本近代教育百年史》第 4 卷，文唱堂 1974 年版，第 943 页。

（二）儿童就学率的急速提升

实行 4 年制免费义务教育后，日本学龄儿童就学率急速提升。1900 年，学龄儿童 6531273 人，其中就学儿童 5333895 人，每天出席学生的平均数 3863197 人。到 1907 年，学龄儿童 7024930 人，其中就学儿童 6841038 人，每天出席学生的平均数 5276113 人，儿童就学人数和每天出席学生的平均数有了显著增加。儿童就学人数详见下图表:①

儿童就学状况（1900—1907）（人）

年代	学龄儿童数	就学儿童数	每日出席学生平均数
1900	6531273	5333895	3863197
1901	6497489	5720926	4226696
1902	6502665	5955293	4448106
1903	6410210	5976124	4467439
1904	6518871	6155546	4594862
1905	6685422	6392336	4828268
1906	6836699	6601620	5043185
1907	7024930	6841038	5276113

（根据《文部省年报》整理）

1900 年后，学龄儿童就学人数激增的主要原因：其一，实行 4 年制免费义务教育。实行免费义务教育后，由国库补助和市町村负担教育经费，学生进入寻常小学不再缴费，减轻了学生家庭的经济负担，为儿童入学提供了有利的物质条件，学龄儿童纷纷就学。其二，民众对教育的热情增高。随着日本资本主义经济的快速发展，广大民众对国民教育的重要性有了更加明确的认识，更加自觉地认识到知识和技能在生活中所

① ［日］国立教育研究所:《日本近代教育百年史》第 4 卷，文唱堂 1974 年版，第 1007 页。

发挥的重要作用，积极送子女入学接受义务教育。其三，教育发展的规律使然。当一个地区学龄儿童就学率达到 70—80％ 时，无论是学龄儿童的父母或监护人还是学龄儿童本人都有一种不被落下的心理，因此入学率出现急剧上升的现象。1900 年，日本学龄儿童就学率为 81.67％，正是处在这种特殊时期，学龄儿童就学率、出席率、通学率开始出现急剧上升。从 1900 年到 1902 年的 3 年间，日本学龄儿童就学率由 81.67％ 迅速提高到 91.57％。到 1907 年，学龄儿童就学率达到 97.38％，出席率达到 92.04％，通学率达到 75.11％。儿童就学状况详见下图表：①

儿童就学状况（1900—1907）

年代	就学率（%）			出席率（%）	通学率（%）
	男	女	平均		
1900	90.55	71.91	81.67	84.61	59.15
1901	93.78	81.80	88.05	85.50	65.05
1902	95.80	87.00	91.57	86.88	68.40
1903	96.59	89.58	93.23	87.93	69.69
1904	97.16	91.40	94.43	89.15	70.49
1905	97.72	93.34	95.62	90.94	72.22
1906	98.16	94.83	96.28	91.34	73.77
1907	98.53	96.14	97.38	92.04	75.11

（三）小学教科书由检定制到国定制

1900 年颁布的《改正小学校令》规定，小学教科书继续实行检定制度。1900 年，文部省颁布《小学校教科用书检定法》，规定小学校教科书分为儿童用、教员用、教学用三种检定方法。儿童用书为记载儿童所应学习事项，由儿童使用；教员用书为记载应教授事项及关于教授上应注

---

① ［日］国立教育研究所：《日本近代教育百年史》第 4 卷，文唱堂 1974 年版，第 1008 页。

意的事项，说明教授的目的、次序、方法或依教科书种类说明实物、标本、图书、器械等用法，为教员所用；教学用图书为授课时，为儿童所用的挂图类。文部省由府县设置的小学教科书审查委员会对教科书的内容进行审查检定，审查委员会由府县书记官、府县视学官、专任府县视学、师范学校校长、师范学校教谕2人、府县立高等女子学校校长1人、郡视学2人组成，经小学教科书审查委员会审查后，由府县知事决定该府县使用的教科书。

1903年4月，文部省规定小学教科书实行国定制度。对小学教科书由检定制到国定制，真正实现了日本小学教科书在国内的统一，体现了国家对小学教科书的全面控制。从1904年4月开始，修身、国语、日本历史、日本地理教科书由文部省统一编纂；1905年，算术、图画教科书由文部省编纂。在某一学科有几种教科书的情况下，除日本历史、日本地理、国语教科书由文部省规定外，其他学科可由府县知事来确定使用哪种教科书。

1903年4月28日，文部省颁布《小学校教科图书翻印发行规则》，允许具有一定资格的出版企业在文部省监督下翻印发行国家指定的教科书。出版企业必须连续从事图书出版3年以上，且3年以上连续缴纳所得税。翻印图书最高价格由文部大臣确定。图书翻印前要报请文部大臣认可，所翻印的图书文字大小、图画册数、页数、行数及每行字数要同呈报文部省的样本一致。翻印图书用白色无光泽且质地坚韧的纸张，字迹清楚，订书坚固。1904年，文部省为了防止小学教科书出版发行被一家公司垄断的局面，组织日本书籍株式会社、东京书籍株式会社、大阪书籍株式会社共同出版发行小学教科书。日本书籍株式会社和东京书籍株式会社出版发行的教科书各占小学教科书的40%，大阪书籍株式会社出版发行的教科书占小学教科书的20%。由此可见，日本进一步强化了小学教科书的国定制度，小学的日本历史、日本地理和国语教科书由文部省统一指定；其他学科教科书虽然可由府县知事选用，但必须是由文部省编纂、文部大臣认可的教科书。实行小学教科书国定制，进一步加强了国家对小学教育内容的控制。

（四）继续实施小学教员许可证制度

1900年，文部省制定《小学校令实施规则》，进一步确立实行小学教员许可证制度。规定取得小学正教员许可证，必须是已经取得小学教员许可证、寻常师范学校毕业后在公立小学任教5年以上或高等师范学校和女子高等师范学校毕业后在公立小学任教1年以上的人员，经府县知事提交文部大臣检定合格。小学正教员许可证在全国通用，终生有效。

1900年，日本有小学教员92899人，获得小学教员许可证的20167人，占小学教员总数的21.71%。到1907年，日本的小学教员达到122038人，获得小学教员许可证的23031人，占小学教员总数的18.87%。虽然师范学校毕业生和经过检定的小学教员有了一定的增加，但由于小学教员总数有了较大的增长，所以师范学校毕业生和经过检定的小学教员占教员总数的比例有所下降。小学教员获得许可证情况详见下表:[①]

小学教员获得许可证情况（1900—1907年）

年次	小学教员获得许可证数（人）			小学教员总数（人）	获得许可证教员占小学教员比例（%）
	师范学校毕业生	检定合格者	合计		
1900	2232	17935	20167	92899	21.71%
1901	2783	23953	26736	102700	26.03%
1902	3395	23424	26819	109118	24.58%
1903	3661	19526	23187	108360	21.40%
1904	4221	15217	19438	105301	18.46%
1905	4285	13902	18187	109975	16.54%
1906	4390	15008	19398	116070	16.71%
1907	4199	18832	23031	122038	18.87%

（根据《文部省年报》整理）

---

① ［日］国立教育研究所:《日本近代教育百年史》第4卷，文唱堂1974年版，第1444－1446页。

随着免费义务教育的实施，日本小学校得到快速发展。由于小学在校生数量明显增多，造成小学教员的不足，小学校仍然雇佣一部分无资格的教员，即雇佣教员和代用教员。1900 年，小学校中无资格的雇佣教员和代用教员 21662 人，占小学教员总数的 23.32%。到 1907 年，小学校中无资格的雇佣教员和代用教员 23281 人，占小学教员总数的 19.09%，比例有所下降。

1886 年至 1907 年，是日本近代普及义务教育制度确立和普及义务教育快速发展时期。1886 年颁布《小学校令》，提出普及 4 年制义务教育，确立了日本近代普及义务教育制度。1900 年颁布《改正小学校令》，提出实施 4 年制免费义务教育，标志着免费义务教育在日本正式实施。这一时期，日本普及义务教育具有以下几个方面的特点：第一，确立了近代普及义务教育制度。如果说《学制》的颁布标志着日本近代普及初等教育的肇始，那么《小学校令》提出普及 4 年制义务教育，则标志着日本近代普及义务教育制度的正式确立。第二，确立了免费的普及义务教育制度。1900 年颁布《改正小学校令》，规定市町村立寻常小学不再征收学费，使日本开始走上了普及免费义务教育的道路，在日本近代教育史上具有里程碑的意义。第三，普及义务教育朝着均衡化方向发展。小学简易科的举办，使偏僻贫困地区的儿童也能够就学；举办小学补习科，为在正常时间内不能就学的儿童提供了受教育机会；小学教科书由检定制到国定制，在全国统一了小学教育内容，这些都促进了日本城乡义务教育的均衡发展。第四，注重学生的全面发展。受森有礼"教室外教育"的影响，小学校开展课外活动和仪式，注重学生的身心健康和道德思想的形成，注重教育质量的提高。第五，完善师范教育体系。从《师范学校令》到《师范教育令》的颁布，进一步明确了师范学校的培养目标、学生入学和毕业等制度，使师范学校得到快速发展，教师培养体系更加完善。第六，学校管理逐步走向规范化。进一步明确了校长和教职员工作制度，加强学校卫生工作，规范了学校管理。

这一时期，日本近代义务教育得到快速发展，有着重要的政治、经济等方面的因素。首先，经济的快速发展为普及义务教育提供了坚实的物质基础。随着经济的快速发展以及中日甲午战争后中国满清政府向日本的赔款，日本中央和地方各级财力明显增强；实行义务教育国库补助制度，为普及义务教育提供了资金支持。其次，国家主义教育制度的建立为普及义务教育提供了政治保障。作为国家主义教育制度的一部分，迅速普及义务教育成为日本朝野上下的共同意志。第三，师范学校的快速发展为普及义务教育提供了师资保障。在这一时期，随着《教育敕语》的颁布，把天皇奉为最高道德的化身，过于强调对学生进行忠君爱国思想的培养；小学教科书由检定制到国定制，教科书充满着国家主义、军国主义色彩。

第四章

普及 6 年制义务教育的实现与巩固 （1907—1917 年）

　　普及义务教育年限的长短，是衡量一个国家教育能力的重要标志。19 世纪末 20 世纪初，随着资本经济的快速发展，特别是中日甲午战争、日俄战争后，日本资本主义经济飞跃发展，国民收入大幅度提高。在发展纺织、食品等轻工业的同时，钢铁、造船、军火、化学、石油等重工业迅速发展，形成了京滨、阪神、中京、北九州四大新兴工业地带。1910 年，日本工农业总产值达到 22.47 亿日元，其中工业产值达到 11.28 亿日元，占 50.2%，工业总产值开始超过农业，初步成为工业化国家。① 经济的快速发展，为普及义务教育奠定了基础，推进了小学校发展，学龄儿童就学率有了快速提升。1907 年 3 月，日本重新修改《小学校令》，将义务教育年限由 4 年延长到 6 年，确立普及 6 年义务教育制度。

　　为推进 6 年制义务教育的普及，日本政府采取了一系列措施。积极实行义务教育费用国库负担制度，由国家和地方共同负担义务教育经费；修改《师范学校规程》，制定和完善师范学校规章制度，着重培养教师"忠君爱国"的气质；强化教科书国定制度，改革小学课程和教学内容，增强课程的实用性；进一步加强学校管理，规范学校管理制度；改进教学方法，推广先进的教育理念，提高义务教育质量，使 6 年制义务教育得到普及和巩固。1910 年，日本学龄儿童就学率达到 98.14%，基本实现了普及 6 年制义务教育，在世界范围内走在了资本主义国家普及义务教

---

　　① 宋成有：《新编日本近代史》，北京大学出版社 2006 年版，第270 页。

育的前列，为提高全体国民文化素质、实现日本近代化打下了牢固的基础。[①]

第一节 普及 6 年义务教育制度的确立

一、普及 6 年制义务教育提出的背景

普及义务教育涉及的因素很多，包括政治、经济、文化、人口等方面以及教育发展的基础等。1904 年至 1905 年爆发的日俄战争，是一场在别国领土上争夺势力范围的帝国主义战争。战后的军备扩张，增加了日本国内市场的需求。同时，日本争取海外市场，促进了日本经济的快速发展。1906 年以后，日本经济发展进入了一个黄金期。1906 年，日本企业资本额突破 10 亿大关。政府推行财政膨胀政策，刺激社会扩大需求，推动了经济的发展。这一时期，钢铁、机械、纺织等重轻工业都有了快速发展，股票市场繁荣，社会投资旺盛。经济的快速发展，为普及义务教育提供了保障。

日本随着资本主义经济快速发展，到 1907 年，实施普及 6 年制义务教育的时机已经成熟。为此，日本提出延长义务教育年限，普及 6 年制义务教育。提出普及 6 年制义务教育主要有以下几个方面的因素：

首先，随着免费义务教育的实施和小学校的快速发展，学龄儿童就学率大幅度提升，为普及 6 年制义务教育奠定了基础。1900 年颁布的《改正小学校令》，取消了 3 年制寻常小学，将寻常小学修业年限一律改为 4 年。在发展寻常小学的同时，积极发展在寻常小学附设 2 年制的寻常高等小学。1900 年，寻常高等小学 4366 所，占小学校总数的 16.26%。到 1907 年，寻常高等小学达到 9550 所，占小学校总数的 35.21%，为普及 6 年制义务教育做了准备。特别是实施免费义务教育后，学生就学不

---

① 滕大春：《外国教育通史》第 4 卷，山东教育出版社 1989 年版，第 411 页。

再缴费,由市町村和国库支付义务教育经费,学龄儿童就学率有了大幅度提升。1900 年,学龄儿童就学率 81.67%;1907 年达到了 97.38%。6 年制寻常高等小学的发展和学龄儿童就学率的上升,为延长义务教育年限做了充分的准备。

其次,国库增加对义务教育的补助,为延长义务教育年限提供了财政保障。1896 年颁布的《市町村立小学校教员年功加俸国库补助法》,对在同一学校连续工作 5 年以上的教员发给教龄津贴,第一次以法律形式规定国家对小学教育经费进行补助。1899 年颁布的《小学教育费用国库补助法》,规定国库每年支出一笔补助款拨给市町村用来充作小学教育经费。1900 年合并了以上两项法令,颁布《市町村立小学教育费用国库补助法》,对小学教育经费实行国库补助,每年从国库支出 100 万日元,作为小学教师的教龄津贴及特别加薪之用。1900 年颁布《改正小学校令》,废除征收学费制度,实行 4 年制免费义务教育,确立了免费的义务教育制度。经济是教育发展的基础,经济发展水平决定教育发展的速度和规模。普及义务教育是一种政府行为,离不开政府的财政支持。从 1900 年至 1907 年,随着日本资本主义经济的快速发展,国库及市町村对教育投入比例不断加大,民众收入有了大幅度提高,国民生活趋于近代化,为延长义务教育年限打下了坚实的经济基础。

第三,在迈向近代化的过程中,随着经济社会发展和文明程度的提升,日本民众对国民教育重要意义的认识有了较大提高。普及义务教育、延长义务教育年限,离不开民众的支持。日本民众逐渐认识到送子女上学的益处,对延长义务教育年限表现出很高的热情。很多民众认识到,义务教育 4 年所学知识不如 6 年学到的知识多,义务教育年限过短,儿童过早离开学校,不利于儿童的成长。日本当时常用的汉字有 8000 多个,其中需要熟练掌握的汉字 1500 个。4 年制寻常小学课本中儿童常用的汉字仅有 500 多个,高等小学课本中使用的汉字也只有 1000 多个。很多民众希望儿童掌握更多日常使用的汉字,学习更多知识和技能。民众对普及义务教育的支持,为延长义务教育年限打下了牢固的思想和舆论基础,创设了良好氛围。

总之，到 1907 年，日本政府认为延长义务教育年限的时机已经成熟，开始提出延长义务教育年限，实施 6 年制义务教育。

二、修订《小学校令》，确立普及 6 年义务教育制度

1906 年 9 月，文部省组织人员开始着手制定修改小学校令草案，其目的是延长义务教育年限，实施 6 年制义务教育，同时对小学教学科目进行调整。1906 年 12 月，文部省将修改的小学校令草案提交内阁进行讨论，内务省针对市町村财政能否支付问题提出质疑。虽然内务省不情愿地进行了审议，但提出要特别注意避免造成市町村财政上的困难。法制局和文部省协商后，对草案进行了较大幅度的修改。1907 年 2 月 9 日，草案经内阁会议通过后，上奏枢密院进行咨询。3 月 9 日，枢密院修改后同意草案。1907 年 3 月 21 日，《小学校令》修正案以敕令的形式公布。《小学校令》修正案从提出到颁布，前后经历了 6 个月的时间。

新修订的《小学校令》同《小学校令》和《改正小学校令》相比，增加和改正了以下几项内容：

（1）将寻常小学修业年限由 4 年改为 6 年，实施 6 年制免费义务教育。高等小学修业年限改为 2 年，也可以为 3 年。

（2）寻常小学必修科目增加了日本历史、地理、理科、绘画、唱歌，对女生增加了手工，劳动科为选修课；高等小学选修科目手工、农业、商业、英语可以选修一科或几科，也可将农业、商业科课程进行合并。

（3）废除私立小学，一律改为公立小学。①

新修订的《小学校令》规定：从 1908 年 4 月开始，实施 6 年制免费义务教育。

1907 年 3 月 25 日，文部省发布训令，要求各地认真贯彻实施新修订的《小学校令》。文部省在训令中阐述延长义务教育年限理由时指出：

①　王桂：《日本教育史》，吉林教育出版社 1987 年版，第 199 页。

"将义务教育年限即寻常小学修业年限延长至 6 年，是此次修改小学校令的重点所在。之所以如此，是因为以往的修业年限难以完成义务教育的办学宗旨。明治 33 年在制定小学校令之际，就已经认识到延长年限的必要性。由于当时 4 年制义务教育尚未普及，所以只鼓励将寻常小学与 2 年制高等小学并设，以备将来能够实行。近来不仅义务教育得到广泛普及，寻常小学与高等小学合并的学校也大增。如今延长义务教育年限时机已经成熟，加之战后（日俄战争）有不断提高国民德智的需要，这就是延长义务教育年限的缘故。"①

文部省在训令中强调，学龄儿童从达到就学年龄的那一天起，就是小学第一学年的开始，学完寻常小学所有的课程，就是学龄儿童就学的结束。要求学龄儿童的父母或监护人自儿童就学开始到结束，负有监督儿童就学的义务。新修订的《小学校令》进一步强化了政府在普及义务教育中的责任，强化了父母或监护人监督儿童就学的义务。

1907 年新修订的《小学校令》提出实施 6 年制义务教育，建立普及 6 年义务教育制度，揭开了日本近代普及义务教育的新篇章。

第二节　普及 6 年制义务教育的实施

一、小学校的快速发展与办学规模的扩大

（一）小学校设置的变化

实施 6 年制义务教育，带来了小学课程设置的变化。文部省开始调整寻常小学和高等小学的课程设置，将高等小学第一、二学年的课程改

---

① 王慧荣：《近代日本女子教育研究》，中国社会科学出版社 2007 年版，第 146 页。

编为寻常小学五、六年级的课程，高等小学性质发生了转变。

　　义务教育年限延长之前，儿童就读高等小学是进入中等学校不可缺少的阶段。随着寻常小学 6 年制的实施，寻常小学 6 年制课程与中等学校相衔接，大部分寻常小学学生毕业后可以直接进入中等学校，升入高等小学的人数开始减少。高等小学的课程设置仅与师范学校本科第一部及部分实业学校相衔接，大部分高等小学学生毕业生后不能升入高一级的学校。为此，文部省在 1907 年发布训令，要求加强对高等小学的设置。文部省在训令中强调：

　　　　"高等小学原本是对接受完义务教育的儿童进行的更高一层的教育。对于接受完义务教育后，还想继续接受 2 至 3 年教育的人来说，与其进入中学或高等女校后中途退学，不如从一开始就进入高等小学接受相应教育并完成学业，成为年轻有为的人。因此，随着义务教育年限的延长，非但没有理由废止已设立的高等小学，反而在必要的情况下，还要考虑新设问题。"①

　　为推进高等小学的发展，使高等小学课程设置与现实生活联系更加紧密，1910 年 12 月 24 日，文部省发布《重视高等小学设置实业科目（农业·商业）》的训令，鼓励高等小学加设农业、商业等选修课，使学生学到更多的实用知识，以增强实际应用技能，适应经济社会发展的需要。

　　1911 年 7 月 31 日，文部省对《小学校令》及《小学校令实施规则》进行修订。文部省在修订说明中强调：

　　　　"高等小学的办学目的在于对接受完义务教育的儿童进行普

---

　　① ［日］国立教育研究所：《日本近代教育百年史》第 4 卷，文唱堂 1974 年版，第 936 页。

通教育以及培养他们的国民道德涵养。与此同时，传授生活中必不可少的知识和技能，从而使其进一步具备毕业后不管从事那种工作都能适应的能力。在原来的科目中设置手工、农业和商业科，是为了适应形势的需要，而且设置这些科目的高等小学越来越多，除少数学校外几乎都有这些科目。由此可见，在此次修订案中，应将它们改为必修科目，儿童必修手工、农业、商业科中的任意一科，而且要增加课时，只有这样才能达到设置这些科目的目的，才能贯彻高等小学的办学宗旨。……设置这些与实业相关的课程，是此次修改《小学校令》及《小学校令实施规则》的宗旨。各地要进一步改善小学校设备，补充教学人员，在没有设置这些科目的地方要加快普及进度。"①

文部省通过对《小学校令》及《小学校令实施规则》进行修订，进一步强化了高等小学课程设置的实用性。将高等小学科目中加设的手工、农业、商业科由选修课改为必修课，废除了英语课程。增加手工、农业、商业科的每周授课时间，由2小时增加到6小时。在手工课方面，新增加了简易制图课。女生在理科课程中，注重与家事方面相结合。

日本在延长普及义务教育年限的同时，并没有忽视高等小学的发展，而是强化了对高等小学的设置，鼓励寻常小学毕业生在接受完义务教育后进入高等小学学习。积极调整高等小学的课程设置，将手工、农业、商业科改为必修课，更加重视课程设置与实际生活的紧密联系，突出对学生进行实用技能的培养，教育内容更加贴近实际、贴近生活。

（二）寻常高等小学的快速发展

随着义务教育年限的延长，进入寻常小学的儿童大幅度增加。1908年，小学在校生5996139人，其中寻常小学在校生5363942人，占

---

① ［日］国立教育研究所：《日本近代教育百年史》第4卷，文唱堂1974年版，第937页。

89.46%；高等小学在校生 632197 人，占 10.54%。到 1917 年，小学在校生达到 7884536 人，其中寻常小学在校生达到 7149947 人，占 90.68%；高等小学在校生 734589 人，占 9.32%。1908 年至 1917 年，寻常小学在校生增加了 1786005 人，高等小学在校生增加了 102392 人，寻常小学在校生增加的幅度较大。小学在校生构成情况详见下图表：①

小学在校生构成情况（1908—1917）

年次	小学校儿童数		寻常小学科		高等小学科	
	实数（人）	比率（%）	实数（人）	比率（%）	实数（人）	比率（%）
1908	5996139	100.00	5363942	89.46	632197	10.54
1909	6473592	100.00	5969949	92.22	503643	7.78
1910	6861718	100.00	6335261	92.33	526457	7.67
1911	7023661	100.00	6452326	91.87	571335	8.13
1912	7037430	100.00	6432084	91.40	605346	8.60
1913	7095755	100.00	6466498	91.13	629357	8.87
1914	7263733	100.00	6593994	90.78	669739	9.22
1915	7454652	100.00	6740684	90.42	713968	9.58
1916	7654047	100.00	6924405	90.47	729642	9.53
1917	7884536	100.00	7149947	90.68	734589	9.32

（根据《文部省年报》整理）

1908 年，日本有小学校 26385 所，其中寻常小学 16139 所，占小学校总数的 61.17%；寻常高等小学 9231 所，占小学校总数的 34.98%；高等小学 1015 所，占小学校总数的 3.85%。随着义务教育年限的延长，单独设置的寻常小学、高等小学开始减少，寻常高等小学数量显著增加，特别是单独设置的高等小学急剧减少。1908 年，单独设置的高等小学 1015 所，到 1917 年减少到 308 所，占小学校总数的 1.20%。东京、大

---

① ［日］国立教育研究所：《日本近代教育百年史》第 4 卷，文唱堂 1974 年版，第 938 页。

阪、福冈、爱知在城市中还有部分高等小学，北海道、兵库、长野、岩手、秋田、大分、宫崎、冲绳8个道县已经没有高等小学了。

在这一时期，单独设置的寻常小学逐渐减少。1908年，单独设置的寻常小学16139所，到1917年减少到11704所。寻常高等小学显著增加。1908年，寻常高等小学9231所，到1917年增加到13617所，占小学校总数的比例由34.89%提高到53.13%。由此可见，随着普及6年制义务教育的实施，寻常高等小学校数量从1908年至1917年增长了近20%，成为小学校的主体。寻常小学和高等小学所占比例逐年减少，6年制义务教育的普及正在逐步得到落实。小学校种类构成情况详见下图表：①

小学校的种类构成（1908—1917）

年次	小学校总数		寻常小学		寻常高等小学		高等小学	
	实数（所）	比率（%）	实数	比率	实数	比率	实数	比率
1908	26385	100.00	16139	61.17	9231	34.98	1015	3.85
1909	26084	100.00	15358	58.88	9920	38.03	806	3.09
1910	25910	100.00	14305	55.21	10970	42.34	635	2.45
1911	25750	100.00	13688	53.16	11517	44.72	545	2.12
1912	25673	100.00	13104	51.04	12115	47.19	454	1.77
1913	25615	100.00	12764	49.83	12447	48.59	404	1.58
1914	25558	100.00	12402	48.53	12785	50.02	371	1.45
1915	25578	100.00	12178	47.61	13052	51.03	348	1.36
1916	25613	100.00	11936	46.60	13355	52.14	322	1.26
1917	25629	100.00	11704	45.67	13617	53.13	308	1.20

（根据《文部省年报》整理）

随着义务教育年限的延长，大部分高等小学科修业年限为2年，有部分学校为3年。1910年，高等小学中修业年限2年的在校生450079

① ［日］国立教育研究所：《日本近代教育百年史》第4卷，文唱堂1974年版，第939页。

人，占高等小学在校生的 86.32%；修业年限 3 年的 71325 人，占高等小学在校生的 13.68%。到 1917 年，高等小学中修业年限 2 年的在校生增加到 647579 人，占高等小学在校生的 88.93%，修业年限 3 年的 80629 人，占高等小学在校生的 11.07%。高等小学修业 2 年的在校生不断增加，修业 3 年的在校生出现减少的趋势。

（三）小学办学规模的扩大

随着义务教育年限的延长和学龄儿童就学率的提升，小学校均办学规模不断扩大。1908 年，小学校均学生 227.25 人，平均每天出席的学生 211.54 人，校均教员 5.09 人（其中本科正教员 3.04 人）。到 1917 年，小学校均学生达到 307.64 人，平均每天出席的学生达到 292.09 人，校均教员达到 6.61 人（其中本科正教员 4.83 人）。由此可见，在小学校均办学规模扩大的同时，校均教员数量也在明显增加，特别是每天平均出席的儿童数由 1900 年的 82.53%，提高到 1917 年的 94.95%，绝大多数儿童每天都能到学校学习。小学校均规模情况详见下图表：①

小学校的平均规模（1908—1917）

年次	一所小学校中			
	教员数（人）	本科正教员数（人）	儿童数（人）	儿童每天出席平均数（人）
1908	5.09	3.04	227.25	211.54
1909	5.54	3.25	248.18	230.59
1910	5.87	3.52	264.18	246.46
1911	6.12	3.76	272.76	254.54
1912	6.18	4.02	274.12	255.75
1913	6.14	4.20	277.02	259.40

---

① ［日］国立教育研究所：《日本近代教育百年史》第 4 卷，文唱堂 1974 年版，第 943 页。

年次	一所小学校中			
	教员数（人）	本科正教员数（人）	儿童数（人）	儿童每天出席平均数（人）
1914	6.25	4.42	284.21	267.28
1915	6.37	4.60	291.45	275.03
1916	6.48	4.72	298.83	283.35
1917	6.61	4.83	307.64	292.09

（根据《文部省年报》整理）

随着小学校规模的不断扩大，学校的学级编成及教学组织也发生了相应的变化。1909 年，文部省将每所小学校的学级数规定在 18 个以下。

随着义务教育年限的延长，单级学校明显减少，多级学校显著增加。1907 年，寻常小学中单级学校有 5109 所，2 级、3 级、4 级、5 级、6 级学校分别为 5285 所、2456 所、4741 所、1137 所、788 所。到 1912 年，寻常小学中单级学校减少到 1665 所，2 级、3 级、4 级、5 级、6 级学校分别为 2733 所、3377 所、1527 所、1418 所、4357 所、929 所。单级学校和 2 级、3 级、4 级学校数量大量减少，5 级、6 级学校数量明显增多，多级学校成为寻常小学的主体。寻常小学办学规模的不断扩大，是普及 6 年制义务教育政策得到落实的有力证明。

（四）实行二部授课制

随着义务教育年限的延长，为了不过多地增加市町村财政负担，文部省又提出实行二部授课制。文部省认为，与实行 6 年合班授课相比，二部授课制的教育效果会更好。1913 年，文部省在修改《小学校令实施规则》时，提出各地可根据实际情况，在小学中对部分儿童实行二部授课制度。1907 年，实行二部授课的小学校 884 所；1910 年，达到了 1281 所，在校生 275683 人。到 1917 年，实行二部制授课的学校 1075 所，在校生达到 296130 人。

实行二部授课制，虽然在一定程度上缓解了市町村教育经费紧张和教员不足的问题，推动了义务教育的普及，但实行二部授课制，缩短了学生在校的学习时间，使义务教育质量受到了一定的影响。

二、儿童就学人数的迅速增加

1907 年后，随着日本经济社会的快速发展，国库及市町村对义务教育的投入逐步增多。特别是实行免费义务教育后，学生就学不再缴纳学费，民众送子女就学的热情不断高涨，学龄儿童就学率迅猛增长。1907年，学龄儿童 7024930 人，就学人数 6841038 人，每日平均出席的学生5276113 人。到 1917 年，学龄儿童 8104815 人，就学人数达到 8001703人，每日平均出席的学生达到 7484930 人。学龄儿童就学人数详见下图表：①

儿童就学人数（1907—1917）

年代	学龄儿童数（人）	就学儿童数（人）	每日出席学生的平均数（人）
1907	7024930	6841038	5276113
1908	7264770	7107266	5581522
1909	7461172	7319399	6014787
1910	7474703	7335545	6385745
1911	7336867	7204897	6554481
1912	7344339	7214585	6565847
1913	7413168	7276924	6644636
1914	7577464	7445554	6831124
1915	7731938	7613367	7034694
1916	7901268	7791371	7257316
1917	8104815	8001703	7484930

（根据《文部省年报》整理）

---

①　［日］国立教育研究所：《日本近代教育百年史》第 4 卷，文唱堂 1974 年版，第 1007 页。

1907 年，日本学龄儿童就学率 97.38%，出席率 92.04%，通学率 75.11%。到 1910 年，学龄儿童就学率达到 98.14%，出席率达到 92.59%，通学率达到 85.43%。学龄儿童就学率达到 98% 以上，标志着日本基本实现了普及 6 年制义务教育。至此，日本近代普及义务教育完成了历史性的跨越，开始迈入一个新的发展阶段。儿童就学情况详见下图表：[①]

儿童就学状况（1907—1917）

年代	就学率（%）			出席率（%）	通学率（%）
	男	女	平均		
1907	98.53	96.14	97.38	92.04	75.11
1908	98.73	96.86	97.80	92.67	76.83
1909	98.86	97.26	98.10	92.54	80.61
1910	98.83	97.38	98.14	92.59	85.43
1911	98.81	97.54	98.20	92.99	89.34
1912	98.80	97.62	98.23	92.72	89.40
1913	98.74	97.54	98.16	93.01	89.63
1914	98.80	97.67	98.26	93.58	90.15
1915	98.93	97.96	98.47	93.89	90.98
1916	99.01	98.18	98.61	94.43	91.85
1917	99.05	98.38	98.73	94.63	92.35

普及义务教育水准的高低，是衡量一个国家现代化文明的标志之一。1910 年后，日本进入了普及 6 年制义务教育的巩固和提高阶段。日本义务教育的政策开始由强迫学生入学，重点转向巩固 6 年义务教育成果、提高义务教育质量上来，并积极谋划为实施 8 年制义务教育作准备。正

---

① ［日］国立教育研究所：《日本近代教育百年史》第 4 卷，文唱堂 1974 年版，第 1008 页。

如日本教育家麻生诚、天野郁夫所述："从 1912 年（日本历史上大正年代开始）起，日本义务教育政策的目的在于保持已经达到的入学情况并进一步发展，而不在于入学范围的扩大和人数的增加。"① 到 1917 年，学龄儿童就学率达到 98.73%，出席率达到 94.63%，通学率达到 92.35%。

三、改革课程和教学方法，加强修身和训育教育

（一）改革学校课程

1. 强调课程的实用性

实施 6 年制义务教育，小学教学科目和课程也须相应地进行修改。文部省规定：寻常小学必修科目包括修身、国语、算术、日本历史、地理、理科、绘画、唱歌、体操，增加了专为女生开设的裁缝课；增加了手工课，为选修科目；日本历史、地理、理科作为必修科目，从寻常小学 5 年级开设。高等小学作为寻常小学的延伸，在课程设置和教学内容上，注重设置与国民生活实际紧密联系的教育内容。高等小学的必修科目与寻常小学相同，同时设置手工、农业、商业、英语课，为选修科目。在这一时期，出于日俄战争后日本经济发展的需要，文部省特别强调小学必须开设手工、农业、商业等实用科目。②

寻常小学国语读本（卷一）

---

① ［日］麻生诚、天野郁夫：《教育与日本现代化》，刘付忱译，人民教育出版社 1980 年版，第 26 页。

② 饶从满：《当代日本小学教育》，山西教育出版社 1992 年版，第 23 页。

随着教学科目的调整，课程内容也进行了相应的改革。1908 年 9 月，文部省对 1900 年颁布的《小学校令实施规则》进行修改。在教学内容上，算术科增加了初级分数、混合运算等；日本历史科增加了建国体制、皇统无穷、历代天皇的伟业、忠良贤明的事迹、国民的勇敢、文化由来、与外国关系等内容；地理科增加了日本的地势、气候、区域划分、城市、物产、交通及地球的形状、运动等内容；理科增加了植物、动物、矿物等方面的内容，注重实物教学，增加了儿童能亲眼看到的自然现象、物理和化学现象、人体生理初级现象等内容；体操科改变原来只是教授一些简单的游戏，开始实行男、女生分开授课，对男子专门进行兵式体操方面的训练；绘画科成为小学必修课，要求学生能从绘制单个图形逐渐能绘制简单的形体，能够对身边实物进行描绘，绘制有色彩的图画。虽然手工科为选修课，但日本各地小学校都非常重视开设手工课。1900 年，日本仅有 33 所小学校开设手工课。到 1911 年，开设手工课的小学校达到 13007 所。

2. 小学教科书国定制度的加强

从 1903 年开始，日本对小学教科书实行国定制度，由文部省掌握小学教科书的著作权。在 1904、1905 年对小学教科书中的修身、国语、日本历史、地理、算术、绘画由文部省编纂的基础上，到 1910 年，小学所有学科教科书全部由文部省编纂。至此，日本全部完成了小学教科书由检定制到国定制的转变，各地小学校全部使用由文部省统一编纂的教科书。

修身教科书有学生用书 7 卷挂图、教师用书 4 卷挂图。在修身教科书编纂方法上，曾有以德目为中心进行编纂的"德目主义"和以人物为中心进行编纂的"人物主义"两种观点。经过反复讨论，文部省确定修身教科书的内容以教育敕语为核心，注重国家主义道德培养。在编纂上，目录部分按"德目主义"进行编纂，内容上按"人物主义"进行编纂。

文部省在编纂国语教科书时，对教科书的语言进行整齐划一的要求，使用的汉字量开始减少。在语言作品的选材上，不单选取文学作品，选材内容上还涉及地理、历史、理科、修身等方面的内容，作品选材更加广泛，涉及社会生活各个方面，更加注重知识的综合化。

文部省编纂的算术教科书，书中没有一个图表或一副插图，全部为黑色数字，这种编纂思想被称为"计算主义"。教科书内容从心算到笔算、从小数到整数、从加减到乘除，由易到难，循序渐进。在各个计算题后附有应用题，更加注重算术的逻辑性，注重培养学生缜密的算术理念。

（二）改革教学方法

1. 赫尔巴特教学理论的吸收和普及

明治维新后，日本在积极学习欧美国家教育制度的同时，还积极学习欧美国家先进的教育思想和教育理论。1887 年，德国人赫斯科莱特（Hausknecht. E，1853—1927 年）来到日本帝国大学讲授教育学，把赫尔巴特（Herbart，1776—1841 年）教育理论带到了日本。赫尔巴特教育学说旋即在日本兴盛起来，特别是赫尔巴特的教学理论在日本产生了广泛影响。赫尔巴特教育学说在日本"尤为风靡一时，当时几有不通其说、不能为教育家之现象。"

赫尔巴特是德国著名的教育家。赫尔巴特认为，教育的任务是以自由、完善、仁慈、正义、公平五种道德观为主要内容，教育学生形成良好的道德品质。他强调道德教育的重要性，认为道德教育要贯穿教育的始终，道德教育要通过学校教学来实现。赫尔巴特把教学作为全部教育理论的中心环节。他把教学分为明了、联想、系统和方法四个阶段。明了阶段是教学过程的第一步，学生要学习教材，教师要清楚地讲解教材；联想阶段要让学生深入思考，在旧观念基础上形成新观念；系统阶段学生观念处于静态的理解，在教师指导下找出一些确切的结论；方法阶段是让学生把系统化的知识运用到实际中。后来，赫尔巴特的门徒齐勒尔把"明了"阶段分成"分析"和"综合"两个阶段。齐勒尔的学生莱茵在此基础上，将教学阶段分成：预备、提示、比较、总括、应用五个阶段，成为风靡一时的五段教学法。

在赫尔巴特教育学说传入日本前，日本主要学习英、美功利主义教育思想。赫尔巴特的教育学说既能给学生以系统的知识和技能，又强调培养理想道德，所以颇受日本当局的欢迎。赫尔巴特教育学说注重个人道德品质培养及其建立在心理学基础上的具体、实用、操作性强的五段教学法，雄踞日本小学教学法的宝座，"几占教育界之大势力"，"直有风靡一世之概"。① 日本学者争先恐后地翻译出版赫尔巴特和赫尔巴特学派的教育著作，还根据赫尔巴特教育理论编写教育学著作。

在对赫尔巴特教育理论研究者中，谷本富和立柄教俊对赫尔巴特的研究最为深入。谷本富大力提倡赫尔巴特式五段教学法，在赫尔巴特五段教学法基础上，结合日本课程实际，制定各科五段教学法的范例：②

各科五段教学法

	第一段 准备	第二段 提示	第三段 比较	第四段 统合	第五段 应用
内容	分析、明确旧观念	提示新事物，或讲故事	展示类似、相反的事物，进行比较	以语言进行表达，使感念明确化	灵活运用到新事例中，记载在文章中
修身	举出日常事例，复习前次内容	提出新的事例，15－60分钟	就事例发表感想，进行裁判	以格言进行表示，发表演讲	设问、应用，进行作法演习
读书	提示目的，写出难字难词	范读，齐读，个人读	就旧观念的比较问答，文法演习	记录比较结果，记住、背诵	进行有条理有美感的朗读，听写、作文
历史	复习，进行有关已有知识的问答	新事实的故事	两个人物、两个时代的比较	归纳新事实和判断，进行记述	发表感慨，教习教训
地理	明确目的，进行既有知识问答	讲述新事实	与其他地区比较，与历史事件联系	概括，记笔记，板书抄写	写作文，就新课题进行问答

---

① 瞿葆奎、钟启泉、沈剑平：《教育学文集—教育与教育学》，人民教育出版社1993年版，第390－391页。

② 饶从满：《当代日本小学教育》，山西教育出版社1992年版，第25－26页。

续表

	第一段 准备	第二段 提示	第三段 比较	第四段 统合	第五段 应用
理科	观察实物，发言	报告要点	列举 2、3 个物体，比较异同	概括大意，记笔记	实际运用，临摹，写作文
物理化学	实验与观察，观察现象	说明，仔细的实验，提示新事实	与别的实验比较，进行问答	概括新知识，进行记述	就各种问题进行问答，纠正迷信
算术	提示目的、应用题，解释、复习	低年级展示实物，高年级马上解题	比较学生的回答，进行补正	提出模范解答，解释规则，默写	练习应用题
绘画	目的提示，必要的问答	以模型、摹本进行说明，画	比较新旧画和知识	确定绘画目的	模拟类似的物体，进行扩大或缩小
唱歌	说明歌章范唱	分节说明合唱	练习	练习	唱新歌章，在校外也唱
体操	复习	提示新课，并做示范，说明	进行新旧比较和联系	将新旧进行混合后做分类	演习，构成别的运动

　　谷本富对改造后的五段教学法作了具体说明：（一）准备阶段，即发现是否有与新教材相类似的旧观念，若有，要对其进行分析明确；（二）提示阶段，即准备就绪后，提示新事物；（三）比较阶段，即提示相似的或相反的事物现象，让学生进行比较判断，由观念进入到概念阶段；（四）统合阶段，即明晰各个概念综合后的结果，并用适当的语言进行表达，以便于记忆；（五）应用阶段，即提出新事物并让学生进行解释说明，或让学生用已学的知识写文章等，也就是试试看阶段。[①] 由此可以看出，赫尔巴特教学理论在日本通过吸收和改进，已经不是土生土长的赫尔巴特教学派了，而具有了"日本化"的特点。

　　赫尔巴特学派的五段教学法，注意儿童的心理活动，注重培养学生

---

　　① 饶从满：《当代日本小学教育》，山西教育出版社 1992 年版，第 27 页。

的学习兴趣，改变了过去那种呆板、死记硬背的教学方法，把发展学生的思维能力和运用知识解决实际问题的能力放在了极为重要的地位，这种教学方法形式灵活，教师便于运用，学生易于接受。赫尔巴特学派的五段教学法在日本通过教育报刊、教员讲习会、授课法讲习会等各种途径向小学校传授，得到了广泛而持久的推广应用，对当时日本中小学教育的发展和教育质量的提高起到了很大的作用。①

2. 小学教学模式的固定化

随着义务教育的普及和教学改革的进一步开展，日本各地小学校根据实际情况，积极探索和制定了具有本地本学校特色的教学模式，并使教学模式固定化。

1909 年，长野县内务部学务科编辑的《长野县教学规则事项》中，收纳了"南佐久郡平贺寻常高等小学校教务一览表"。南佐久郡平贺寻常高等小学校将授课分为"课内"和"课外"两种，详细列举了课内、课外的教学活动。在教程方面，将一年分为 3 个学期，校长在学年初制定教学时间表，教师根据教学时间表的安排进行授课。在教案方面，教师要在授课的前一天制定出教学计划，写出教学方案。在教学方面，教师要按照学校要求，精心备课，精心组织教学，做好校外授课，加强对学生的道德教育。在教学研究方面，将教学研究分为经常性研究和临时性研究，经常性研究由学校特别授课评论会每周举行一次；临时性研究包括到其他学校参观考察、利用农事放假等进行教学研究。长野县内务部制定的小学校授课模式，明确了校长和教师各自职责和工作程序，使教学模式被固定下来，校长和教师都能够做到有章可循。

北海道内务部教务科制定的《与教学相关的注意事项》中，比较清楚地对学校授课、教学细则、教案作了解释。提出教学是实现教育目标的手段，要按照国家的教学规则要求制定教学细则和教案。教学细则是

---

① 吴式颖、任钟印：《外国教育思想通史》第 8 卷，湖南教育出版社 2002 年版，第 365 页。

对每月、每周、每日教学的具体要求，校长确定的教学细则是国家对教师进行教学要求的具体化，教师要按照教学细则并根据学生的身体、智力等实际情况进行教学。要求把制定教学细则作为校长最重要的职责，教师根据教学细则制定具体学科的教案，形成了教学规则（国家）—教学细则（校长）—教案（教师）教学构成模式。

这一时期，日本各地小学校都制定了详细具体的教学细则。这种固定的教学模式虽然有利于实现教学的统一，达到实现国家意志、培养学生忠君爱国思想的目的，但在很大程度上，抹杀了小学教员在教学中的主动性和创造性。

（三）加强修身和训育教育

1. 修身科教育内容的演变

纵观日本道德教育的历史发展，国家主义和立世出身主义是贯穿其中的两条主线。前者体现的是重整体精神，后者则包含激励个体的要素。国家主义教育思想的核心是培养学生忠君爱国的思想。《小学校令》颁布以来，特别是《教育敕语》的颁布，日本进一步强化了学校道德教育。加强学校道德教育，最主要的途径是通过修身课来进行。日本小学校的修身教育是"根据《教育敕语》的宗旨，以启发儿童的良心、涵养其德性、教授人道实践的方法为主旨。"从 1904 年编纂第一期修身科国定教科书以来，日本正式进入了修身教育时代。

第一期国定教科书期间（1904—1909 年），修身教科书中包含有许多与资本主义发展相适应的内容。有关个人道德品质方面的勤劳、正直、忍耐等和有关社会道德的社会进步、自由平等的现代伦理，占有很高的比例。而关于国家领域的道德内容所占比例则较少。[①] 第一期国定修身教科书共有 163 篇德目，其中有关家庭的 17 篇、个人的 68 篇、学校的 5 篇、社会的 45 篇、国家的 24 篇、其他 4 篇。

---

① 史朝：《中日民族传统文化与教育现代化的比较研究》，河北大学出版社 2004 年版，第 113 - 141 页。

第二期国定教科书（1910—1917 年）是对第一期教科书的改正和补充。在修身教科书中，对国家道德和家庭教育的篇目有所增加，对个人品质和社会道德的篇目有所减少。在 161 篇德目中，有关家庭的 23 篇、个人的 61 篇、学校的 2 篇、社会的 38 篇、国家的 29 篇、其他 8 篇。从第一期国定教科书到第二期国定教科书可以看出，修身科更加注重家庭、国家道德方面的教育，强调对家长、对天皇尽忠的内容明显增多。修身教育中由"孝"先于"忠"的忠孝道德开始向"忠"先于"孝"、"忠孝一致"的国家道德转变。唐泽富太郎称这一时期的修身教科书是"基于家族国家伦理的教科书"。国定修身教科书所出现的德目详见下表：①

国定修身教科书所出现的德目分类表

时期 领域	第一期（1904—1909）		第二期（1910—1917）	
	德目（篇）	所占比例（%）	德目	所占比例（%）
家庭	17	10.4	23	14.3
个人	68	41.7	61	37.9
学校	5	3.1	2	1.2
社会	45	27.6	38	23.6
国家	24	14.7	29	18.0
其他	4	2.5	8	5.0
合计	163	100	161	100

2. 加强训育教育

训育一词在日本曾有"训练"、"教练"之意。谷本富在《实用教育学及教授法》一书中将训育解释为"教练"，村上俊江在《赫尔巴特教育学要义》中也将训育解释为"教练"。成富正义的《赫尔巴特主义教育学》、岩田严次郎的《宇氏赫尔巴特教育学阶梯》和藤代祯辅的《赫尔巴

---

① ［日］唐泽富太郎：《教科书的历史》，创文社 1960 年版，第228 页。

特教育学》中，都将训育解释为"训练"。20 世纪初，日本将训育解释为"管理、教授、训练"之意。

实现普及 6 年制义务教育后，日本更加注重小学教学质量的提高，强化对学生忠君爱国思想的培养，加强小学校训育教育。各地小学校把训育作为修身教育的重要手段，利用学校一切活动进行修身教育。

东京高等师范学校附属小学利用学校仪式、讲堂训谕、旅行、作业、集会等五种形式开展训育教育。学校仪式包括敕语捧读式、建校仪式、开学仪式、结业仪式、入学式、毕业典礼以及纪元节、天长节等，利用这些仪式陶冶学生情操，培养学生尊王爱国之心；讲堂训谕是校长将全校学生聚集一堂，传达与训育总体相关的方针；旅行是通过校外活动、远足旅行等培养学生的坚强意志和吃苦精神；作业包括进出教室的口令、教室的打扫、教学用具的准备、学级日志的记录、书桌内的整理、会场的准备等，培养学生的责任心和耐心，提高自制力；集会包括运动会、学艺会、同学会等，对学生进行社交训练。通过开展这些活动，达到对学生进行训练的目的。

校训也是训育的一个重要手段。校训是以学生为对象，直接向学生灌输教育敕语的思想。长野县松本寻常高等小学的校训如下：①

第一，应该以友爱、公正、刚毅（女生为柔顺）为主旨，并且奉行教育敕语的宗旨，履行忠孝之道。

第二，平时应该注重学校的体面。

第三，应该恭敬服从上级命令。

第四，人和事必须协同一致。

第五，应该强身健体，养成勤劳的习惯。……

---

① ［日］国立教育研究所：《日本近代教育百年史》第 4 卷，文唱堂 1974 年版，第 989 页。

长野县松本寻常高等小学校要求学生每天早晚背诵校训。学校制定《小学生须知》，创作校歌，将校训内容进一步细化，以此加强对学生的教育。

1907 年 9 月，福井县师范学校附属小学制定具体训育纲领。具体内容如下:①

福井县师范学校附属小学训育纲领

年级＼训练内容	莫忘恩义	要诚实	要友爱	要振奋精神
高等一、二年级	莫忘恩义	要诚实	要友爱	要振奋精神
寻常小学六年级	遵守校规，热爱学校	不要做违背良心的事，不要存在侥幸心理	同情幼、弱者，要宽容	积极面对困难，专心努力
寻常小学五年级	热爱学校，遵守校规	不要做违背良心的事，不说谎话	把别人的事当作自己的事，同情幼、弱者	努力学习功课，提高素质
寻常小学四年级	做父母的帮手，让父母放心	不说谎话，不要做违背良心的事	把别人的事当作自己的事，不说别人坏话	下定决心的事就要去完成，自己的事情自己做
寻常小学三年级	做父母的帮手，敬拜神社和祖坟	不说谎话，不自满	朋友之间要互相帮助，不说别人坏话	自己的事情自己做，克服困难
寻常小学二年级	向长辈问好	不说谎话，拾金不昧	友好玩耍，爱护生物	振奋精神，自己的事情自己做
寻常小学一年级	对长辈有礼貌	不说谎话	友好玩耍	振奋精神

---

① ［日］国立教育研究所:《日本近代教育百年史》第 4 卷，文唱堂 1974 年版，第 991 页。

福井县师范学校附属小学的训育纲领，总体上是让学生做到"莫忘恩义"、"要诚实"、"友爱"、"振奋精神"。学校将训育纲领张贴在教室，同时制定每学期的训练重点。各个年级围绕这四个方面要求，进行不同内容的教育，以达到训育的目的。这种有计划、有目的的训育教育，把德育与实际生活有机结合，具有一定的现实意义。

四、制定《师范学校规程》，加强对小学教员的培养

（一）颁布《师范学校规程》

随着普及 6 年制义务教育的实施，小学校对教员的数量和质量都有了新的要求。为此，1907 年 4 月 17 日，文部省颁布《师范学校规程》，明确师范学校的办学宗旨，即培养学生忠君爱国的思想，明了忠孝大义，磨炼意志品质，具有师表的威仪。规定小学教员要持有教员许可证。要求师范学校设置本科第一部和第二部。本科第一部作为师范教育的主体部分，招收修业年限 2 年或 3 年的高等小学毕业生，修业 4 年，毕业后任小学教员；本科第二部则是师范教育的补充部分，与中学校加强联系，招收中学毕业生，修业 1 至 2 年，毕业后也担任小学教员。[1] 师范学校本科第一部、第二部每一学级学生在 40 人以下。本科第一部公费男子毕业生服务年限为 7 年，公费女子毕业生服务年限为 5 年，本科第一部自费毕业生服务年限为 3 年；本科第二部公费毕业生服务年限为 2 年，自费毕业生服务年限为 1 年。

随着师范教育的发展，师范学校入学人数不断增加。1908 年，日本师范学校 75 所，师范学校本科第一部在校生 4837 人，本科第二部在校生 1717 人。到 1916 年，师范学校发展到 92 所，本科第一部在校生达到 5644 人，本科第二部在校生达到 2514 人。师范学校入学人数详见下表：[2]

---

① 朱永新、王智新：《当代日本师范教育》，山西教育出版社 1997 年版，第 4 页。

② ［日］国立教育研究所：《日本近代教育百年史》第 4 卷，文唱堂 1974 年版，第 1441 页。

师范学校入学人数（1908—1916）（人）

年次	本科第一部	本科第二部	预备科	讲习科	总数
1908	4837	1717	1341	3486	11381
1909	4222	1784	1438	2707	10151
1910	5593	2421	1380	3841	13235
1911	5766	2736	1150	5120	14772
1912	5866	2739	1023	4385	14013
1913	5849	2870	678	3770	13166
1914	5817	2703	776	3798	13094
1915	5654	2744	440	2533	11371
1916	5644	2514	437	2649	11244

（根据《文部省年报》整理）

这一时期，随着师范学校的发展，本科第一部、本科第二部招生数量有所增长，师范学校预备科、讲习科招生数量开始减少。1916 年，师范学校预备科、讲习科招生人数分别由 1908 年的 1341 人和 3486 人，下降到 437 人和 2649 人。

（二）女子师范学校的发展

随着普及义务教育制度的建立，特别是 1900 年实施 4 年制免费义务教育后，减轻了农民的经济负担，促进了女子就学率的快速增长，大大缩小了初等教育阶段男女就学率方面存在的差距。1900 年，女童就学率为 71.73%，到 1917 年，达到 96.14%。[①] 随着女童就学率的上升，升入师范学校的女生不断增多，各府县纷纷设立女子师范学校。东京、大阪、兵库、福冈、千叶、三重、长野、奈良、秋田、广岛、爱知、冲绳等先后设立了女子师范学校。1916 年，日本 92 所师范学校中，有女子师范学校 35 所。

---

① 王慧荣：《近代日本女子教育研究》，中国社会科学出版社 2007 年版，第 145 页。

由于女子师范学校的发展，小学校女教员人数逐步增多。1907 年，日本有小学教员 122038 人，其中女教员 27756 人，占小学教员总数的 22.74％。到 1916 年，小学教员发展到 166064 人，其中女教员 47265 人，占 28.46％。小学女教员数详见下图表：[①]

小学校女教员数（1907—1916）

年次	教员总数（人）	女教员数（人）	所占比例（％）
1907	122038	27756	22.74
1908	134337	34847	25.94
1909	144505	38322	26.52
1910	152011	40957	26.94
1911	157536	42739	27.13
1912	158601	43414	27.37
1913	157285	34479	27.64
1914	159754	44648	27.95
1915	162992	54810	28.11
1916	166064	47265	28.46

（根据《文部省年报》整理）

（三）实行小学教员检定制度

虽然师范学校培养的小学教员不断增多，但是小学教员中多数仍为非师范学校毕业人员。实行小学教员许可证制度以来，文部省相继制定了一系列关于小学教员检定的规章制度，对检定合格人员颁发教员许可证。1907 年，日本小学教员 122038 人，其中有教员资格证的 23031 人，占小学教员的 18.87％。在具有教员许可证人员中，师范学校毕业生 4199 人，检定合格人员 18832 人。到 1916 年，小学教员达到 166064 人，其中有教员许可证的 18515 人，占小学教员的 11.15％。在具有教员许可证人

---

① ［日］国立教育研究所：《日本近代教育百年史》第 4 卷，文唱堂 1974 年版，第 1444－1445 页。

员中，师范学校毕业生 7346 人，检定合格人员 11169 人。尽管小学教员数量有了明显增长，但小学教员中获得教员许可证的人数却相对较少，特别是通过检定取得小学教员许可证人员比例较少，取得小学教员许可证人员比例较前一时期有所下降。

在小学教员中，还有一部分无教员资格人员，即雇佣教员和代用教员。1907 年，小学教员中雇佣教员和代用教员 23281 人，占教员总数的 19.08%。到 1916 年，小学教员中雇佣教员和代用教员减少到 22877 人，占教员的总数下降到 13.78%。

由此可见，随着小学教员许可证制度的实施，1907 年至 1916 年，小学教员中无教员资格人员逐渐减少，小学教师队伍整体素质有了一定的提高。

五、学校管理的规范化和制度化

（一）学校管理走向制度化

随着日本义务教育年限的延长，学龄儿童就学人数不断增多，小学校的规模明显扩大，单级学校逐渐减少，多级学校逐渐增多，随之而来的是学校教职人员的增加和教学设施的增多。

小学校规模扩大后，日本各地逐渐加强对学校的管理。小学校建立"校务分担组织"，学校设置教务、庶务、总务、图书、卫生、治安等部门，配置专门人员，分工明确，职责具体，学校管理更加精细和具体，逐步走向规范化和制度化轨道。1909 年，文部省从全国小学校中评选出 32 所优良小学校的校务分担规章和校务管理办法，辑印成册，发至各地小学校学习交流。评选出的神奈川县寿小学的《校务分担规章》如下：①

---

① ［日］国立教育研究所：《日本近代教育百年史》第 4 卷，文唱堂 1974 年版，第 1012 – 1014 页。

为了便于给职员分配校务，分成教务、庶务、卫生、图书、机械、器具 6 个部门，全体职员都要履行任务，并在各部门设主任 1 名。

一、教务部必须履行的任务：教学管理和训练的相关事项；各科教学方针的相关事项；各科教学细目的相关事项；各科教学课时的相关事项；各科教学时间的相关事项；看护孩子的相关事项；儿童教养的相关事项；……不良儿童处分的相关事项；儿童成绩考察的相关事项；儿童品行核定的相关事项；儿童奖赏的相关事项；与家庭联系的相关事项；儿童名次的相关事项；开学和结业时间限定的相关事项；职员会议的相关事项；实地授课研究会的相关事项。

二、庶务部必须履行的任务：文件往来的相关事项；通知的相关事项；布告的相关事项；学校一览表的相关事项；拾到物品处理的相关事项；仪式相关事项；学校停课的相关事项；儿童入、退学相关事项；儿童出勤相关事项；儿童缺席处理相关事项；学籍整理相关事项；毕业生相关事项；家长会相关事项。

三、卫生部必须履行的任务：校园和校舍卫生相关事项；厕所卫生相关事项；换鞋处和放伞处的整理相关事项；运动场整理相关事项；采光同期温度相关事项；儿童身体检查相关事项；儿童急救相关事项；饮食注意的相关事项；处理患传染病儿童的相关事项；传染病注意的相关事项；运动游戏的奖励相关事项。

四、图书部必须履行的任务：教科用书、参考书、儿童阅览用书、杂志、政府公报、神奈川县公报、横滨市报、挂图等的整理保管和交接相关事项……

五、机械部必须履行的任务：理科机械、化学药品、动植物以及果物标本定做相关事项。

六、器具部必须履行的任务：教师用具、职员用具、职员办公室物品、事务室物品、仪式用品、勤杂工室物品等的整理保管和交接的相关事项；教学仪器和用具定做相关事项。

1910 年，奈良县宇智郡五条寻常小学的《校务分担规章》规定，在学校设立教务部、庶务部、治安部、保管部、总务部、学籍部、统计部、记录部、文件整理部、学园部、同窗会部 11 个部，各部设立 1 名主任，配备 1 至数名人员具体负责，并对各部职责作了明确规定。这些规章制度，完善了小学校的管理，促进了小学校的发展。

（二）加强对学校管理人员的设置

随着义务教育年限的延长和小学校规模的扩大，各地加强了对小学校管理人员的设置，各府县细化了小学校长的职责和权限。大阪府对市町村立小学校长的职责和权限规定如下：同市町村长协商编制学级、制定教学科目、检阅教案、监督教员的出勤情况、授予学业证书、举行节日仪式，整理小学有关的法律命令及各项规则、学籍簿、毕业生名簿、学校变迁史等，并在每月末将制定的教员考勤表上交到上级教育监督部门。对首席训导的职责和权限规定如下：监督所属职员、命令所属职员分担校务、检阅教案及其他必要的各类表簿、检阅职员上交的文件、管理职员年终加俸及其他有关于奖赏的事务，做好与各部门之间的联系、调查职员的出勤情况，校长不在时处理校长应负责的事务等。

这一时期，日本各地小学校都建立了职员会议制度。校长是职员会议的会（议）长，主持研究学校有关事务。对学校的一些重要事务，校长听取各方面的意见，并与全体职员协商，通过职员会议决定。由于小学校实行寄宿制，各学校普遍加强了对住宿学生的管理，专门安排男教员轮流值班。通过强化校长、首席训导等学校管理人员的设置，明确其职责和权限，加强了对学校的管理，促进了小学校健康发展。

　　20 世纪初，随着资本主义经济的快速发展，日本工业水平整体提升，逐步迈入工业化国家，进入了资本主义发展的新阶段。1907 年至 1917 年，是日本近代普及 6 年制义务教育的实现与巩固阶段。1907 年重新修订的《小学校令》，将义务教育年限延长到 6 年，从而确立了普及 6 年免费义务教育制度。到 1910 年，学龄儿童就学率达到 98.14%，基本实现了普及 6 年制义务教育。此后，进入巩固普及 6 年制义务教育成果、提高义务教育质量的新阶段。这一时期，日本普及义务教育有以下几个特点：第一，普及义务教育的政策和工作重点发生转变。1910 年实现普及 6 年制义务教育后，日本普及义务教育工作重点开始由强迫学龄儿童就学、扩大学校办学规模，转向巩固 6 年制义务教育成果、进一步提高义务教育质量上来。第二，寻常高等小学有了快速发展。随着普及 6 年制义务教育的实施，寻常小学、高等小学数量逐步减少，寻常高等小学数量有了快速发展，超过了小学数量的一半以上，成为小学校的主体。第三，注重提高普及义务教育质量。为适应普及 6 年制义务教育的需要，改革义务教育课程设置，突出课程的实用性，课程内容更加贴近生活实际；改革教学方法，吸收赫尔巴特教育思想和教学理论，并使赫尔巴特教学理论"日本化"，注重培养学生的实际能力。第四，加强修身和训育教育。进一步加强对小学教科书的控制，所有小学校全部使用由文部省编纂的教科书；改革修身科教育内容，突出训育教育，加强对学生道德品质的培养，军国主义思想开始渗透到义务教育中。第五，女子师范学校有了快速发展。随着女子就学人数的增加，升入师范学校的女生逐步增多，女子师范学校得到快速发展，为小学培养的女教员明显增多。第六，强化对学校的管理。小学校建立"校务分担组织"，进一步明确校长的职责和权限，学校管理向规范化和制度化迈进。

经济是教育发展的基础，教育的发展和进步离不开经济和生产的发展，经济和生产的发展也离不开教育的发展和进步。①这一时期，日本延长义务教育年限，实施6年制免费义务教育，正是经济和教育相互作用、相互推动、共同发展的结果。普及6年制义务教育的实现与巩固，为日本提出普及8年制义务教育构想作了准备。

---

① 鲁洁、吴康宁：《教育社会学》，人民教育出版社1990年版，第51页。

第五章

普及 8 年制义务教育的构想与落空 （1917—1945 年）

　　20 世纪初，随着资本主义的发展，日本进入垄断资本主义阶段，成为军事封建性帝国主义国家，具有强烈的侵略性。① 1914 年，日本参加了帝国主义重新瓜分世界的第一次世界大战，并在第一次世界大战中发了战争财，使其资本主义经济得到空前繁荣，初次成为世界超级大国。随后受战争和经济危机的影响，日本经济又陷入萧条危机之中。为了摆脱危机，解决国内矛盾，日本帝国主义加紧了侵略中国的步伐。1937 年，日本发动了向中国的全面侵略战争。1941 年，日本偷袭美国在夏威夷的海军基地珍珠港，向美国不宣而战，爆发了太平洋战争。1945 年 8 月 15 日，日本天皇宣布接受《波茨坦公告》，无条件投降，第二次世界大战结束。

　　两次世界大战期间，在对外侵略扩张政策的引导下，日本不断进行教育改革，建立军国主义教育体制，以适应侵略战争的需要。这一时期，日本多次提出实施 8 年制义务教育的构想并展开讨论。1917 年 12 月 6 日，临时教育会议咨询报告提出，将义务教育年限延长到 8 年，但由于实施 8 年制义务教育需要增加的经费过多，这项建议内阁没有采纳。1924 年，文政审议会提出普及 8 年制义务教育的设想，由于第二次护宪运动兴起，清浦奎吾内阁辞职，没能付诸实施。1937 年，教育审议会提出实施 8 年制义务教育，随即进行广泛的讨论。1941 年，日本颁布《国民学

---

　　① 吴廷璆：《日本史》，南开大学出版社 1994 年版，第 530 页。

校令》，正式决定实施 8 年制义务教育，但由于第二次世界大战爆发，日本全面进入战时状态，实施 8 年制义务教育计划最终落空。这一时期，日本围绕实施 8 年制义务教育，进行了一系列教育改革，多次修改小学校令，增加国库对义务教育的投入，调整改革学校课程，改革师范学校办学体制，加强学校管理，积极为实施 8 年制义务教育做准备。

第一节　普及 8 年制义务教育构想的提出与策略

一、临时教育会议提出普及 8 年制义务教育的构想

1912 年 7 月，明治天皇逝世，皇太子嘉仁继位，年号大正。1914 年，第一次世界大战爆发。第一次世界大战为日本资本主义经济发展提供了绝好的机会，推动了日本资本主义经济的快速发展。第一次世界大战使英国的纺织业陷入难以为继的境地，国际市场纺织品的价格因英国制品的断档而暴涨，客观上为日本纺织品进入国际市场提供了广阔的发展空间。随着工业的发达，进一步扩大了对燃料和原料的需求，煤炭、金属、机械、化学等工业蓬勃发展，日本工业结构发生了明显变化。1914 年，日本工业生产总值 13.72 亿日元。1919 年，达到 68.89 亿日元，增长了 4 倍多，日本经济社会出现了前所未有的繁荣，迅速从农业国转变为工业国。[1]

第一次世界大战结束后，随着产业资本主义的发展，日本阶级分化日益严重，由此而产生的民众政治运动逐步扩大，国内民众的民主思想日益高涨，各种思潮影响到了教育领域，出现了批判政府教育统制措施、主张尊重学生个性与自由等自由教育运动的呼声。[2] 在初等教育领域，日本各界对明治时期确立的教育体制和教育制度进行讨论和批判。为适应侵略扩张和经济发展的需要，日本开始对明治时期确定的教育制度进行

---

① 宋成有：《新编日本近代史》，北京大学出版社 2006 年版，第 271 页。
② 王新生：《日本简史》，北京大学出版社 2005 年版，第 140 页。

改革，以提高全体国民的教育水准，满足战争对人才的需要。1917 年 9 月，日本撤销教育调查会，设立临时教育会议。临时教育会议作为内阁的教育咨询机构，主要任务是重新审查和修订明治时期确立的教育制度和教育内容，为教育改革发展出谋划策，提供咨询和建议。平田东助任临时教育会议总裁。

1917 年 12 月，临时教育会议提出《关于补习教育的义务制及义务教育年限延长事项》的咨询报告，指出日本国民的思想是在三千多年的历史中孕育而成的，只是凭借外来思想的影响，一朝一夕不会动摇。但为了防止外来文化带来的恶劣影响，捍卫国体尊严，必须改革小学教育，把巩固儿童的道德信念作为建造帝国的根基。临时教育会议提出，小学教育要实现道德与国民教育的统一，采取因地制宜、因材施教的策略。认为目前实施的 6 年制义务教育，出现了"排满学科课程"的弊端，不能完全实现道德与国民教育的统一。指出欧美多数国家已经实施了 8 年制义务教育，同欧美国家比，日本的普及义务教育年限已经少了 2 年。为此，国家要采取措施，延长义务教育年限。临时教育会议建议从 1924 年起实施 8 年制义务教育。[①] 临时教育会议咨询报告中提出普及 8 年制义务教育的构想，在日本朝野引起了较大震动，在民间也被广泛议论。

临时教育会议提出普及 8 年制义务教育的构想得到了一部分政府官员的认同。但是，由于实施 8 年制义务教育不仅增加国库的负担，而且会增加市町村的财政负担，在当时情况下，国家和地方财力都难以支付，现有的小学教师也不能满足普及 8 年制义务教育的需求。因此，临时教育会议提出普及 8 年义务教育的咨询报告内阁没有通过。

1918 年 5 月，临时教育会议提出《关于初等教育课程改革事项》的咨询报告，就初等教育课程改革提出五点建议：（1）改革初等教育课程，做好寻常小学和高等小学课程的衔接，把地理、日本历史、理科等科目

---

① 贺国庆、于洪波、朱文富：《外国教育史》，高等教育出版社 2009 年版，第 403 页。

变成寻常小学 4 年级以后的必修课，对于低年级学生安排适合儿童身心健康发展的教学科目；把日本历史课放在更加重要的位置，改革教育方法，以国民道德教育为根本宗旨。（2）为高等小学毕业人员进行实践做好充分准备。（3）改革小学教科书的内容，使国民教育与道德教育并行，修身、日本历史和国语成为涵养儿童道德品质最重要的教学科目。（4）小学毕业生升入中学进行考试存在着弊端，如果考试与小学教育目的背道而驰，那么儿童身心将过度劳累，应采取适当的方法杜绝考试现象。（5）学校应加强与家庭之间的联系，注重学校与社会的合作。此次临时教育会议的咨询报告，没有提及延长义务教育年限问题，主要是针对初等教育质量和课程、考试等存在的问题提出了改革建议，为 1919 年修改小学校令做了准备。

1919 年 2 月，日本修改《小学校令》及其实施规则。此次修改的主要内容，从总体上减少了小学教学课时数。寻常小学增设了理科课程，增加了日本历史和地理的授课时数；高等小学教学科目有所增加。修改后的《小学校令》及其实施规则，强调小学校要注重培养学生的道德意识和国家主义精神，小学教学内容同国民生活实际紧密相连，培养学生独立自主的学习精神等。

二、文政审议会对普及 8 年制义务教育的讨论

1924 年 4 月 15 日，日本设置文政审议会，作为内阁直属的教育咨询机构。1924 年 5 月 3 日，文政审议会第一次向内阁提交咨询报告，提出普及 8 年制义务教育的设想。文政审议会咨询报告的主要内容：（1）延长义务教育年限，实施 8 年制义务教育；（2）废除寻常小学和高等小学的区别，废除 3 年制高等小学；（3）义务教育就学期限为儿童 6 至 14 岁；（4）小学教育科目除修身、国语、算术、日本历史、地理、数学、体操、唱歌、绘画、实业、裁缝等必修科目外，还应增加手工、家事、英语等科为必修科目。文政审议会的咨询报告，建议从 1925 年开始实施 8 年制义务教育。

文政审议会提出普及 8 年义务教育的设想，在日本朝野上下再次引起广泛讨论，特别是提出废除寻常小学与高等小学的区别，统一学校课程，得到了很多人的认同。然而这一咨询报告还没来得及实施，1925 年就因第二次护宪运动的兴起，清浦奎吾内阁辞职，咨询报告被撤回。从实际情况看，第一次世界大战后，随着世界经济危机的爆发，日本经济同样也出现了萧条的局面，加之 1923 年关东大地震，近 400 万人受灾，使日本经济受到重创。1924 年至 1932 年，日本宪政会 3 次组阁，民政党和政友会各 2 次组阁，内阁频换，政局不稳。此时提出普及 8 年制义务教育，只是执政者一种政治投机筹码，缺乏实施的财政基础。

虽然延长义务教育年限的设想没有实现，但文政审议会一直积极为延长义务教育年限、改革小学校制度进行调查，提出对策建议。1926 年 1 月 13 日，文政审议会向内阁提交了《关于改善高等小学制度的相关文件》的报告。根据这个报告，1926 年 4 月，文部省对《小学校令》及其实施规则进行修改，完善小学校制度。修改后的《小学校令》及其实施规则规定：高等小学必修科目包括修身、国语、算术、日本历史、地理、数学、体操、唱歌、绘画、实业（在农业、工业、商业中任选一科）、家事（女生）、裁缝（女生），加设英语为必修科。在高等小学开设实业课，成为小学校制度改革的关键，体现了日本产业发展对全体国民在知识和技能上的新要求。规定小学校要进一步加强道德教育和国民教育；高等小学教员数量要适应学级的需要，与教学科目、课时、学生数量相适应；二部授课制仅限于寻常小学，高等小学禁止实施二部授课制。实行这些改革有力地促进了小学校的发展和义务教育质量的提高。

三、积极为实施 8 年制义务教育做准备

（一）寻常高等小学显著增加

大正时期（1912—1926 年），日本高等小学就学儿童出现了明显增多。1912 年至 1935 年，日本小学校总体数量变化不大，寻常小学由 1912 年的 13104 所，减少到 1935 年的 7018 所，减少了 6066 所；高等小学由

1912 年的 454 所，减少到 1935 年的 175 所，减少了 279 所；寻常高等小学由 1912 年的 12115 所增加到 1935 年的 18606 所，增加了 6491 所。单独设置的寻常小学、高等小学大量减少，寻常高等小学数量显著增加，成为小学校的主体。小学校种类情况详见下图表：①

小学校的种类（1912—1935）（所）

年度	小学校总数	寻常小学校	寻常高等小学校	高等小学校
1912	25673	13104	12115	454
1915	25578	12178	13052	348
1920	25639	10459	14948	232
1925	25459	7822	17478	159
1930	25673	7114	18397	162
1935	25799	7018	18606	175

随着小学校数量的不断增加，儿童就学率显著上升。文部省对没有就学的儿童、中途退学儿童以及贫困儿童，采取就学奖励政策，鼓励儿童就学。1932 年，文部省发布训令，要求小学校为家庭贫困的学生提供膳食，以此对儿童进行资助。寻常小学及高等小学就学情况详见下表：②

寻常小学及高等小学的就学率

	1918 年	1925 年	1930 年	1935 年
寻常小学就学率	98.86%	99.43%	99.51%	99.59%
高等小学入学人数（A）	440042 人	706302 人	718052 人	879198 人
高等小学适龄入学人数（12 岁以上满 13 岁）（B）	1083292 人	1369551 人	1303277 人	1547049 人
高等小学就学率（A/B×100%）	40.62%	51.57%	55.1%	56.83%

（根据文部省年报整理）

---

① ［日］仲新：《学校的历史》第 2 卷，第一法规出版株式会社 1979 年版，第 102 页。

② ［日］国立教育研究所：《日本近代教育百年史》第 5 卷，文唱堂 1974 年版，第 110 页。

1918 年，日本寻常小学就学率为 98.86%。到 1935 年，就学率达到 99.59%，此后一直保持在 99% 以上。高等小学就学率也从 1918 年的 40.62%，提高到 1935 年的 56.83%。但是，从总体上看，有近半数寻常小学学生毕业后直接升入中等学校，高等小学就学率仍然偏低。

随着希望升入中等学校人数的不断增加，中等学校入学矛盾开始凸显，对小学教育也带来了一定的影响。由升学而带来的应试教育倾向在小学阶段越来越严重，很多小学校从第五学级开始，就为升学做准备，影响了教育质量的提升。为此，1927 年，文部省废除通过学科测试选拔入学者升入中等学校的办法，小学毕业升入中等学校实行推荐制，由小学校介绍学生学习情况、中等学校进行面试和身体检查选拔学生。同时，鼓励学生根据自身实际情况，选择进入实业学校学习，缓解中等学校拥挤的现象。

（二）颁布《市町村义务教育费国库负担法》

1917 年 11 月，临时教育会议在第一次咨询报告中，提出市町村立小学教员工资的一半实行国库补助的建议，提交内阁。经过讨论和修改，《市町村义务教育费国库负担法》于 1918 年 3 月 27 日颁布。该法令规定：市町村立寻常小学正教员和准教员工资的一部分由国库负担，采用定额制，负担金额为每年国库出资 1000 万日元。国库支出的金额一成（十分之一）以内可由文部大臣保留下来，用于对财政困难町村小学校的经费补助，剩余的资金按照市町村立寻常小学校的正教员、准教员数以及就学儿童人数比例进行分配。此办法实施前，日本对小学教员工资实行的是国库"补助"制度。从 1890 年开始，每年的补助金额为 250 万日元。此次国库的资金不再是"补助"，而是"负担"。国库资金由"补助"到"负担"，体现了日本以法律的形式规定政府在普及义务教育中应担负的责任。

《市町村义务教育费国库负担法》公布时，文部省在发布的训令中指出："当前国是越来越多，各方面都需要增加经费，国家实施振兴义务教育的计划，从国库中增加教育支出，使小学教员工资的一部分由国库负担，以此提高小学教员的待遇。国家力图通过这一措施改变小学教育状况，以此实现国家的振兴。因此，小学教员要尽职尽责，自觉提高德操。"① 实行义务教育费国库负担后，随着小学教师待遇的逐步提高，国库负担的比例越来越多。1923 年 3 月 28 日，日本对《市町村义务教育费国库负担法》进行修改，将国库负担额增加了 4 倍，达到 4000 万日元；1926 年，增加到 7000 万日元；1927 年，增加到 7500 万日元；1930 年，增加到 8500 万日元。日本不断增加国库对义务教育的支出，充分体现了国家对普及义务教育的重视及其对振兴本国义务教育的意志和决心。

实行义务教育费国库负担后，针对就学儿童不断增加、教育费支出明显扩大的实际，1918 年，临时教育会议提出节俭教育费用的咨询报告。1919 年 5 月 23 日，临时教育会议被废止，节俭教育费用的咨询报告没有得到落实。1921 年 7 月 23 日，日本在内阁设置临时教育行政调查会。临时教育行政调查会也提出了节俭教育费用的报告，提出要扩大小学校学级的规模，削减学级数量；在财力不足的町村采用二部授课或三学级两教员制；实施校长学级担任制，裁减辅助教员；财力不足的町村不设专任教员；控制校舍的新建、增建、改建等。通过上述方法，每年可节约教育费 1000 万日元。但是，由于同年 11 月 4 日首相原敬在东京火车站被右翼暴徒暗杀，这一计划未能实施。

1922 年 12 月，文部省根据临时教育行政调查会的咨询报告，发布了关于整备节俭小学校教育费的训令，要求通过在同一校内或同一市町村内学校学级合并，削减学级数；鼓励实行二部授课制或三学级两教员制；通过校长担任学级削减辅助教师；减少新建校舍，可将其他建筑转用为校舍；节约学习用品等。文部省关于节俭小学校教育费训令发布后，各町村通过整合小学教育资源，采取合级、合校、二部授课、精简教辅人

---

① ［日］国立教育研究所:《日本近代教育百年史》第 5 卷，文唱堂 1974 年版，第 26 页。

员的办法，减少了一定的教育费用支出。

这一时期，日本注重对儿童就学给予奖励。1923 年 1 月，日本皇太子成婚，赐予奖金 100 万日元，对儿童就学特别是贫困儿童给予奖励。国库每年按预算发给各道府县补助资金，道府县在此基础上再配比增加一些资金。国库补助金的五分之一可以由府县直接支配使用，其余资金发给市町村，奖励资金主要用于学生教科书、学习用品、被服、食品等方面的补助。1928 年 10 月，文部省制定《学龄儿童就学奖励规程》，对贫困儿童就学由国库补助金给予资助。1924 年，日本有 159031 名小学生受到奖励资助，占小学生总数的 1.73%；到 1934 年，有 1086899 名小学生受到奖励资助，占小学生总数的 9.68%，受奖励资助金额不断增加。学龄儿童就学奖励情况详见下表：①

学龄儿童就学奖励情况

年度	接受奖励学生		接受奖励金额	
	总数（人）	占小学生比重（%）	总数（日元）	每人接受金额（日元）
1924	159031	1.73	214355.18	1.35
1925	277085	3.02	435120.71	1.57
1926	306885	3.30	502623.23	1.64
1927	347342	3.66	544758.24	1.57
1928	448330	4.63	759527.85	1.69
1929	525221	5.33	949754.94	1.81
1930	631467	6.24	1114385.21	1.76
1931	733582	7.07	1253567.01	1.71
1932	878613	8.20	1310862.93	1.49
1933	952665	8.63	1377084.61	1.44
1934	1086899	9.68	1563042.10	1.43

（根据文部省年报整理）

---

① ［日］仲新：《学校的历史》第 2 卷，第一法规出版株式会社 1979 年版，第 118 页。

（三）改革小学校课程和教材，加强训育和生活指导

1. 改革小学校课程和教材

1917 年 12 月，临时教育会议在第二次咨询报告中，就改革小学校课程和教学提出建议：为在小学教育中彻底实施国民道德教育，巩固儿童的道德信念，特别需要在培养作为帝国臣民的根基上加大力度；为实现儿童身体健康发展，需要结合儿童身心特点进行教学；教学内容应以儿童能够理解和应用为主，纠正使儿童在不必要的问题上枉费心力的弊端；为不使教育方法划一僵化，需要采取适合当地实际情况的教学方法。1919 年至 1920 年，文部省几次调整改革小学课程，强化培养学生的国体精神，加强道德教育，并对小学教科书重新进行检定。主要包括以下几个方面：

改革修身教科书，增加生活教育内容。实行国定教科书制度以来，修身科一直在各学科中占据首要位置，《教育敕语》始终是修身科的重要内容。1925 年，修身教科研究会召开会议，对修身教育进行讨论，认为修身科和其他学科不同，它是以道德教育作为直接目的，修身科是站在各科教育之上的全人格教育的统一体；设立修身科的目的，是培养学生一种不断塑造自我的精神。小原国芳发表《修身教授革新论》，主张修身教育的目的是进行道德教育，主要是锻炼学生的意志和陶冶情操，不仅体现在修身课里，还要贯穿到其他课程和课外活动中，改革修身教育，必须重视生活的内容。千叶县师范学校附属小学教育训导石井信二在他的《修养课的自由教育》一书中认为，修身教育内容存在于儿童的实际生活中，所以要结合儿童的生活实际进行道德教育，根据生活题材充实修身课内容。1933 年，文部省将《寻常小学修身书》课本封面变成蓝色系的两色彩印，书中增加了大量的彩色图画，多为描绘学校生活和学生们日常生活的内容。

改革国语教科书，使其更加符合儿童心理特点。国语教科书除了修订以前使用的国定教科书《寻常小学读本》，还重新编纂了《寻常小学国

语读本》。新编纂的国语读本大量增加了文学方面所占的比重，封面为灰白色，寻常小学选用新旧两种课本中的任何一种均可。1933 年，小学教科书开始出现了彩色印刷的国语读本，封面为红色。《寻常小学国语读本》改为《小学国语读本》，第一卷以一篇"开了，开了，樱花开了"的文章开头，用片假名书写，教科书内容更加生动活泼，贴近生活。[①]

改革日本历史教科书，强化国家主义色彩。1920 年，文部省在修订日本历史教科书时，将《历史》改为《国史》，此后至 1945 年的 20 多年间，日本历史教科书一直称为《国史》。《寻常小学国史》中不仅列举了历史人物，还编纂了一些有趣味的历史知识和故事，使儿童在对历史人物产生敬仰的同时，了解日本历史事件。《国史》的 52 篇课文中，作为课文题目的人物有仁德天皇、菅原道真、德川家康、明治天皇等 46 人，在书中涉及的人物有 300 多人。《国史》成了一部人物的历史，强化了国家主义的色彩。

改革理科教科书，注重直观教学。理科教科书国定本最初是 1910 年由文部省理科书编纂委员会编纂的。1919 年，修改后的《小学校令》及其实施规则规定，寻常小学第四学年开设理科课程。为此，文部省理科书编纂委员会开始对理科教科书进行修改。修订后的理科教科书在内容上同 1910 年的教科书没有太多变化，只是书中增加了很多插图，教科书更加直观，学生更容易理解。

改革算术教科书，注重课程内容的实用性。1921 年，文部省开始修订算术教科书，书中增加了很多学生容易理解的图表、图解，教学内容更加直观。1929 年，文部省对算术教科书再次进行修订。1935 年至 1940 年，文部省出版发行了新教科书《寻常小学算术》，教科书封面颜色由以前的黑色变为相对明亮的绿色，所以被称为"绿皮书"。这种"绿皮书"具有开发学生数理思维、指导学生运用数学理论解决日常生活实际问题的理念。如算术课本中把一年中的购物、应急存款等用数、量、形混合

---

① ［日］海后宗臣、仲新：《近代日本的教育》，东书选书 1979 年版，第 134 页。

在一起，让学生进行整体计算，减少了整数的计算。以心算与珠算为主进行计算是"绿皮书"的特点。这种先进行心算的计算方法，是以前"黑皮书"所没有的。

2. 加强训育和生活指导

受欧美教育思潮的影响，特别是受杜威（Johe Dewey，1859—1952年）实用主义教育思想的影响，日本小学校广泛开展生活教育训练。

杜威提出教育即生活、教育即生长、教育即经验的改造，宣扬以"儿童中心"取代"教师中心"或"教材中心"，认为教师应是儿童生活、生长和经验改造的启发者和指导者。杜威认为学校即社会，人们在社会中更加真实地生活，才是身心成长和改造经验的正当途径。杜威把实践放在第一位，降低了理论和系统科学知识的作用。[1]

1919年2月9日，杜威到日本访学。杜威先后在东京帝国大学进行了八大系列讲座，到数百所中小学进行考察、宣讲，主要是针对中小教员和一般学校的教员，倡导先进的教育思想和教学方法，提出新的教育主张。杜威的著作《教育哲学概论》、《学校与社会》、《学校与儿童》等被译成日文，流传到小学校，在日本教育界轰动一时。一些日本杜威研究者上田正二、永野芳夫等开始研究杜威的教育思想，推动杜威教育思想在日本的发展。日本小学校开始加强教育与生活的联系，以儿童为中心，让儿童在"做中学"，把活动和劳动作为学校教学工作的核心，改变各门学科的教学方法，让儿童在活动和劳动中正确的理解和判断社会，在这样的学校里丰富生活，扩大视野，增长才干。但实际上，小学校是不能使学生真正懂得劳动知识和掌握劳动技能的。[2]

受杜威教育思想的影响，日本还创办了一些新的实验学校。野口援太郎创办的池袋儿童村小学校，主张一切以儿童生活为基础，以学生为中心，教师是倡导者，在学生需要时去指导，平时提倡学生自学，教师

---

[1] 滕大春、吴式颖：《外国近代教育史》，人民教育出版社1889年版，第509 - 511页。

[2] 王桂：《日本教育史》，吉林教育出版社1987年版，第217页。

为学生创造良好的学习环境；重视对自然和社会的学习，提倡艺术教育。池袋儿童村小学校当时成为日本进步学校的典范。

1929年，堀之内恒夫在《修身教育原理》一书中强调，应把修身教育的概念扩大到学校教育的各个方面，加强对儿童的生活训练。认为生活训练就是修身教育，就是以儿童实际生活作为直接对象，对儿童进行道德和身体上的实际训练。木下竹次在1923年发表的《学习原理》中也提出，教授、训练、养护在学习和生活中具有一体化的倾向。野村芳兵卫在东京池袋儿童村小学进行生活训练的实验，包括"公民训练"、"职业训练"、"保健训练"、"社交训练"、"文化训练"五项内容，各类训练均以"合作自治"为核心，而"生活训练"又是以"合作自治"为目标，通过这种"合作自治"的方式，让学生在兴趣中接受生活训练。

1912年，西山哲治创立帝国小学。作为初等教育阶段的新学校，规定一个学级定员在30人以内，实行小班额教学。帝国小学校规要求，教员要经常以慈祥的面容亲近学生，休息时间校长和教员都要在运动场和儿童们一起玩耍以实施灵活生动的道德教育，增进教员和学生的交流，加强道德教育和训练的机会，改变长期以来固有的教育模式。帝国小学学生每天早晨朝礼时都要高声唱"天皇陛下万岁"、"父亲大人母亲大人万岁"、"我们的老师万岁"、"我们的朋友万岁"、"帝国小学万岁"，以此对学生进行训育教育。1915年成立的成蹊小学，规定一个学级30人，全校共180人，通过小班教学，加强训育教育。成蹊小学创设人中村春二表示，要通过减少学生数量，实行个人对个人、一个老师对一个学生的理想教学模式。

1927年，文部省规定小学校将每年庆祝的节日由"三节"变为"四节"，即新年、纪元节、天长节、明治节，学校在"四节"要举行仪式。学生们入学和毕业时都要参拜神社。很多小学校举办学艺会，由学生自编自演反映学校生活的"学校剧"。

（四）新教育学派对初等教育的影响

第一次世界大战后，随着国际间文化教育交流的开展，欧美国家的新教育运动思潮传入日本。19 世纪末 20 世纪初在欧美掀起的新教育运动，旨在改造传统教育、使之适应现代社会变革的新要求。西欧的新教育运动被称为"新教育运动"，美国的新教育运动被称为"进步教育运动"。英国教育家雷迪在英国德比郡创办阿伯茨霍尔姆学校，主张学生身心自由发展。德国教育家利茨创办乡村教育之家，在学校创造一种无拘无束的家庭氛围。法国教育家德穆林在巴黎附近诺曼底创办罗歇斯学校，通过各种训练让学生身心健康发展。美国教育家帕克创办昆西学校，提出学校教育必须适应儿童的发展，儿童是学校的中心。受英国雷迪、德国利茨、法国德穆林、美国帕克等教育思想的影响，日本掀起了自由主义的教育思潮。

1921 年 8 月，日本创刊《教育学术界》杂志，发表了许多有关新教育学说的理论。日本学术协会举办"八大教育主张"演讲会，动员主张新教育论的 8 人进行演讲。从 1921 年 8 月 1 日至 8 日连续演讲 8 天，参加人员最多时达到五千多人，表明了当时人们对新教育的渴望。此次演讲会的记录，辑印成《八大教育主张》出版发行，并重复印发多次。

"八大教育主张"分别是：（1）樋口长市演讲的《自学主义教育的基础》，提出"自学教育论"。反对万能主义的教授方法，提倡自主学习，尊重儿童自主学习精神，利用儿童内在潜力自主获得知识。（2）河野清丸演讲的《自动主义的教育》，提出"自动教育论"。强调自我行动在知识技能形成中的作用，从儿童自身的观点出发，通过自我创造达到教育目的。（3）手塚岸卫演讲的《自由教育的精髓》，提出"自由教育论"。主张给儿童和学生以自由，通过自由学习唤起儿童学习的自觉性，养成自己学习的习惯，使其达到自由协调发展的目的。（4）千叶命吉演讲的《满足一切行动和创造教育》，提出"一切行动皆满足论"。主张要满足儿童预想做的一切，不设班主任，由儿童自己管理自己。（5）稻毛诅风演讲的《真实地创造教育》，提出"创造教育论"。主张教育的直接目的是创造卓越的人格，受教育者以全人格为对象，其主要动力是创造性。（6）及川平治演讲的《动的教育的重点》，提出"动的教育论"。要求唤起儿童的兴趣和要求，通过儿童的活动，使其得到学习，启迪儿童智慧。（7）小原国芳演讲的《全人教育论》，提出"全人教育论"。认为教育的内容包含人类的全部文化，主张教学不单是传授知识，而应着眼于学习，要唤起学生的求知热情，让学生掌握钻研的方法。（8）片上伸演讲的《文艺教育论》，提出"文艺教育论"。主张教育要依赖文艺思想，通过文学、绘画、音乐、舞蹈等形式对人进行教育。"八大教育主张"在日本教育界一时声名鹊起，旋即发展成一种教育思潮。从他们的演讲题目看，大都以"自"开头，如"自学"、"自动"、"自由"等，强调自我，突出"创造"和"全面发展"，着眼于以儿童为中心，尊重儿童天性，发展儿童个性，充分培养他们的独创能力。①

　　"八大教育主张"的教育思想在一些师范学校附属小学和私立小学积极进行实验。长野师范学校附属小学进行了以"儿童生活"为中心的实验，注重对学生进行生活指导。学生三年级开始"盖鸟巢"，四年级开始"对长野市进行研究"，改变以教科书为中心的授课方式，发挥儿童的自主性。及川平治在兵库明石女子师范学校附属小学进行"分组式教学法"的实验。手塚岸卫在千叶县师范学校附属小学进行儿童自由教育实验。东京女子高等师范学校附属小学、鹿儿岛女子师范学校附属小学以及长野、京都、富山等县师范学校附属小学都在进行新教育实验。私立小学如成城小学、成蹊小学、儿童之村小学、明星学园等也陆续开展新教育实验。沢柳政太郎在成城小学以实现"生动活泼的儿童教育"为目标进行实验，提倡"四育"，即尊重个性的教育、亲近大自然的教育、情绪教育、以科学研究为基础的教育，从学校体制、课程设置、学习指导、课外活动等各个环节进行改革性尝试。②

　　在教学方法上，强调学生的自主学习。木下竹次在担任奈良女子高等师范学校附属小学主事时，推行自主学习实践研究。他把学习形态分

---

　　① 李文英：《模仿、自立与创新—近代日本学习欧美教育研究》，河北教育出版社 2001 年版，第 216 页。

　　② 郑彭年：《日本西方文化摄取史》，杭州大学出版社 1996 年版，第 360 页。

开展新教育运动课堂教学情况

为学习指导定型、制定特设学习时间、合科学习三个方面。学习指导定型即制定学习顺序，将学习顺序定为：独立学习→相互学习→独立学习，即学生从独立学习开始，然后相互学习，最后再回到独立学习阶段。特设学习时间是指合理安排独立学习时间，给学生足够的时间进行独立学习，以学生个人学习为主，让儿童能够发挥其特长。合科学习是区别于分科学习而设定的学习方法，让学生根据自己的兴趣爱好选取材料，综合学习多方面知识。1923 年，到奈良女子高等师范学校附属小学参观人数超过 2 万人。可以看出，教学方法改革在当时引起了小学校的广泛关注。①

新教育学派特别是"八大教育主张"，虽然使日本教育呼吸到了一股新鲜空气，但它的影响是有限的。首先，这种影响只限于大多数中等阶级聚集的大城市，农村及偏僻地区受到的影响很小，大多数学校没有受到新教育思想的触动。其次，这种新教育运动只是在教学方法上的一种革新，国民教育的目的没有改变。到 20 世纪 30 年代，受军国主义的影响，这种新教育运动受到压制而销声匿迹了。②

---

① ［日］仲新：《学校的历史》第 2 卷，第一法规出版株式会社 1979 年版，第 108 页。

② ［日］小林哲也：《日本的教育》，徐锡龄、黄明皖译，人民教育出版社 1981 年版，第 29 页。

（五）小学教员培养构想的变化和教员规模的扩大

1. 师范学校从第一部主体论到第二部主体论

师范教育是社会化大生产和普及义务教育的产物，并随着经济的发展、政治的变革和教育的普及而发展变化。1872 年创建东京师范学校以来，日本师范教育有了长足的发展，特别是 1886 年《师范学校令》颁布后，确立了寻常师范学校和高等师范学校两级师范教育体系。[①]

1907 年，日本将师范学校分为本科第一部和第二部，以招收高等小学毕业人员的第一部为主体，以招收中学毕业人员的第二部为补充。随着师范学校的发展，有人提出废除师范学校本科第一部，将招收中学毕业人员的第二部作为师范学校的主体。在这种争议中，临时教育会议向内阁提出咨询报告，建议师范学校以本科第一部为主体，第二部与第一部并存；设置师范学校预备科，招收修业年限 2 年的高等小学毕业人员。这一建议被内阁采纳。

1917 年，富山县将男子师范学校和女子师范学校分设。1919 年，山口县将有男女生的师范学校二校分设为男子师范学校和女子师范学校。各府县开始分设男子师范学校和女子师范学校。

1924 年 12 月，文部大臣冈田良平向文政审议会提出建议：将师范学校第一部修业年限改为 5 年，废除师范学校预备科；师范学校第一部招收修业年限 2 年的高等小学毕业人员；将师范学校第二部修业年限改为 1 年，在师范学校设置修业年限为 1 年的专攻科。文政审议会采纳了冈田良平的建议。1925 年，文部省修改《师范学校规程》，将师范学校第一部修业年限延长到 5 年，设置修业年限 1 年的专攻科。

这一时期，日本围绕师范学校以本科第一部为主还是第二部为主，展开了激烈的讨论。全国教育组织帝国教育会建议师范学校招收 5 年制中学、5 年制高等女学校的毕业人员或同等以上学历人员，实施 2 年以上

---

① 吴文侃、杨汉清：《比较教育学》，人民教育出版社 1999 年版，第 511 - 514 页。

的师范教育。师范教育改造同盟建议提升道府县师范学校为专门学校，教员工资由国库负担。帝国教育会会长泽柳政太郎认为师范学校本科第一部入学人员年龄偏低，主张以第二部为主体。1931 年，文政审议会经过调查研究，决定将师范学校本科第二部修业年限改为 2 年，与本科第一部共同培养小学教员。1934 年，文部省师范教育制度调查委员会发布方案，废除师范学校本科第一部、第二部和专攻科，师范学校修业年限改为 3 年，招收中学毕业人员，同时设置招收高等小学 2 年毕业人员的 3 年制师范学校预科。

这一时期，师范学校有了一定的发展。男子师范学校由 1915 年的 47 所，发展到 1935 年的 56 所；女子师范学校由 1915 年的 35 所，发展到 1935 年的 46 所。1935 年，日本师范学校达到 102 所。师范学校设置情况详见下表:①

师范学校的设置情况（1915—1935）（所）

年度	男子师范学校	女子师范学校	男子、女子师范学校	计
1915	47	35	10	92
1916	47	35	10	92
1917	48	36	9	93
1918	48	36	9	93
1919	47	36	10	93
1920	48	37	9	94
1921	48	37	9	94
1922	49	37	9	95
1923	52	39	7	98
1924	53	40	6	99
1925	53	40	6	99
1926	56	43	3	102

① ［日］仲新：《学校的历史》第 5 卷，第一法规出版株式会社 1979 年版，第 62 页。

续表

年度	男子师范学校	女子师范学校	男子、女子师范学校	计
1927	56	43	3	102
1928	58	45	1	104
1929	59	46		105
1930	59	46		105
1931	58	46		104
1932	57	46		103
1933	57	46		103
1934	56	46		102
1935	56	46		102

（根据文部省年报整理）

1915 年，日本师范学校毕业生 7492 人，其中男生 5076 人，女生 2416 人。到 1930 年，师范学校毕业生达到 12223 人，其中男生 8058 人，女生 4165 人。此后，受师范教育制度改革的影响，师范学校招生和毕业生开始减少。1935 年，师范学校毕业生 7996 人，其中男生 5037 人，女生 2959 人。师范学校生情况详见下表：[①]

师范学校本科（第一部、第二部）毕业人员（1915—1935）

年次	男（人）	女（人）	合计（人）	男（%）	女（%）
1915	5076	2416	7492	67.75	32.25
1916	5016	2333	7349	68.75	31.75
1917	5019	2175	7194	69.77	30.23
1918	4679	2117	6796	68.85	31.15
1919	4768	2484	7252	67.75	34.25
1920	4658	2592	7250	64.75	35.75
1921	5193	2836	8029	64.68	35.32
1922	5508	3235	8743	63.00	37.00

---

① ［日］国立教育研究所：《日本近代教育百年史》第 5 卷，文唱堂 1974 年版，第 662 页。

续表

年次	男（人）	女（人）	合计（人）	男（%）	女（%）
1923	5992	3597	9589	62.49	37.51
1924	6805	4091	10896	62.45	37.55
1925	8379	4747	13126	63.84	36.16
1926	8649	4950	13599	63.60	36.40
1927	9182	5004	14186	64.73	35.77
1928	9289	4648	13937	66.65	33.35
1929	8679	4525	13204	65.73	34.27
1930	8058	4165	12223	65.92	34.08
1931	4807	3047	7854	61.70	38.80
1932	6967	3466	10433	66.78	33.22
1933	6130	3310	9440	64.94	35.06
1934	5530	2894	8424	65.65	34.35
1935	5037	2959	7996	63.00	37.00

（根据文部省年报整理）

2. 师范学校学生的入学及服务年限

第一次世界大战后，由于产业发展对各方面人才的需求增多，师范学校入学志愿者开始减少。直到 1925 年后，师范学校入学志愿者开始增多。对师范学校入学者的选拔主要是通过笔试、口试和身体检查来进行。

从师范学校男子入学情况看，1925 年，师范学校本科第一部男子入学学生中，2 年制高等小学毕业生占 68.0%，3 年制高等小学毕业生占 12.0%；本科第二部男子入学学生中，中学毕业人员占 79.0%。到 1935 年，师范学校本科第一部男子入学学生中，2 年制高等小学毕业生占 86.0%，3 年制高等小学毕业生占 5.6%，3 年制小学毕业生逐渐减少；本科第二部男子入学学生中，中学毕业人员占 96.2%。

从师范学校女子入学情况看，1925 年，师范学校本科第一部女子入学学生中，2 年制高等小学毕业生占 80.4%，3 年制高等小学毕业生占 10.4%；本科第二部女子入学学生中，4 年制高等女学校毕业人员占

85.1%，5年制高等女学校毕业人员占8.6%。到1935年，师范学校本科第一部女子入学学生中，2年制高等小学毕业生占91.5%，3年制高等小学毕业生占2.9%；本科第二部女子入学学生中，4年制高等女学校毕业人员占74.8%，5年制高等女学校毕业人员占22.9%。[①] 由此可见，师范学校本科第一部招收的男女生都以2年制高等小学毕业人员为主，招收的3年制高等小学毕业人员逐步减少。本科第二部招收的男子主要为中学毕业人员，招收的女子以4年制高等女学校毕业人员为主。

1926年，文部省规定将由文部大臣认定师范学校招收学生人数，改为由地方长官向文部大臣申请制。文部省对师范学校毕业生的义务服务期限进行修改，规定师范学校公费毕业生义务服务期最低为修业年限的一倍半，但不超过8年；自费毕业生义务服务期为修业年限的一半，但不低于1年，义务服务期限有所缩短。

从1925年神奈川师范学校对毕业生的调查情况看，十年前神奈川师范学校毕业生中，有20%的师范学校毕业生离开了小学教员的岗位，主要流向了产业部门，有一部分小学教员转到了中学任教。大多数毕业生能够在同一县内长期从事小学教员工作。

3. 小学教员规模的扩大

随着师范学校的发展，师范学校毕业生的增多，小学教员数量不断增加。1915年，日本小学教员162992人，其中训导、正教员125087人，准训导、准教员15629人，补助教员、待用教员22276人。到1935年，小学教员达到257691人，其中训导、正教员229570人，准训导、准教员5494人，补助教员、待用教员22627人。1915年至1935年的20年间，日本小学教员增加了94699人，其中训导、正教员增加104483人。小学教员情况详见下表:[②]

---

① ［日］国立教育研究所:《日本近代教育百年史》第5卷，文唱堂1974年版，第708－709页。

② ［日］仲新:《学校的历史》第5卷，第一法规出版株式会社1979年版，第131页。

小学教员总数及资格数（人）

年度	总数	资格职名		
		训导、正教员	准训导、准教员	补助教员、待用教员
1915	162992	125087	15629	22276
1920	185348	142010	16639	26699
1925	209894	168718	15192	25984
1930	234799	208262	8801	17736
1935	257691	229570	5494	22627

这一时期，文部省继续实行小学教员检定制度，对检定合格人员颁发教员许可证。继续实行考试检定和非考试检定两种办法。非考试检定人员主要为师范学校毕业人员及在其他学校获得教员许可证人员。1915年，日本共有19622名小学教员获得教员许可证，其中师范学校毕业人员7489人，通过考试和非考试检定合格人员12133人。到1935年，有26918名小学教员获得教员许可证，其中师范学校毕业人员7996人，通过考试和非考试检定合格人员18922人。

1918年，日本颁布《市町村义务教育费国库负担法》后，小学教员工资一部分由国库负担。随着经济的发展和财政实力的增加，日本小学教员工资标准不断提高。小学教员月薪详见下表:①

---

① ［日］仲新:《学校的历史》第5卷，第一法规出版株式会社1979年版，第129页。

1920 年小学教员月薪额（日元）

职　名		1 级	2 级	3 级	4 级	5 级	6 级	7 级	8 级	9 级
本科正教员	上	180	145	120	100	85	75	65	55	45
	下	160	130	110	90	80	70	60	50	40
专科正教员	上	120	100	80	70	60	50	40		
	下	110	90	75	65	55	45	35		
准教员	上	60	50	40	33					
	下	55	45	35	30					

从上表可以看出，1920 年，小学本科正教员 1 级上、1 级下月薪分别为 180 日元、160 日元；专科正教员 1 级上、1 级下月薪分别为 120 日元、110 日元；准教员 1 级上、1 级下月薪分别为 60 日元、55 日元。此后，国库对义务教育投入的比例不断加大，国库负担逐步达到小学教员工资总额的一半。

第二节　普及 8 年制义务教育方针的确定与落空

一、教育审议会提出普及 8 年制义务教育的设想

随着军国主义政权的确立和法西斯体制的形成，日本政府推行一系列军国主义和法西斯政策。1931 年，日本帝国主义侵占中国东北地区。1937 年，发动全面侵华战争。1940 年，日本与德、意法西斯公然签订反动军事同盟条约，于次年发动太平洋战争，第二次世界大战全面爆发。为了灌输法西斯军国主义思想，加强对青少年思想统治，日本实施军国主义教育。

1937 年 12 月，日本设置教育审议会，作为内阁的教育审议机构。教育审议会由内阁总理大臣监督，职责是根据调查咨询的情况，审议有关教育内容和教育制度。日本政府设置教育审议会，实质是要通过改革教

育制度和教育内容，达到"明征国体"、向学生灌输军国主义教育思想的目的。

教育审议会设总裁1人，委员65人，临时委员若干人。文部大臣可以出席会议并发表意见，有关教育审议会的议事规则由内阁总理大臣决定。荒井贤太郎任教育审议会第一任总裁，之后，由枢密院副议长担任教育审议会总裁并作为惯例固定下来。第二任总裁原嘉道，第三任总裁铃木贯太郎。

1937年12月23日，教育审议会召开第一次全体会议，内阁总理大臣近卫文麻吕在致辞中说：日本正值文化显著发展和不断更新换代时期，这种变化直接影响到教育内容和教育制度。日本面临重大时局变化，面对国内外形势，改革振兴教育，是实现日本飞跃发展不可或缺的重大决策，教育审议会要切实担负起推动教育改革的任务。当前，教育上的许多问题需要解决，有人提出要进一步贯彻"国体本义"，有人要求扩充民众的教育领域，有人提出要矫正学生课业负担过重及教学形式单一化弊端等。教育是国家的根基，处于国民生活及国民文化的基础地位。设置教育审议会，着手进行教育改革，实现教育振兴，具有重大意义。教育审议会自1937年12月成立至1941年10月13日第14次全体会议决定停止其审议职能，经历了3年10个月，期间召开特别委员会61次、整理委员会169次。

1938年7月1日，教育审议会召开第五次整理委员会，提出《关于国民学校、师范学校及幼儿园相关文件》试行方案。建议国民学校修业年限6年，国民实修学校修业年限2年，完成国民学校和国民实修学校的学习，才是义务教育的结束，义务教育年限应为8年。国民学校进行国民的基础教育，国民实修学校着眼于对国民进行实用技能的培养。国民学校低年级设国民科、自然科、训练科；高年级设国民科、自然科、体育科、训练科。国民实修学校设职业科、国民科、自然科、体育科、训练科。建议设置教育研究机构，全面提高教师的素质。

1938年7月6日，教育审议会整理委员会将试行方案提交特别委员会。特别委员会对方案进行了审议，审议后再次交给整理委员会进行讨论。经过整理委员会多次讨论修改，1938 年 10 月 25 日，特别委员会讨论通过了这一方案。1938 年 12 月 8 日，教育审议会通过了这个方案。

教育审议会通过的《关于国民学校、师范学校及幼儿园相关文件》中提出：（1）国民学校实施 8 年制义务教育；（2）国民学校分初等国民学校和高等国民学校，初等国民学校修业年限 6 年，高等国民学校修业年限 2 年。初等国民学校和高等国民学校统称为国民学校；（3）国民学校学生为 6 岁至 14 岁的儿童，市町村都要设立国民学校，让适龄儿童全部就学；（4）国民学校以对学生进行国民基础的训练为宗旨，把教育内容和日本道德相互融为一体，大力陶冶情操，增强国民的创造力；（5）国民学校课程分为初等国民学校课程和高等国民学校课程，初等国民学校课程包括国民科（修身、国语、国史、地理）、数理科（算数、理科）、体练科（武道、体操）、艺能科（音乐、习字、图画、作业、裁缝）4 门；国民科在第四学年以下开设，数理科在第三学年以下开设，体练科的武道在第五学年以上开设，艺能科在第四学年以下开设，其中裁缝课对第四学年以上女生开设。高等国民学校课程包括国民科（修身、国语、国史、地理）、实业科（农业、工业、商业、水产等多门科目）、数理科（算数、理科）、体练科（武道、体操）、艺能科（音乐、习字、图画、作业、家事、裁缝）5 门。（6）学校和家庭要助国民学校一臂之力。

从课程调整情况看，国民学校增加了实业课程科目，注重对学生实际能力的培养。特别是增加修身课教学时数，修身课注重宣扬"天皇是天神后裔"等内容，向学生灌输"忠君"、"勇武"等思想。在体练课中增加武道内容，培养学生"武士道"精神，实施军事训练。可见，教育审议会提出的教育改革建议，实质上增加了军国主义教育内容，在国民学校进一步确立了军国主义教育体制。

二、颁布《国民学校令》，确定实施 8 年制义务教育

根据教育审议会的建议，1941 年 3 月 1 日，日本以敕令形式颁布《国民学校令》，决定从 1944 年开始实施 8 年制义务教育。从 1941 年 4 月

1 日开始，实施国民学校制度，将明治以来 70 多年一直称作"小学校"的初等教育机构改名为国民学校，这在日本初等教育史上是空前的变化。①

《国民学校令》共 58 条。其主要内容：

（1）国民学校的目的在于以"皇国之道"为准则，实施普通初等教育，给学生以国民基础的训练。

（2）将义务教育年限延长到 8 年，国民学校初等科 6 年、高等科 2 年；对修完国民学校高等科课程的学生，可设置 1 年制的特修科。

（3）废止因儿童监护人贫困可免除儿童就学义务或休学的制度；对身心残疾儿童设立特别教育抚养机构，废除在家庭内进行义务教育的旧制度。

（4）改善国民学校教员待遇；国民学校设立教头和养护训导，可给予校长和教头奏任官待遇。

（5）国民学校初等科和高等科课程包括国民科、数理科、体练科、艺能科，高等科课程加设实业科。国民科包括修身、国语、国史和地理，数理科包括算数和理科，体练科包括体操和武道（女生可以免修），艺能科包括音乐、习字、图画和手工等。国民学校初等科为女生增设裁缝课；高等科增设实业科、外语等其他必要课程。②

文部省在颁布实施《国民学校令》的训令中指出，将义务教育年限延长到 8 年，原因有两点：其一，国家军事准备对青年进行前期教育的需要。认为儿童修完国民学校初等科之后，13、14 岁正是从儿童时代向青年时代过渡期，这个时期的生活环境和指导教养对儿童的一生有重大影响。所以，从日本面临的国内外形势看，在完备教育设施的前提下，给予学生适当的指导和有规律的养护、训练，涵养品德，提高智力水平，是增进国家发展特别是军事国防力量的发展、振兴产业的当务之急。其

---

① 王桂：《日本教育史》，吉林教育出版社 1987 年版，第 243 页。
② 王桂：《日本教育史》，吉林教育出版社 1987 年版，第 243 页。

二，从根本上改革国民教育内容的需要。认为随着国家的发展，需要扩充教育内容，改变偏重知识教育的弊端，增加人格教育的内容，这是 6 年制义务教育课程无法做到的。延长义务教育年限是更新和充实教育内容的需要。

1941 年 3 月 14 日，文部省公布《国民学校令实施规则》，共 137 条。提出要加强国民学校的皇国主义教育，学校一切工作要围绕灌输军国主义思想而展开。皇国主义教育要培养学生五种精神：（1）能够深刻认识国民精神，对国体有坚定的信念，具有完成皇国使命的自觉性；（2）具有一定的创造精神，能够为国家发展献身；（3）具有强健的身体和为国献身的能力；（4）具有高尚的情操和艺术表现力，有充实国民生活的实践能力；（5）了解国家发展产业的意义，热爱劳动，具有职业报国的实践能力。

根据《国民学校令》，1944 年实施 8 年制义务教育。但是，随着太平洋战争的爆发，日本全面进入战时状态，普及 8 年制义务教育计划没能付诸实施。1944 年 2 月 9 日，日本发布《国民学校令等战时特例》，宣布仍实施 6 年制义务教育。普及 8 年制义务教育最终落空。

三、战时体制下义务教育的军国主义色彩

1938 年 4 月 1 日，日本帝国议会通过《国家总动员法》，宣布日本进入战时体制。此时，无需议会批准，政府可以就物资分配、劳动力征用等加以控制，一切社会力量服从"战时"需要。在战时体制下，日本义务教育披上了浓重的军国主义色彩。

（一）小学校改建为国民学校

根据《国民学校令》规定，从 1941 年 4 月 1 日开始，日本将小学校全部改为国民学校。国民学校分为初等科和高等科，初等科实

东京明石国民学校

施国民一般的基础教育，高等科在初等科教育的基础上，加强国民实用技能培养，实现国民教育所规定的教育目标。《国民学校令实施规则》规定，国民学校的学级在 24 个以下，初等科每学级学生 60 人以下，高等科50 人以下。在国民学校设立特别学级或设立特别学校，对身体或智力残障儿童进行教育，被称为"养护学级"或"养护学校"。1941 年，日本的国民学校 26107 所，在校生 12451147 人。到 1945 年，国民学校达到26332 所，在校生达到 12817909 人。国民学校及其在校生情况详见下表：[①]

国民学校的学校数和学生数（1940—1945）

年度	学校数（所）	学生数（人）
1941	26107	12451147
1942	26170	12670711
1943	26325	12848196
1944	25889	12961310
1945	26332	12817909

这一时期，虽然学龄儿童就学率一直保持在 99% 以上，但仍有不能就学的学龄儿童，不就学的主要为家庭贫困和残障儿童。1940 年，不就学的儿童占学龄儿童的 0.35%。1941 年《国民学校令》颁布实施后，学龄儿童就学率逐年提高。到 1945 年，学龄儿童就学率达到99.79%，不就学的儿童仅占学龄儿童的 0.21%。学龄儿童就学情况详见下表：[②]

---

① ［日］伸新：《学校的历史》第 2 卷，第一法规出版株式会社 1979 年版，第138 页。

② ［日］伸新：《学校的历史》第 2 卷，第一法规出版株式会社 1979 年版，第140 页。

义务教育就学率（1935—1945）（％）

年度	计	男	女
1940	99.65	99.64	99.66
1941	99.72	99.70	99.73
1942	99.73	99.71	99.75
1943	99.76	99.75	99.77
1944	99.77	99.76	99.78
1945	99.79	99.78	99.81

（二）小学生的集体疏散

第二次世界大战爆发后，1940 年，德意日三国在柏林签订军事同盟条约，日本加紧了对外侵略扩张。1941 年 12 月 8 日，日本偷袭珍珠港，太平洋战争爆发，日本进入战时总动员状态。1942 年 4 月 18 日，美军对日本东京、名古屋、神户等地进行空袭，美国飞机进行轰炸。为防备美军轰炸，日本开始对一些重要场所实行疏散转移。

1943 年 12 月 10 日，日本发布《疏散少年儿童安置措施纲要》，对学校学生进行疏散转移。《帝国首都儿童集体疏散实施要领》中规定，对国民学校 3 至 6 年级的学生进行集体疏散，集体疏散要有计划地进行，疏散地区为神奈川县以外的关东地区及附近县域。学生被疏散借住的宿舍多为当地的旅馆、集会所、寺院、教会、别墅等，由教员陪伴学生到疏散地，指导学生学习和生活。学生在疏散地的食物和生活必需品由国家采取特别措施供给。

1944 年 7 月 20 日，日本公布《关于国库给予学童集体疏散地经费补助的决定》，指定东京以外的横滨、川奇、横须贺、大阪、神户、尼奇、名古屋、门司、小仓、户畑若松、八幡等 12 个市为学生集体疏散地。1944 年 9 月，文部省设置疏散儿童对策协议会，专门负责指导疏散学生工作。到 1944 年 10 月，日本被集体疏散的学生 411360 人，派遣训导人员 15980 余人，接收被疏散学生的府县 33 个，宿舍 7276 间，其中旅馆 1561 间、寺院 3514 间、其他 2201 间。

1944 年至 1945 年，用于国民学校学生集体疏散的经费及国库补助成为一笔巨额款项。1944 年，国民学校学生集体疏散经费总额 1.34 亿日元，其中国库补助 8296.93 万日元；1945 年，经费总额 1.81 亿日元，其中国库补助 1.08 亿日元。国民学校学生集体疏散所需经费及国库补助情况详见下表:①

关于集体疏散学童所需经费的调查

区分	疏散儿童数（人）	1944 年			1945 年		
		所需经费（日元）	监护人负担费用（日元）	国库补助金额（日元）	所需经费（日元）	监护人负担费用（日元）	国库补助金额（日元）
东京	200000	67055866	15200000	41484693	90893800	22800000	54475040
神奈川	40000	12411173	3040000	8296939	18178760	4560000	10895008
大阪	80000	26822346	6080000	16593877	36357520	9120000	21790016
兵库	30000	10058380	2280000	6222704	13634070	3420000	8171256
爱知	35000	11734777	2660000	7259821	15906415	3990000	9533132
福冈	15000	5029190	1140000	3111352	6817035	1710000	4085628
合计	400000	134111732	30400000	82969386	181787600	45600000	108950080
儿童每月进账	/	(41.91)	(9.50)	(25.93)	(37.88)	(9.50)	(22.70)

1944 年 8 月 22 日，文部省发布《关于集体疏散儿童教育的意见》，要求被集体疏散学生的教育设施由驻地国民学校提供，被疏散的学生尽可能与当地国民学校共用教学设施，做到生活有规律，形成以教员为中

---

① ［日］国立教育研究所:《日本近代教育百年史》第 5 卷，文唱堂 1974 年版，第 921 页。

心的家庭式和睦关系。要求学生在集体生活中遵守纪律，通过行学一体，实现教学目标。但从实际情况看，疏散时期日本国民学校的教学基本处于停滞状态。

在战时体制下，疏散的学生被安置在寺院、旅馆等地，虽然生活物资由国家特别提供，但条件极其艰苦。爱媛县学务部就节约使用学习用品发出通知，要求学生要爱护教科书，不能在书上标注假名，教科书尽可能循环使用。使用便条本时不要浪费，写错字时不要用橡皮擦，用铅笔打上斜线。垫板不要买新的，尽量用废弃的旧硬纸板做。裁缝和手工课用品尽量不要用新的，要使用旧的东西。另外，规定不要使用钢笔、自动铅笔、转笔刀、铅笔盒等物品，远足时使用平时背的书包。

在战时体制下，教学主要在宿舍内进行，或借用疏散驻地学校的教室，学生处在一种无法真正安心学习的状态。学生们因为经常参加劳动而停课，有时派高年级学生到工厂去劳动，派低年级学生义务割水稻、收集用做制造飞机燃油的松节油的松脂、为生产蓖麻油而种植蓖麻。由于厕所和浴室不足，学生四、五天才能洗一次澡，有的学生身上长了很多虱子、跳蚤。学生们忍受饥饿、寒冷，甚至发生偷盗等不良行为。据有的教员在战后回忆说："10 岁左右的孩子，忍受着远离父母的精神痛苦，每当夜幕降临，看着前往都市的列车，学生久久不愿挪动，无限寂寞涌上心头。夜晚因思念父母而哭泣的孩子很多。"学生们还经常被派去为出征士兵送行，或者迎接战死士兵的遗骨。总的看，虽然日本对被疏散学生的学习和生活给予了大量的财政补助，但无力改变战时的困窘，学校处于瘫痪状态。

（三）整合教育内容，培养"国体观念"

1. 实行"课程合并"

《国民学校令》规定，国民学校使用由文部省指定的教科书，所有教科书全部由国家出版。国家规定教科书之外的教材也要实行统一管理，地方教材或学校自编的教材要得到文部省的认可。国家进一步加强了对义务教育教学内容的控制。

国民学校课程合并为国民科、数理科、体练科、艺能科和实业科 5 科，被称为"课程合并"。文部省在陈述实行课程合并理由时指出：实行课程合并，主要是统一各方面的知识，避免各科课程分开，以此培养学生各方面的修养，提高国民综合素质，实现"皇国民炼成"的教育目的。

国民学校课程中，国民科的目的是教授学生道德、语言、历史、国土、国情等方面的知识，使学生明白国体精髓，培养国民精神和国民道德，以自觉完成皇国使命。数理科要让学生能够正确观察和处理一般事物现象，指导生活实践，培养合理创造精神，为国家发展贡献力量。体练科以锻炼身体、磨炼意志、培养强健的身体、献身奉公的实践能力为目的，让学生用强健的身体和旺盛的精力投身国家建设。艺能科要求学生学习国民基本的艺术技能，陶冶情操，提高国民生活素质。实业科要让学生了解国家产业情况，掌握农业、工业、商业和水产业方面的知识和技能，同时培养热爱劳动的习惯，培养为国家发展贡献力量的素质。①随着课程的整合，教科书也进行了全面修订。1941 年，发行新编纂的第五期国定教科书。第五期国定教科书带有浓厚的军国主义色彩。

2. 以培养"国体观念"为核心进行教学改革

《国民学校令实施规则》对国民学校教学提出十条要求：（1）遵照《教育敕语》和天皇颁发的有关教育方面的诏书，修炼皇国之道，对国家有强烈的信心；（2）对国民生活有基本的认知技能，培养情操，健全身心；（3）了解本国文化特征，了解东亚乃至全世界形势，认清使命，提高国民素质；（4）做到心身统一，避免教育、训练、养护相分离；（5）各种教科书在发挥各自作用的同时，要注意相互间的紧密联系；（6）注重仪式和学校的活动，教学和活动仪式相统一；（7）加强学校与家庭和社会的紧密联系，共同教育学生；（8）注重教育对国民生活的作用，高等科的教育内容要适应学生的未来职业需要；（9）关注学生的身心发育，根据男女生特点和个性进行教育；（10）唤起学生的学习兴趣，

---

① ［日］海后宗臣、仲新：《近代日本的教育》，东书选书 1979 年版，第 165 页。

培养学生自学的习惯。文部省要求，国民学校要强化授课、训育和养护，授课就是要让学生掌握知识技能，训育是用实践表达和训练情感，养护是对身体进行保育和锻炼，授课、训育、养护要做到合为一体。

在战时体制下，国民学校以"国民精神"、"日本精神"为核心，全面加强"国体观念"的培养，要求学生做到忠君爱国，忠义一体。新潟县中颈城郡户野目国民学校把崇尚"日本精神"作为学校的根本方针，推崇教育敕语、敬神崇祖、勤劳、感恩、武士道精神。很多学校都崇尚"日本精神"，特别是推崇敬神崇祖、武士道精神的学校更多。东京市富士见国民学校在推崇"日本精神"的同时，加强修身教育，注重对学生进行生活指导。新潟县户野目国民学校倡导劳动教育，让学生体会劳动乐趣，在劳动中得到训练。

国民学校将各种活动仪式与教学活动相统一，利用课外活动加强训育教育，包括共同上课、集体训练、音乐练习、体育运动及高等科的农耕、园艺等，使教学和训练一体化。这些课外活动每周3小时左右。东京府大泉师范学校附属国民学校发表了《国民学校教育的实践体制》书，认为国民学校是国民生活的修炼场，能够对国民生活进行指导，通过学校活动仪式对学生进行教育，使学生学到的知识技能和生活紧密相连。东京府大泉师范学校附属国民学校把"我们的生活目标是做天皇陛下的御民、复兴亚洲的孩子们"等标语贴在教室正前方，每天早晨上课前学生们一起朗诵。福岛县师范学校附属国民学校每周定期举行活动仪式，对学生进行体操、强行军、登山等方面的军事训练。

（四）加强师范学校的皇国主义教育

1. 师范学校进行"皇国之道的修炼"

1938年12月，日本教育审议会制定《师范学校要纲》。明确提出："师范学校的第一任务是培养教员，国民教育义务制的刷新整备也需要培养大批教员，如果不刷新教员培养制度，则难达到预期效果。因此，要从根本上对师范学校进行改革，重视皇国之道的修炼，培养能够担当国民教育重任的人员。将学校全部设施作为培养人才的道场，让学生认识到肩负皇国使命的重要责任，锤炼时代先觉的修养。"① 师范学校改革目的是要加强"皇国之道的修炼"，将师范学校本科第一部、第二部及专攻科的修业年限全部改为 3 年，主要招收中学、高等女学校、实业学校毕业人员；将师范学校改为中等学校以上的教育机构，成为培养国民学校教员的高等专门学校。

1941 年，教育审议会提出要迅速提高国民学校教员待遇，刷新师范教育制度。1942 年 1 月，内阁通过了《师范学校制度改革纲要》，指出师范教育目的是"沿皇国之道培养国民学校教员"，将师范学校由道府县立改为官立，升格为高等专门学校；师范学校设立预科，招收国民学校高等科毕业人员。

1943 年 3 月，文部省修改《师范教育令》，同时修改了《师范学校规程》。规定师范学校实行官立，升格为具有高等教育水平的高等专门学校，本科 3 年、预科 2 年；对师范学校进行合并，设置男子部和女子部；废除师范学校自费生，学生全部为公费生；设置师范学校研究科，作为培养国民学校指导性教员的机构；重视发展师范学校附属学校。同时，实行师范学校国定教科书制度，强化国家对师范学校教育内容的控制。

修改后的《师范学校规程》取消了明治以来一直强调培养师范学校学生顺良、信爱、威重"三气质"的规定，提出师范学校办学宗旨："阐明国体主义，自觉履行皇国使命；领会教学本义，培养为皇国尽忠之信念；学行一体，修炼身心，培养国民之德操，教育师表之资质；全校一体，振作修文练武之风，崇尚质实刚健，作兴勤劳之风；教育要适应国民生活实际，以实践体验学习为基础，培养自发研究精神；注重教育内容的统一，将全校设施用于人才培养。"② 整合师范学校教育科目，师范学校设国民科、教育科、理数科、实业科、家政科、体练科、艺能科、

---

① ［日］仲新：《学校的历史》第 5 卷，第一法规出版株式会社 1979 年版，第 78 页。

② ［日］仲新：《学校的历史》第 5 卷，第一法规出版株式会社 1979 年版，第 81－82 页。

外语科，增设修炼科，为必修课。修炼科融各种教育科目于一体，其目的是对学生进行"皇国之道的修炼"。

1943 年，日本对师范学校进行合并，将 103 所师范学校（56 所男校、47 所女校）合并为 56 所，原则上一个道府县设置 1 所。其中，男女同校的 47 所，学校中分设男子部和女子部；男子师范学校 9 所。师范学校全部改为官立高等专门学校。

从 20 世纪 20 年代到第二次世界大战结束，日本师范教育制度发生了重大变革。特别是 1943 年将师范学校升格为官立高等专门学校，既潜藏着对原来师范教育体制的批判意识，也为第二次世界大战后师资培养机构的升格及开放提供了值得参考的先例。[①]

2. 师范学校教学活动的军事化

1937 年，教育审议会在咨询报告中提出，要加强对师范学校设施的配备，将师范学校整体作为修炼道场。各师范学校都设置了修炼道场，加强对学生的训育教育。福岛县师范学校制定了学生训育的基本方针和内容，包括涵养国民精神、涵养教育精神、实行教材乡土化、劳作训练体验、培养公民教养、提高体育卫生质量六个方面。学校特别设置了修炼道场"明德寮"，学生进入"明德寮"要行礼，奉唱教育敕语、校训、报德训。同时，为提高训育效果，通过贯彻校训主旨，培养学生的报国信念；通过举行升国旗等仪式，培养学生的国体观念。

1938 年，日本颁布《国家总动员法》，建立举国一致的战时体制。日本对师范学校重新进行了编制，学校的一切活动都充满了战时色彩。1938 年，爱知县第一师范学校活动内容如下：[②]

　　1 月 8 日　全校学生参加第三师陆军阅兵式；

---

　　① 朱永新、王智新：《当代日本师范教育》，山西教育出版社 1997 年版，第 6 页。

　　② ［日］仲新：《学校的历史》第 5 卷，第一法规出版株式会社 1979 年版，第 83 - 86 页。

1月25日　召开冬季稽古武道大会，开始时应遥拜柄皇大神宫，祈求皇军武运长久；

2月12日　前一天夜间12：30全校职员学生集合，吃完夜饭之后凌晨1：10出发，参拜热田神宫，回来时参拜招魂社，早晨5：40回学校召开体操大会，齐唱爱国歌曲，7：00早饭后解散；

2月25日　迎接归来部队；

3月5日　同上；

3月10日　在陆军纪念日参拜招魂社、陆军墓地；

4月12日　新生参拜热田神宫，在国风寮举行宣誓仪式；

4月26日　靖国神社临时大祭之日在校园进行遥拜；

4月27日　迎接战死勇士遗骨；

4月29日　举行天长节仪式，职员、学生在北练兵场参加观兵式；

5月27日　全校学生参加海军纪念典礼；

6月8日　防空演习和服装检查；

6月14日　全校职员学生参拜伊势神宫；

6月23日　陆军少将讲演；

7月2日　召开夏季稽古校内武道大会，迎接战死勇士遗骨；

7月20日　开始集体勤劳作业；

7月27日　迎接归来部队；

9月1日　送出征部队；

……

12月6日　防空演习；

12月13日　迎接战死勇士遗骨；

12月21日　欢送出征部队。

各师范学校不仅举行多次欢送出征部队、欢迎归来部队、迎接战死人员遗骨、参加观兵式等战时特有的活动，还组织学生到热田神宫、招魂社、陆军墓地等参拜。师范学校通过开展体操大会、武道大会等，对学生进行军事训练。1941年8月，文部省设置学校报国团本部，要求各师范学校都要组织报国团。1944年，文部省制定师范学校战时非常措施，将师范学校学生编入到部队中。东京第一师范学校学生有的被编入到关东军需监理部运输队负责汽车运输，有的到海军作为预备队员接受航空训练，学校全部停课。

3. 小学教员的不足和素质低下

随着战争的进一步激化，国民学校男教员被动员到部队参加战争，学校中只剩下年老的教员、女教员、未到壮年的代用教员，国民学校教员不足和素质低下问题日益突出。1930年，国民学校教员234799人，其中男教员159589人，女教员75210人。1943年，国民学校教员304108人，其中男教员158293人，女教员145815人，男女教员比例接近1∶1。到1945年，国民学校教员310281人，其中男教员141878人，女教员168403人，女教员首次超过了男教员。国民学校教员情况详见下表：[①]

国民学校教员数（1926—1945）（人）

年度	计	男	女
1926	216831	144722	72109
1930	234799	159589	75210
1935	257691	176959	80732
1936	261462	178829	82633
1937	268685	181092	87593
1938	274154	180174	93980

---

① ［日］仲新：《学校的历史》第5卷，第一法规出版株式会社1979年版，第141页。

续表

年度	计	男	女
1939	278987	175514	103473
1940	287368	172608	114760
1941	297285	168942	128343
1942	—	—	—
1943	304108	158293	145815
1944	305719	147590	158129
1945	310281	141878	168403

在战时体制下，国民学校教员总数中，无资格教员（代用教员、助理教员）人数比例不断增加，其中大部分无资格教员为女教员。

1933年，日本小学校教员中无资格教员占8.97%，到1943年，无资格教员占国民学校教员总数的18.66%。无资格教员人数增多，主要是男教员被应征入伍，大批无资格教员进入学校，造成教师数量不足、素质低下，教育质量严重下滑。

（五）国民学校管理的军事化

在战时体制下，国民学校除设置校长和训导外，还设立教头、养护训导等。教头负责监督教员，协助校长管理教务工作；养护训导负责学校卫生保健工作，通过增强学生素质，适应战争的需要，为战时做准备。

在这一时期，日本各地设置国民学校职员讲习会，对教员进行再教育。职员讲习会有文部省管辖的国民炼成所，各都道府县教育行政部门设置的国民精神文化讲习会或职员炼成会等。1942年，青森县开办职员炼成会，对教员进行再教育。职员炼成会每周对教员培训一次，包括体操、武士道、登山训练等，以达到"磨炼心理与灵魂"的目的。

爱媛县成立国民精神文化讲习会，以整肃师德为目标，对教员进行培训。国民精神文化讲习会实行严格的作息制度：

5：00　起床，洗脸、坐禅、读经；

6：00　体操，作业；

7：30　早饭；

9：00　讲义；

12：00　午饭；

13：00　讲义；

16：00　洗澡及其他活动；

17：00　晚饭；

18：00　座谈、课外讲义或自习；

21：00　坐禅；

22：00　熄灯。

　　爱媛县国民精神文化讲习会聘请文部省教学官、政务次官、东京帝国大学教授、师范学校校长、县视学官等为学员授课。1944年11月，爱媛县将国民精神文化讲习会改为教学炼成会，讲习同样的内容。很多府县都采取了这样的形式对教员进行再教育，通过对教员的身心训练，向教员灌输军国主义思想。

　　从明治20年代起，文部省制定一系列学校内部管理的规章制度，对加强学校管理、维护学校秩序起到了一定的作用。大正时代，随着自由教育思潮的萌发，学校内部管理出现了松弛和自由的现象。在战时体制下，日本在向法西斯体制转变过程中，为加强军国主义教育，对国民学校实行军事化管理，下级要绝对服从上级的命令。国民学校总务部人员接受校长的命令，管理学校一切事务；训导接受校长的命令，管理学生的教育及相关事务；学级主管训导接受校长的命令，负责班级的管理和教育学生。学生要绝对服从教员的命令。

　　1945年5月20日，日本内阁颁布《战时教育令》，宣布国民教育进入紧急状态，学校一律停办，国民学校全面瘫痪。随着国家招兵数量的增多，军队人数急剧增加，国民学校的校舍逐渐变成了兵舍。在东京，大部分学生被疏散，剩下的少数学生也无法学习。学生离开学校后，部队进驻学校，校舍变成了兵舍。军队驻扎在学校，不仅损毁了教室，而且损毁了学校的公物，有的校园被当做农田耕作，国民学校变得面目全非。

第二次世界大战期间，日本从国民学校到大学所有校舍普遍受到了损毁，损毁面积2981737坪，占全部校舍面积的15.76%，其中国民学校校舍损毁的最为严重。国民学校校舍损毁面积1457777坪，占国民学校校舍面积的11.087%。国民学校被损毁的设备金额2.79亿日元[①]。日本军国主义发动侵略战争，残酷的战争不仅使国民学校处于停滞状态，也使学校受到严重的损毁。日本的义务教育彻底走向了为战争服务的轨道，并遭到了毁灭性的破坏，日本儿童也蒙受了巨大的灾难。直到1945年8月15日，日本接受《波茨坦公告》，向盟国投降，日本军国主义法西斯灭亡，义务教育得以复苏，开始走上全面普及义务教育的新征程。

> 1917年至1945年，是日本提出8年制义务教育构想并为之积极做准备的时期。1917年，日本成立临时教育会议，提出普及8年制义务教育的构想，旋即在朝野上下引起广泛的讨论，因实施8年制义务教育需要投入的经费过多，日本内阁没有采纳。1924年，文政审议会提出普及8年制义务教育的设想，但由于第二次护宪运动的兴起，未能付诸实施。1937年，教育审议会再次提出实施8年制义务教育，并积极为实施8年制义务教育做准备。1941年，日本颁布《国民学校令》，正式决定从1944年起实施8年制义务教育，但由于第二次世界大战爆发，日本全面进入战时状态，实施8年制义务教育的计划最终落空。

---

① ［日］国立教育研究所：《日本近代教育百年史》第5卷，文唱堂1974年版，第1030页。

这一时期，日本围绕实施 8 年制义务教育广泛展开讨论，并积极为实施 8 年制义务教育做准备。首先，不断增加对义务教育的投入。1918 年颁布《市町村义务教育费国库负担法》，以法律形式规定国库对义务教育的投入，并做到每年有所增长，充分体现了国家对义务教育的高度重视。其次，整合教育资源。为实施 8 年制义务教育，整合小学校资源，采取合级、合校、二部授课制等办法，节俭教育费用。第三，延长师范学校修业年限。先后将师范学校本科第一部修业年限延长到 5 年、第二部修业年限延长到 2 年，并设立修业年限 1 年的专攻科；1943 年，对师范学校进行合并，全部改为官立，将师范学校升格为高等专门学校，提高师范学校办学层次和教育质量。第四，积极开展新教育运动。受欧美新教育运动思潮的影响，积极开展教育改革试验；改革教育课程和教材，加强教育内容与生活的联系，注重培养学生的技能。

但是，在这一时期，随着对外侵略扩张和第二次世界大战全面爆发，日本义务教育走上了畸形发展的道路，具有浓厚的军国主义色彩。第一，颁布《国民学校令》，提出实施 8 年制义务教育，其目的是通过提高国民素质，以增强国家的军事力量。第二，将小学校全部改为国民学校，实行"课程合并"，培养学生的"国体观念"，以达到"皇国民炼成"的目的；对国民学校实行军事化管理，学校一切活动围绕灌输军国主义思想而开展。第三，改变师范学校办学宗旨，加强师范学校"皇国民教育"。第四，在战时体制下，学生被集体疏散，教学处于停滞状态；国民学校变成兵舍，遭到破坏，学校陷入瘫痪状态。即便如此，在这一时期日本围绕实施 8 年制义务教育展开的讨论及所做的工作，为第二次世界大战后迅速普及 9 年制义务教育打下了深厚的基础。

第六章

日本近代普及义务教育的经验和教训

人类教育发展的长河奔腾不息。日本近代普及义务教育的历程，是人类教育发展长河中最为湍急跳跃的一段。纵观日本近代普及义务教育的历史进程，我们不仅为其普及义务教育速度之快而惊奇，更为其在普及过程中谱写的辉煌篇章而赞叹，同时也为其表现出的畸变而惋惜。

1868年的明治维新，结束了日本一千多年的封建社会，使日本超越欧洲式制度渐变方式，以跃然的姿态迅速进入资本主义社会。① 明治维新以后，为摆脱欧美列强的侵略和压迫，日本迅速推行各项改革。伴随着政治、经济的改革，日本大力推进教育改革和发展，为殖产兴业和实现富国强兵奠定基础。1872年颁布《学制》，提出普及8年制初等教育，确立普及初等教育制度。1879年颁布《教育令》，对普及初等教育政策进行调整。1886年颁布《小学校令》，提出普及4年制义务教育，正式确立普及义务教育制度。1910年实现普及6年制义务教育，完成了日本近代义务教育的历史性跨越。1917年提出普及8年制义务教育构想，并开始积极为实施8年制义务教育做准备。在战时体制下，日本义务教育逐步被军国主义思想所侵蚀，学校遭到破坏和损毁，走向了崩溃的边缘。审视日本近代普及义务教育的历程，既有磅礴壮丽的宏伟乐章，又有低沉惨淡的悲哀音符。其壮美，在于用30多年的时间完成了欧美国家上百年时

---

① 朱文富：《日本近代职业教育发展研究》，河北大学出版社1999年版，第173页。

间取得的成果；其惨淡，在于被战争折断了腾飞的羽翼。日本近代普及义务教育的历程，在世界教育发展史上留下了深深的足迹。

第一节　日本近代快速普及义务教育的成因

恩格斯指出，物质生产是人类社会存在和发展的基础，教育的发展归根到底是由社会生产力发展决定的。"其中经济的前提和条件归根到底是决定性的。但是政治等等的前提和条件，甚至那些存在于人们头脑中的传统，也起着一定的作用。"① 日本近代义务教育发展的历史，实质是与其政治、经济相互交融、互为推动的历史，基本符合人类教育发展的客观规律。日本是资本主义工业化历程最短、发展最快的国家。从明治维新到第二次世界大战前，日本经济实现了第一次飞跃，其工业发展速度之快，在当时世界各国首屈一指。② 1870 年，日本国民生产总值只有英国的 13%，1950 年达到了英国的 46%，随后超过英国、德国，后又超过美国，位于世界前列。任何事物的发展都不是偶然的，其背后都有着某种必然的缘由和内在的规律。近代以来日本经济之所以得到快速发展，其根本原因在于教育的快速发展，特别是义务教育的迅速普及，为经济发展奠定了先行的人力资源基础，提供了有力的智力保障，走出了一条教育与经济同步发展，以教育推动经济发展的道路。"在日本这样一个单一民族的国家里，教育在国家发展中的工具性特征达到淋漓尽致的地步。教育对国家发展的功用性，虽然在西方诸发达国家普及义务教育的年代里也有不同的表现，但是像日本这样达到极端的程度却是举世无双的。"③日本近代以来能够快速普及义务教育，主要有以下几个方面的原因：

---

① 《马克思恩格斯选集》第 4 卷，人民出版社 1972 年版，第 478 页。
② 中国教育与人力资源报告课题组：《从人口大国迈向人力资源强国》，高等教育出版社 2003 年版，第 211－212 页。
③ 于洪波：《日本教育的文化透视》，河北大学出版社 2003 年版，第 347 页。

一、以教育为立国之本，从教育兴国的战略高度实施普及义务教育

普及义务教育是一种政府行为，没有政府的高度重视和强力推行终究是难以完成的。一百多年的世界义务教育发展史证明，只有当统治阶级清楚地认识到普及义务教育的重要意义并把它作为重要政策时，义务教育才能得到实施。① 作为一个后起的资本主义国家，自明治维新以来，日本政府顺应时代潮流，重视兴学育才，以教育为立国之本，把普及义务教育作为实现富国强兵、发展经济的重要手段，并根据经济社会发展实际，及时改革和调整有关政策措施，强力推进普及义务教育。维新伊始，明治政府试图在全国建立统一的学校教育制度，积极学习和吸收欧美国家教育制度，通过建立学区达到教育普及的目的。虽然普及初等教育的目标没有完全实现，但并非明治政府对普及初等教育重视不够，而是由于普及初等教育的计划过于庞大、标准过高，当时社会生产力水平低下，缺乏财政上的保障造成的。日本政府意识到普及初等教育中存在的问题后，及时开展调查研究，掌握实际情况，调整普及初等教育政策，缩短普及初等教育年限，使其逐步切合日本经济社会发展实际，从而确立了普及义务教育制度，并迅速组织实施。从中央到地方，日本各级政府形成了推动普及义务教育的强大合力。为督促学龄儿童就学，日本各地政府发布告谕，制定督促儿童就学办法，发放就学牌、就学札、就学章，甚至动用警察强迫儿童就学，从而保证了学龄儿童就学率的不断提升，充分体现了日本政府普及义务教育的意志和决心。正是在政府的强力推动下，日本近代普及义务教育才能得以顺利实施。

在普及义务教育进程中，日本近代政治家、启蒙思想家、教育家大力提倡兴学重教，纷纷著书立说，宣传普及教育思想。启蒙思想家福泽谕吉积极宣传普及教育思想，提倡文明开化，鼓励人人向学，主张教育机会均等，号召国家和个人不惜金钱来增加教育投资，积极为普及教育

---

① 吴文侃、杨汉清：《比较教育学》，人民教育出版社 1999 年版，第 393 页。

鼓与呼。日本政府重要领导人木户孝允、岩仓具视、伊藤博文、森有礼、大木乔任、田中不二麻吕等大力提倡普及教育，积极谋划普及义务教育方略，推动普及义务教育实施。思想决定行动，思想家代表的是人类智慧的权威，而政治家代表的则是约束现实政治生活的权利。[①] 这些政治精英们的教育主张和改革举措，成为日本近代普及义务教育的有力推手。森有礼从国家主义教育思想出发，重视发展初等教育，主张初等教育要进行道德教育和传授国民应掌握的基础知识和生活中必须具备的普通技能。森有礼亲自主持研究制定普及义务教育法令，把普及义务教育作为政府应尽的责任和义务。一些教育家们在宣传普及教育思想的同时，积极进行教育改革试验。手塚岸卫在千叶县师范学校附属小学进行儿童自由教育实验，通过自由学习唤起儿童学习的自觉性；沢柳正太郎在成城小学推行新教育实验，实施生动活泼的儿童教育；小原国芳提出的"全人教育"，强调尊重学生个性，实行自学辅导制，注重师生的情感教育。这些政治家、启蒙思想家、教育家的普及教育思想和教育改革试验，唤醒了广大民众的普及教育意识，对推动日本近代普及义务教育发挥了重要舆论导向作用。

普及教育是使每个适龄儿童都能接受法定的义务教育，它是一个涉及面很广、极为复杂的群众性事业。[②] 群众性的事业离不开群众的支持。日本广大民众兴学重教，对普及义务教育表现出极大热情并给予鼎力支持。日本民众对教育的重视有着悠久的历史和传统。封建社会后期，在新潟县长冈镇曾发生过"百袋大米"事件。当时由于内战，新潟县长冈镇化为一片废墟，邻村为长冈镇送来一百袋大米。经过商议，民众对邻村救济的一百袋大米没有马上分掉，而是卖掉用来盖学校，奠定了长冈教育的基础，为新生的日本培养了众多人才。明治维新后，日本废除了封建社会世袭等级身份制度，由过去那种靠世袭等级决定身份地位，变

---

① 贺国庆、朱文富：《滕大春先生纪念文集》，河北大学出版社 2005 年版，第 230 页。

② 成有信：《九国普及义务教育》，人民教育出版社 1985 年版，第 23 页。

为凭借个人才能决定身份地位。在此基础上，进而形成日本特有的"学历主义"社会。这种政治制度革新，使广大民众认识到，凭借个人的学识才能，能够改变身份和地位。广大民众深刻认识到接受教育是立身出世的根本，纷纷送子女到学校就学，履行父母应尽的责任和义务。

在日本中央政府的高度重视下，有地方各级政府的鼎力支持，有政治家、启蒙思想家和教育家的大力宣传，有广大民众的热情关注和积极参与，从而保证了日本近代义务教育的快速普及。

二、重视教育立法，运用法律法规的强制力保证义务教育的普及

现代教育制度是从教育立法开始的。运用立法手段强力推行普及义务教育，是近代以来各国政府的共同选择，具有两方面的作用：一方面规定政府设置学校的义务，保证儿童受教育权利的实现；另一方面规定学生家长或监护人承担其子女接受义务教育的责任。[1] 日本重视运用法律手段，通过颁布一系列教育法令推进普及义务教育，而且大多数法令是以敕令形式颁布的，具有无上的权威性。

1872 年颁布的《学制》，成为日本近代普及初等教育的圭臬。《学制》是明治政府在"文明开化"思想指导下，参照欧美国家教育制度制定出来的，将全国分成若干个学区，按学区设置小学，通过学区在全国有组织地普及学校教育，将中央政府的教育政策直接渗透到地方所有的村落。1789 年颁布的《教育令》，调整了普及初等教育政策和年限，将教育权限下放给地方。随后又颁布《改正教育令》和《再次改正教育令》，进一步调整普及初等教育政策和年限，强调政府保护儿童受教育的权利，强化国家对教育的"干涉"。1886 年的《小学校令》以敕令形式颁布，第一次使用"义务"一词，正式确立了日本近代普及义务教育制度。法令具有强制力，是普及义务教育的重要法律保障。在现代国家里，当普及教育关系到统治阶级或领导阶级的根本利益时，它们就要诉诸法律，

---

① 吴文侃、杨汉清：《比较教育学》，人民教育出版社 1999 年版，第 398 页。

这样，普及教育的立法就成了实施普及教育的一项基本原则。① 日本正是通过颁布一系列教育法令，为义务教育的迅速普及提供了法律保障。《学制》、《教育令》、《小学校令》、《师范学校令》等一系列教育法令颁布后，使日本各级政府和相关部门在推进普及义务教育中，做到了有法可依，有章可循。

日本高度重视教育立法的科学性与实用性。每次在制定教育法令或对法令进行修改前，都要认真开展调查研究，并进行周密的咨询和审议。1879 年颁布《教育令》前，文部省两大书记官西村茂树和九鬼隆一分别深入到大学区，对《学制》实施情况进行调查，元老院对教育令草案进行审议和修改；1890 年对《小学校令》进行修改时，日本政府对文部省提出的改正《小学校令》"三月方案"、"六月方案"反复进行修改讨论；1900 年修改《小学校令》、准备实施免费义务教育时，日本政府对文部省提出的改正《小学校令》"一月案"、"六月案"进行反复讨论修改，甚至将"一月案"提交到地方长官会议上进行讨论，充分征求地方长官的意见。对教育法令制定修改的过程，既是日本政府对教育进行调查研究的过程，也是日本各界表达教育诉求、参与立法的过程，客观上既增强了教育决策的科学性，也为各项法令的贯彻落实打下了思想和舆论基础。

可见，日本正是通过教育立法的手段，利用国家机器的强制性，保证普及义务教育的顺利实施。同时，在法令的推行中，日本还重视对推行结果的跟踪调查和分析研究。如每年对儿童入学率、通学率、出席率等方面情况进行统计分析，根据各地在法令执行中出现的问题，及时研究调整政策措施，大大提高了政策的执行力。日本近代普及义务教育的经验表明：通过立法程序，把国家的教育方针政策以法令形式固定下来，是实现普及义务教育的重要保障。

---

① 成有信：《九国普及义务教育》，人民教育出版社 1985 年版，第 15 页。

三、增加义务教育投入，为普及义务教育夯实经济基础

经济是教育发展的基础，为实现普及义务教育提供财政保障。明治维新后，日本随着资本主义的快速发展，综合国力不断增强，对教育的投入逐步增加。日本政府、民间企业和社会团体都重视对教育的投入，他们认为："只有教育投资才是最好的投资。"文部省的经费在政府各省（部）中最高，1873 年其数额为 143 万日元，次年仍有 139.3 万日元。①《学制》实施初期，由于日本财力拮据，小学校经费主要以民众负担为主，学生缴纳的学费、捐赠款、学区内募集金占公立小学经费的一半以上；日本把政府应负担的教育经费实行国家和地方分担的办法，文部省补助金占学校经费的 10% 左右。《小学校令》颁布后，市町村对义务教育的投入不断增加，小学校学费和捐赠款比例逐步缩小。到 1890 年，市町村费占公立小学经费达到一半以上。1896 年颁布《市町村立小学校教员年功加俸国库补助法》，第一次以法律形式规定国家对义务教育的投入。1899 年颁布《教育基金特别会计法》，从中日甲午战争结束后中国满清政府向日本的赔偿款中，拿出 1000 万日元作为基金，用于发展普通教育的补助费。1900 年颁布《市町村立小学教育费用国库补助法》，国库每年拿出 100 万日元作为小学教员的教龄津贴和特别加薪之用，随后国库对义务教育的投入逐步增加。

免费是义务教育的重要原则之一。没有免费做保障的义务教育，不能算作真正意义上的义务教育。随着资本主义经济的快速发展，日本积极为实施免费义务教育作准备。在逐步增加国库对义务教育投入的同时，市町村也在努力增加义务教育经费，切实减轻民众对普及义务教育的经费负担，把普及义务教育作为国家和地方政府对国民应承担的义务，保证学龄儿童享有实际受教育的权利。1900 年实施 4 年制免费义务教育，开启了日本近代普及义务教育的新航程。在此基础上，1907 年提出实施 6

---

① 　朱文富：《日本近代职业教育发展研究》，河北大学出版社 1999 年版，第 180 页。

年制免费义务教育。免费义务教育的实施，使民众送子女就学的热情不断高涨，学龄儿童就学率迅速提升。1917 年，临时教育会议提出普及 8 年制义务教育构想后，日本政府积极为普及 8 年制义务教育做准备，其中重要的一项举措，就是颁布《市町村义务教育国库负担法》，增加国库对义务教育的投入，规定国库每年出资 1000 万日元，用于支付市町村立寻常小学正教员和准教员工资。随着义务教育的发展，国库负担的比例不断增加，到 1923 年国库用于支付市町村立寻常小学正教员和准教员工资数额达到 4000 万日元，1930 年达到 8500 万日元，足见出日本政府对义务教育的重视程度非同一般。

正是由于政府从立法、资金投入和改革上一直发挥着主导作用，努力为普及义务教育提供强有力的财政支持和保障，才创造出迅速普及 6 年制义务教育的奇迹。

四、推进均衡发展，保证城乡义务教育的全面普及

实施普及义务教育，是政府主导、全民参与且利国利民的事业。坚持均衡发展，才能做到义务教育的全面普及。均衡发展，一方面指区域之间义务教育达到均衡；另一方面指学校之间在办学条件、师资条件、教育质量的均衡。日本在推进普及义务教育进程中，虽然没有明确提出均衡发展的概念，但从一开始，就注意到了坚持均衡发展的原则，采取一系列措施，确保城市及偏僻贫困地区都能实现普及义务教育。

日本推进义务教育均衡发展，主要体现在以下几个方面：第一，政府对贫困家庭儿童就学给予免费和补助。《学制》规定，贫困家庭子女无力支付学费的，由町村出具证明，可以免费就学。1890 年修改后的《小学校令》规定，一家中同时有几个儿童上学的，学校可以减收学费；对家庭贫困的儿童免收其全部或部分学费。1923 年日本皇太子成婚，还专门赐予奖金 100 万日元，对儿童就学特别是贫困家庭儿童就学给予奖励，用于购买教科书、学习用品、被服等。1932 年，文部省要求小学校为家庭贫困的学生提供膳食，以此对儿童进行资助。这种免费和补助制度，

保证了贫困家庭子女能够接受义务教育。第二,举办小学简易科。《小学校令》规定设置小学简易科,其设置与维持经费由町村负担,市町村财力主要用于发展小学简易科。小学简易科是一种免费义务教育,招收的多为贫困家庭的子女。1889 年,日本小学简易科达到 11810 所,占小学校总数的 45%,有力地推动了偏僻贫困地区义务教育的普及。第三,重视普及女童教育。受男尊女卑封建传统思想的影响,日本民众对女童受教育重视不够。明治维新后,日本政府重视普及女童的教育,提出教育平等,要求男女儿童一样到学校接受教育,女童就学率不断上升。1901 年,女童就学率达到 81.80%,1907 年达到了 96.14%。第四,整合教育资源,实行合级制和二部授课制。针对一些偏僻贫困地区小学教室和教员数量不足问题,日本实行合级制,学校把几个年级学生合在一个教室,由一名教师授课,保证了适龄儿童接受义务教育。随着就学儿童数量的增加,为解决小学教员和教室数量不足问题,日本实行二部授课制。实行二部授课制虽然缩短了学生在校学习时间,使教育质量受到了一定的影响,但在一定程度上缓解了市町村教育经费紧张和教员不足的问题。第五,对师范学校毕业生实行义务就职制度。日本自创建师范学校以来,对师范学校毕业生实行义务就职制度。如 1876 年规定,师范学校付 1 年学费的公费生义务服务 2 年,付 2 年学费的公费生义务服务 4 年。1886 年颁布的《师范学校令》规定,寻常师范学校毕业生服务年限为 10 年,其中 5 年要到府知事县令指定的学校服务。寻常师范学校大多数学生来自农村中下层家庭,毕业后回到当地农村任教,保证了农村地区的教师来源。第六,实行小学教科书检定制和国定制。1886 年日本对小学教科书实行检定制,各地使用小学教科书,要向文部省提出申请并得到检定。1903 年对小学教科书实行国定制,所有小学教科书由文部省统一编纂。实行小学教科书检定制和国定制,加强了国家对小学教育内容的控制,统一了各地的小学教科书和教育内容。

以上六端,推进了日本近代义务教育的均衡发展,保证了城乡所有地区义务教育的全面普及。

五、坚持因地制宜，勇于和善于学习别国的经验，使普及义务教育更加切合经济社会发展实际

从世界各国普及义务教育的历程看，普及义务教育大都按一定顺序进行，经历了普及教育年限由短到长、普及率由低到高的过程。然而，日本近代普及义务教育的年限，却经历了由长到短、再由短到长马鞍形的发展轨迹。1872 年颁布的《学制》，确定实施 8 年制初等教育，但由于当时国力贫弱，市町村财力紧张，一般民众无力承担学费，致使一些地方出现反对《学制》的呼声，学龄儿童就学率从 1873 年至 1878 年 5 年间，只提高了 13%。为此，文部省派员到各大学区视察，了解《学制》的执行情况，重新研究制定普及初等教育政策。1879 年颁布《教育令》，将普及初等教育年限由 8 年缩短为 4 年，每年学习 4 个月，4 年学习 16 个月就算接受了小学普通教育；允许在农村、渔村的学龄儿童可以采取忙时放假、闲时上学的办法，灵活就学。由于《教育令》过于自由，1880 年文部省颁布《改正教育令》，将普及初等教育年限由最低 16 个月延长为 3 年。1886 年颁布《小学校令》，正式确立普及 4 年义务教育制度。1907 年提出实施 6 年制义务教育。1917 年，临时教育会议提出普及 8 年制义务教育的构想。日本始终能够紧跟时代步伐，顺势而为，坚持因地制宜的原则，从实际出发，结合经济社会发展实际，历行改革调整义务教育政策和普及年限，贴近国情和民众现实需求，使普及义务教育政策和年限逐步切合日本经济社会发展实际。

在漫长的历史发展中，日本社会文化的发展明显表现出兼容并蓄、注重改造、为我所用的特点。这一点同样表现在教育发展中。[①] 坚持因地制宜的原则，还体现在日本对欧美国家普及义务教育成功经验的学习和

---

① 吴式颖、李明德、单中惠：《外国教育史教程》，人民教育出版社 1989 年版，第 12 页。

吸收上。日本是一个勇于和善于学习别国经验的国家。① 明治维新初期，在"文明开化"思想的引导下，日本积极学习欧美国家教育制度，主要参照法国教育制度制定《学制》。《学制》受到挫折之后，日本及时调整教育政策，学习美国教育制度制定《教育令》。自由分权的美国教育模式导致日本就学率的降低，日本又转而脱离美国模式，学习借鉴德国国家主义思想，建立国家主义教育制度，颁布《小学校令》，确立普及义务教育制度。在普及义务教育中，由于忽视日本传统文化教育，导致了崇洋媚外现象和思想意识形态上的混乱，继而引发传统文化教育的国粹派与西化主义的改革派之间的论争，最终折中形成《教育敕语》所表明的既重传统文化教育、又坚持改革开放政策的近代版"和魂洋才"指导思想，在一定程度上促进了日本近代义务教育的发展。② 日本在"试行错误"中积极探求各种"西方化"的可能性，从全盘模仿吸收欧美教育制度，到自主对现有教育制度进行改革创新，最终确立了具有本国特色的普及义务教育制度。对欧美国家教育观念、教育制度采取"为我所需"的态度加以筛选，也体现了因地制宜的原则。

　　日本在普及义务教育中坚持因地制宜的原则，还体现在学校设置、教学改革等方面。在学校设置上，《学制》实施初期，由于财力所限，新建小学校困难较大，日本政府采用改造寺子屋的办法，将寺子屋改建为小学，确保了小学校的发展；《教育令》颁布后，针对教师数量不足问题，在人口稀少和偏僻地区实行合级制，确保了这些地区学龄儿童的就学；《小学校令》颁布后，设置小学简易科，以解决偏僻贫困地区小学教室和教员数量不足的问题。在教学改革上，日本紧紧追随发达国家教育潮流，学习欧美国家先进的教育思想和教育理念，结合本国实际，创造性地加以吸收。如对赫尔巴特五段教学法的吸收和改造，使其创新为具

---

　　① 李文英：《模仿、自立与创新—近代日本学习欧美教育研究》，河北教育出版社2001年版，第281页。

　　② 李文英：《模仿、自立与创新—近代日本学习欧美教育研究》，河北教育出版社2001年版，第285页。

有日本特色的五段教学法，被小学校广泛采用。在课程设置上，能够结合经济社会发展的需要，不断调整课程设置，使课程设置同实际生活紧密结合，如在小学校开设的手工、农业、商业科，对女生开设的裁缝课等，增强了课程的实用性，培养学生的实际应用能力。

在普及义务教育进程中，日本能够放眼世界而不埋首户内，以开放的胸襟和睿智的眼光吸收世界各国先进教育思想和教育制度，从全盘模仿移植，到本土化改革创新，从而实现了赶超教育先进之邦的历史性跨越。

六、举办师范学校，为普及义务教育提供极为重要的师资保障

师范教育是普及义务教育的产物。师范教育既是影响普通教育的决定性因素，又以普通教育作为自己的基础。[①] 没有数量足够的教师做保障，普及义务教育就如无源之水、无本之木。

近代以来，日本高度重视师范教育，把发展师范学校作为实施普及义务教育的一项重要举措来抓。第一，大力发展师范学校。《学制》颁布后，日本迅速兴建师范学校，从 1872 年至 1874 年，日本在东京、大阪、宫城等地先后设立 8 所官立师范学校、46 所公立师范学校。《教育令》颁布后，加快公立师范学校的发展，将师范学校分为初等科、中等科和高等科，延长师范学校修业年限。《师范学校令》要求每个府县必须设立 1 所寻常师范学校，以地方税作为学校经费。《师范教育令》规定各府县至少设立 1 所师范学校，也可以设立数所师范学校。师范学校的发展，为小学校培养了大批合格教员。随着师范学校修业年限的延长，日本在扩大师范学校培养规模的同时，更加注重提高师范学校教育质量。1943 年，修改《师范教育令》，将师范学校升格为具有高等教育水平的专门学校。第二，明确师范学校办学方向。师范学校的办学目的就是培养小学教员。《师范学校令》规定，师范学校要培养学生顺良、信爱、威重"三气质"，

---

① 吴文侃、杨汉清：《比较教育学》，人民教育出版社 1999 年版，第 517 页。

也就是小学教员应具备的素质。1943 年，修改《师范学校规程》，提出师范学校要培养学生忠君爱国的思想，明白忠孝大义，磨炼坚强的意志品质，具有师表的威仪。师范学校的办学方向始终同国家总政策相一致。第三，实行给贷费和义务就职制度。师范学校招收的学生以公费生为主，还有部分自费生。对公费生和自费生都实行义务就职制度，保证了师范学校毕业生能够到小学校从事教学工作。第四，实行教员许可证制度。《学制》颁布后至《小学校令》实施期间，日本要求小学教员持有师范学校毕业证书。1881 年开始，实行小学教员许可证制度，加强了对小学教师的制度化、专业化管理，提高了小学教师队伍的素质。第五，不断提高教师待遇。1896 年颁布《市町村立小学校教员年功加俸国库补助法》，对寻常小学、高等小学正教员、准教员在同一学校连续工作 5 年以上的发给教龄津贴，最多增发至基本工资的 35%。此后，日本政府不断提高小学教师工资待遇和津贴标准。1900 年颁布《小学校令实施规则》，规定小学教员工资标准。1920 年，小学本科正教员一级上等月薪达到 180 日元，下等月薪 160 日元；专科正教员一级上等月薪 120 日元，下等月薪 110 日元。教师工资水平的不断提高，调动了广大教师的积极性，使教师成为人人羡慕的职业。

日本正是随着大力发展师范学校，逐步完善师范教育体系，培养了大批小学教员，为普及义务教育提供了极为重要的师资保障。回顾日本近代普及义务教育所走过道路，我们更加清楚地认识到：培养一支数量足够、质量合格的教师队伍，是普及义务教育成功的关键。正如德国哲学家雅斯贝尔斯所指出的，一个民族的将来如何，全在于父母教育、学校教育和自我教育。一个民族如何培养教师，尊重教师，以及在何种氛围下按照何种价值标准和自明性生活，这些决定了一个民族的命运。①

综上所述，日本近代普及义务教育走过的是一条极不寻常的道路。日本利用短短 38 年的时间，普及了 6 年义务教育，创造了世界义务教育

① ［德］雅斯贝尔斯：《什么是教育》，邹进译，三联书店 1991 年版，第 54 页。

发展史上的奇迹。洞悉日本近代义务教育发展历程，这其中既蕴藏着日本朝野及广大民众在普及义务教育中所绽放的智慧火花，也饱含着他们在普及义务教育征程上所付出的勤劳和汗水。播种一种思想，收获一种行为。谙熟日本近代普及义务教育的发展脉络，明晰其内在缘由和规律，能够更好地把握现在，预见未来。正如日本历届文部大臣在新年致辞中总要表明的：教育是国家的百年大计，培养人是国政的最重要任务，这已不是什么宣传性的口号，而是日本民族奋进向上的现实体现，是明治以来日本举国上下重视教育的经验总结。

第二节　日本近代普及义务教育中的问题

历史的河流波澜壮阔，冲宏跌宕。日本近代普及义务教育取得了显著成就，有着辉煌和绚烂，但也存在着缺陷和不足，有着鄙陋和瑕疵。日本近代普及义务教育并非一帆风顺、一蹴而就，既有前进，也有后退，其间经历过反复和曲折，遭受过损毁和危机，甚至走到过几近覆亡的境地。日本近代普及义务教育所走过的道路给我们以更多的思考，只有真正明晓事物的成败与功过，才能做到鉴古知今和古为今用。

一、高度集权的教育管理体制

1868 年的明治维新变革，虽然使日本走上了快速发展资本主义的道路，但是依然保留了大量封建残余，资产阶级要求民主、平等、自由的思想并没有真正实现。这种封建专制思想对普及义务教育的影响，主要有以下三个方面：第一，国家主义教育体制。国家主义教育体制是指教育制度、学校体系和教育内容的指导思想均是国家至上主义的教育体制，它强调培养国家观念和忠君爱国的道德品质，压制自由主义和个人主义。[①] 1886 年，在森有礼国家主义教育思想的指导下，日本颁布《小学

---

① 朱文富：《日本近代职业教育发展研究》，河北大学出版社 1999 年版，第 184 页。

校令》，在确立普及 4 年义务教育制度的同时，确立了国家主义教育体制。学校办学以国家利益为最高目的，培养学生忠君爱国思想。国家主义教育体制把小学校完全纳入到为天皇制国家服务的轨道上来。第二，对小学教科书的统一控制。受国家主义教育思想的影响，日本加强了对小学教科书的控制，对小学教科书由检定制逐步过渡到国定制，凡有违背国家意志、"轻侮国体"、"败坏风潮"内容的教科书，一律不能使用。第三，对教师思想的束缚。在国家主义教育思想影响下，保守势力对教师民主运动和进步思想进行镇压，甚至对教师的读物都进行监视，教师的思想受到了严重的束缚。这种高度集权的教育管理体制，禁锢了教师的思想，压制了教师的主动性和创造性，教育只能在国家框定的固有路径中前行，最终把义务教育引入军国主义的歧途。

二、严重的应试教育倾向

受立身出世思想的影响，日本近代普及义务教育中存在着严重的应试教育倾向和弊端。主要体现在两个方面：第一，严格的考试制度。日本在义务教育阶段实行严格的考试制度，学生由下一级升入上一级要进行严格的考试，平时还有经常性的"月考"、"定期考试"、"临时考试"、"比较考试"、"毕业考试"等，学校甚至以学生考试分数高低来安排学生座次。严格的考试制度和频繁的考试次数，严重损害了学生身心的健康发展。在升学考试中，有些学生由于过度疲劳，昏倒在考场；有的学生考试没有被录取，上吊或投河自杀；有的学生因考试成绩低劣，被家长斥责，痛哭流涕。考试犹如地狱一样。① 第二，教学内容的整齐划一。日本小学校课程设置和教学内容整齐划一，制定统一的课程标准、教学计划和教学大纲，无论学生的个性、爱好、学习接受能力如何，完全按照一个模式安排教学。教学方法陈旧单一，教师对学生的要求着重于呆读死记，忽视学生的个性和能力差异。严重的应试教育倾向造成了人才培

---

① 王桂:《日本教育史》，吉林教育出版社 1987 年版，第 253 页。

养的诸多弊端，教师为教而教，学生为学而学，培养的人才全部为"模仿型"，压制了学生个性、兴趣和能力的发展。

三、道德教育的畸变

明治维新后，随着小学校的发展，日本逐步加强对学生进行道德教育。1879 年颁布的《教学大旨》，强调道德教育的重要性，要求从小培养学生的仁义忠孝之心，将修身科置于各学科之首，专门编辑出版《小学修身书》。1890 年颁布的《教育敕语》，把封建儒家道德的忠、孝、仁、爱与近代资本主义的伦理道德结合在一起，提倡国家主义道德，强化对小学生的修身教育。从《教学大旨》到《教育敕语》，日本逐渐确立了保守主义教育思想的主导地位。随着资本主义的发展，日本逐渐变成军事封建性帝国主义国家，具有强烈的侵略性。特别是 20 世纪 30 年代以后，为适应对外侵略扩张的需要，培养"尽忠天皇"的国民，日本全面加强学校道德教育，学校的一切活动都围绕加强道德教育来开展，学校各种仪式和活动要奉读《教育敕语》、对御真影进行礼拜，把天皇、《教育敕语》与"国体"精神刻入学生脑海，培养学生忠君爱国的思想。这种由强化道德教育，逐渐畸变为军国主义思想，最终使日本小学校走上了军国主义教育的道路。

四、浓重的军国主义教育色彩

军国主义教育是指日本政府和军队为加强向外发动侵略战争，把国家置于军事控制之下，实行法西斯独裁统治。在教育上大力灌输军国主义思想和天皇至上，把教育纳入战争轨道。[①] 日本军国主义教育的基本特征，是建立了适应"天皇制"的以培养"忠良国民"为目标的军国主义教育体制，即皇国主义教育制度。这种军国主义教育思想，首先体现在

---

　　① 朱文富：《日本近代职业　教育发展研究》，河北大学出版社 1999 年版，第186 页。

教育观念上。小学校以《教育敕语》为指导思想，大力宣扬"皇国之道"，把小学教育作为培养帝国臣民的基础，以适应对外侵略扩张的需要。① 其次，体现在教学内容和课程设置上。自 20 世纪 30 年代开始，日本小学校的教育内容、课程设置和教学方法全部军国主义化，学校一切工作围绕灌输军国主义思想而展开，使学生做到"明白国体精髓，涵养国民精神，自觉完成皇国使命。"日本政府开始合并小学校课程，强调学校教育实行"授课、训育、养护"三统一。第三，体现在学校军事化管理上。1941 年，日本将小学校全部改为国民学校，实行军事化管理，采取绝对服从的教育方法，把学生培养成听任军国主义指挥的忠臣国民。随着军国主义专制政权的形成，日本普及 8 年制义务教育虽较早提出，终因战争而受重创，使这一计划落空。随着军国主义膨胀和战争的扩大，小学校遭到破坏，教学处于停滞状态。到第二次世界大战结束，军国主义教育的毒素最终使小学校全面走向崩溃，成为日本教育不堪回首的一幕。

正是由于上述几个方面的影响，使日本近代普及义务教育受到严重的阻碍和束缚。任何事物的发展都不会是一帆风顺和尽善尽美的。日本近代以来在普及义务教育征途上所表现出的一些缺点和不足也是在所难免的，符合历史发展常情。诚如日本教育家平塚益德所指出的："振兴日本的力量是教育，日本的立国之基是教育"；"灭亡日本的也是教育"。② 百年大计，教育为本。教育是一个国家和民族最根本的事业，能够改变和决定一个国家未来的发展。教育兴，则经济兴、国运兴。第二次世界大战以后，日本汲取失败的教训，在教育民主化思想的指导下，又开启普及义务教育新征程，并不断向着新的更高的目标进发。

---

① 王桂：《日本教育史》，吉林教育出版社 1987 年版，第 250 页。
② 杨孔炽：《日本教育现代化的历史基础》，福建教育出版社 1998 年版，第 21 页。

主要参考文献

1. 吴廷璆：《日本史》，南开大学出版社 1994 年版。

2. 王新生：《日本简史》，北京大学出版社 2005 年版。

3. 滕大春：《外国教育通史》第六卷，山东教育出版社 1989 年版。

4. 吴式颖、任中印：《外国教育思想通史》第八卷，湖南教育出版社 2002 年版。

5. 曹孚、滕大春、吴式颖、姜文闵：《外国古代教育史》，人民教育出版社 1981 年版。

6. 滕大春、吴式颖：《外国近代教育史》，人民教育出版社 1889 年版。

7. 吴式颖：《外国现代教育史》，人民教育出版社 1997 年版。

8. 王天一、夏之莲、朱美玉：《外国教育史》上、下，北京师范大学出版社 1993 年版。

9. 顾明远、梁忠义：《世界教育大系·日本教育》，吉林教育出版社 2000 年版。

10. 贺国庆、于洪波、朱文富：《外国教育史》，高等教育出版社 2009 年版。

11. 鲁洁、吴康宁：《教育社会学》，人民教育出版社 1990 年版。

12. 吴文侃、杨汉清：《比较教育学》，人民教育出版社 1999 年版。

13. 贺国庆：《近代欧洲对美国教育的影响》，河北大学出版社 2000 年版。

14. 朱文富：《日本近代职业教育发展研究》，河北大学出版社 1999 年版。

15. 李文英：《模仿、自立与创新—近代日本学习欧美教育研究》，河北教育出版社 2001 年版。

16. 李廷举：《科学技术立国的日本》，北京大学出版社 1992 年版。

17. 夏之莲：《外国教育发展史料选粹》，北京师范大学出版社 1999 年版。

18. 杨孔炽：《日本教育现代化的历史基础》，福建教育出版社 1998 年版。

19. 朱旭东：《欧洲国民教育运动探源》，北京师范大学出版社 1997 年版。

20. 王桂：《日本教育史》，吉林教育出版社 1987 年版。

21. 陈婉玲、杨辉：《新译日本法规大全》第八卷，商务印书馆 2008 年版。

22. 郑彭年：《日本西方文化摄取史》，杭州大学出版社 1996 年版。

23. 赵建民：《日本通史》，复旦大学出版社 1989 年版。

24. 宋成有：《新编日本近代史》，北京大学出版社 2006 年版。

25. 瞿葆奎：《教育学文集·日本教育改革》，人民教育出版社 1991 年版。

26. 瞿葆奎：《教育学文集·教育与教育学》，人民教育出版社 1993 年版。

27. 于洪波：《日本教育的文化透视》，河北大学出版社 2003 年版。

28. 滕大春：《美国教育史》，人民教育出版社 2001 年版。

29. 徐辉、郑继伟：《英国教育史》，吉林人民出版社 1993 年版。

30. 成有信：《九国普及义务教育》，人民教育出版社 1985 年版。

31. 王智新、潘立：《日本基础教育》，广东教育出版社 2004 年版。

32. 陈永明：《日本教育》，高等教育出版社 2003 年版。

33. 钱小英、沈鸿敏、李东翔：《日本科技与教育发展》，人民教育出版社 2003 年版。

34. 中国教育与人力资源报告课题组：《从人口大国迈向人力资源强国》，高等教育出版社 2003 年版。

35. 朱永新、王智新：《当代日本师范教育》，山西教育出版社 1997 年版。

36. 饶从满：《当代日本小学教育》，山西教育出版社 1992 年版。

37. 史朝：《中日民族传统文化与教育现代化的比较研究》，河北大学出版社 2004 年版。

38. 王慧荣:《近代日本女子教育研究》,中国社会科学出版社 2007 年版。

39. 〔德〕弗·鲍尔生:《德国教育史》,滕大春、滕大生译,人民教育出版社 1986 年版。

40. 〔日〕小林哲也:《日本的教育》,徐锡龄、黄明皖译,人民教育出版社 1981 年版。

41. 〔日〕麻生诚、天野郁夫:《教育与日本现代化》,人民教育出版社 1980 年版。

42. 〔日〕福泽谕吉:《福泽谕吉教育论著选》,王桂主译、陈榴校,人民教育出版社 1991 年版。

43. 〔日〕永井道雄:《近代化与教育》,王振宇、张葆春译,吉林人民出版社 1984 年版。

44. 〔日〕丸山真男:《福泽谕吉与日本近代化》,区建英译,学林出版社 1992 年版。

45. 〔日〕三好信浩:《日本教育史》,福村出版株式会社 1993 年版。

46. 〔日〕梅根悟:《世界教育史大系》第一、二、二十三、二十九、三十卷,讲谈社 1978 年版。

47. 〔日〕教师养成研究会:《近代教育史》,学艺图书株式会社 1962 年版。

48. 〔日〕深谷昌志:《日本的教育》,日本放送出版协会 1986 年版。

49. 〔日〕佐藤英一郎:《日本的近代化和教育改革》,金子书房 1987 年版。

50. 〔日〕海后宗臣、仲新:《近代日本的教育》,东书选书 1979 年版。

51. 〔日〕仲新:《学校的历史》第二、五卷,第一法规出版株式会社 1979 年版。

52. 〔日〕水原克敏:《近代日本教员养成史研究》,风间书房 1989 年版。

53. 〔日〕国立教育研究所:《日本近代教育百年史》第三、四、五卷,文唱堂 1974 年版。

54. 〔日〕佐藤信雄、高桑康雄、胜野尚行、倡山正弘:《现代的教育》,

福村出版株式会社 1981 年版。

55. ［日］木下法也、池田稔、酒井丰：《教育的历史》，学文社刊 1987 年版。

56. ［日］仲新：《近代教科书的成立》，日本图书株式会社 1949 年版。

57. ［日］敏泉郎、上野辰美：《初等教育原理》，协同出版株式会社 1981 年版。

58. ［日］城丸章夫：《现代日本教育论》，新评论株式会社 1959 年版。

59. ［日］小原国芳：《小原国芳选集》第三卷，玉川大学出版部 1981 年版。

60. ［日］教育史编纂会：《明治以降教育制度发展史》第三卷，龙吟社 1938 年版。

61. ［日］唐泽富太郎：《教科书的历史》，创文社 1960 年版。

后 记

这本书是在我的博士论文基础上修改而成的。

我出生在塞外承德，年少时家乡的贫穷和落后，使我懂得了知识和教育的重要。中学毕业后我毅然报考了师范院校，立志做一名教师，把知识传授给学生，用知识改变家乡的面貌。大学毕业后我被分配到教育部门，投身于热爱的教育事业。多年的教育工作，使我深感自身教育理论的欠缺和能力的不足。经过不懈的努力，我幸运地考入河北大学，成为教育史专业的一名博士研究生。在读博士期间，我倍加珍惜在学校的每一个白天和夜晚，细心聆听导师们的每一次授课，如饥似渴地阅读教育著作，洞悉中外教育家们的教育思想，深入了解日本教育发展的历程。在读博士期间，我随同河北省教育代表团访问日本，对东京、大阪、鸟取、北海道等地中小学进行访问考察，不仅对日本义务教育有了更加直观的认识和了解，而且使论文写作中的一些疑惑得到了诠释。

首先感谢我的导师朱文富先生。从论文选题到制定提纲，从论文的整体把握到每一个章节的划分甚至字句的推敲，先生给予了我悉心的指导。我应该是先生博士生中最幸运的一个。先生在日本访学期间，搜集了大量的日本教育史料，历经艰辛带回国内，先生将这些弥足珍贵的史料毫无保留地送给了我。每每夜深人静在灯下阅读这些宝贵的史料时，眼前总浮现出先生在日本成田机场背负着这些厚重史料登机时的背影。

在本书即将出版之际，先生在百忙之中提出修改意见，并欣然为本书作序。在此，向先生致以深深的谢意。先生渊博的学识、敏锐的思想、宽广的胸襟、爱生的情怀，不仅给我以鼓舞，更是我学习的榜样。先生不仅是导师，更像兄长，给我以关怀和温暖。师恩难忘。

感谢导师贺国庆先生、宫敬才先生、李文英女士、吴洪城先生、郭健先生、韩清林先生、王喜旺先生。老师们高尚的品格、丰富的学识和严谨的治学态度，给我以深深地教诲；老师们闪光的教育思想，常常给我以深刻的启示。在我的博士论文答辩之际，北京师范大学张斌贤教授、山东师范大学于洪波教授、华东师范大学王保星教授、天津师范大学李素敏教授对论文提出了宝贵的指导意见，给予了鼓舞和激励。在此，向老师们致以诚挚的谢意。

感谢我的同学王文利、苏国安、李占萍、檀慧玲、田山俊、李运昌、樊国福和学长杨会良先生，他们给予了我无私的帮助。读书期间，王文利、杨会良不仅在生活上给予我无微不至的关怀和照顾，而且帮助我搜集、翻译了大量的资料，对论文的写作给予了极大地帮助。特别是本书的出版，王文利、杨会良给予了鼎力支持和帮助，真挚情感，铭记于心。

感谢河北大学苏锐的大力支持和帮助，从论文的修改到出版，苏锐帮助做了大量工作，倾注了很多心血，致以真挚的谢意。

感谢我的朋友和师弟霍习霞、陈君、韩文、史帆、李克军，他们帮助翻译和整理了大量的资料，对论文进行修改。

在这里，特别要感谢给予我默默关怀的父亲、母亲以及我的妻子和女儿。在论文写作期间，父亲患肝癌晚期，我没能用更多的时间陪伴在父亲身旁给父亲以更多的照顾，就在论文预答辩后即将正式答辩之际，给我以支撑和呵护的父亲却永远地离开了我，离开了他心爱的这个世界，没能等到我毕业的那一刻，愿父亲在另一个世界接受我深深地俯首叩礼。读书期间的一千多个日日夜夜，更多的是与书房和台灯相伴，没能有更多的时间陪伴妻子和女儿。在读博士期间，女儿还是一名初中生，照顾女儿的学习和生活全部由妻子承担，谨向妻子致以谢意，"执子之手，与子偕老"。如今，女儿已经成为一名优秀的大学生了，愿女儿在人生道路上更加勤奋和努力。

本书在出版过程中得到了人民出版社的大力支持。感谢孙兴民先生的大力支持和帮助。在此，致以深深的谢意。

东晋陶渊明诗云："此中有真意，欲辩已忘言"。此刻，无论多么华美的辞章，终难表达出内心的情感，唯有把感激化作前行的动力。在人生的道路上，在教育这片园地里，唯以勤勉和努力，回报老师、同学和朋友们给予的爱和鼓舞。

愿教育之树常青。